CHEFS-D'ŒUVRE
DE
LORD BYRON

TRADUITS EN VERS FRANÇAIS

PAR

A. REGNAULT

BIBLIOTHÉCAIRE ET ARCHIVISTE HONORAIRE DU CONSEIL D'ÉTAT
MEMBRE DE L'ACADÉMIE DE LYON

AUTEUR D'UNE HISTOIRE DU CONSEIL D'ÉTAT
D'UN VOYAGE EN ORIENT (GRÈCE, TURQUIE, ÉGYPTE)
ET DE NOTICES HISTORIQUES SUR MOSCOU ET SAINT-PÉTERSBOURG

TOME SECOND

PARIS
AMYOT, LIBRAIRE-ÉDITEUR
8, RUE DE LA PAIX, 8
ET A LA LIBRAIRIE GALIGNANI
224, RUE DE RIVOLI, 224

1874

CHEFS-D'ŒUVRE

DE

LORD BYRON

II

PARIS. — IMPRIMERIE ARNOUS DE RIVIÈRE ET C°,
26, RUE RACINE, 26.

CHEFS-D'ŒUVRE

DE

LORD BYRON

TRADUITS EN VERS FRANÇAIS

PAR

A. REGNAULT

BIBLIOTHÉCAIRE ET ARCHIVISTE HONORAIRE DU CONSEIL D'ÉTAT
MEMBRE DE L'ACADÉMIE DE LYON

AUTEUR D'UNE HISTOIRE DU CONSEIL D'ÉTAT
D'UN VOYAGE EN ORIENT (GRÈCE, TURQUIE, ÉGYPTE)
ET DE NOTICES HISTORIQUES SUR MOSCOU ET SAINT-PÉTERSBOURG

—

TOME SECOND

—

PARIS

AMYOT, LIBRAIRE-ÉDITEUR

8, RUE DE LA PAIX, 8

ET A LA LIBRAIRIE GALIGNANI

224, RUE DE RIVOLI, 224

—

1874

Tous droits réservés

LE CORSAIRE

ou

LE CHEF DE PIRATES[1]

CHANT I

> Non il n'est aucune douleur
> Et plus poignante et plus amère
> Que le souvenir du bonheur
> Se réveillant dans la misère.
> (DANTE.)

I

Sur la mer azurée aux reflets radieux,
Nos pensers sans limite, et nos cœurs sans entrave,
Aussi loin que la brise et le flot écumeux
Parcourent cet espace où nul n'habite esclave.
Contemplez notre empire, un domaine infini,
Où tous, rois et sujets, concourent tributaires;
Notre bannière, un sceptre en tous lieux obéi
Par des confédérés, légions volontaires.
Et notre vie à nous, c'est tantôt le fracas,

Tantôt le mol loisir, vie abrupte et sauvage,
Mais joyeuse en tout temps. Eh! qui le sait? Non pas,
Le lâche citadin, qui dans le luxe nage,
Dont le cœur faillirait sur les montagnes d'eau,
Ni toi, roi vaniteux de l'abondance altière
Que le sommeil ne peut charmer de ses pavots,
A qui le doux plaisir même a cessé de plaire.
Ah! qui la décrirait, sauf celui dont le cœur
De ce rude métier a fait l'apprentissage,
A dansé sur le gouffre, intrépide, vainqueur?
Qui dirait cette ivresse et cette folle rage
Dans la route sans trace entraînant le rôdeur,
Provoquant le combat de tous ses vœux lui-même,
Lorsque vers le péril il court avec ardeur
Prompt comme s'il volait au délice suprême,
Recherchant le danger que le lâche veut fuir,
Et se relève fort quand le faible succombe.
Il sent au fond du cœur qu'enflamme le désir
Son espoir s'éveiller, et du sein de la tombe
Son esprit vers les cieux prendre un sublime essor.
Nulle peur de la mort si nous mourons ensemble,
Nos ennemis et nous, si ce n'est même encor
Qu'elle semble moins lourde au lieu qui nous rassemble
Que le pesant repos. Vienne à son gré la mort!
A la vie on enlève ici même la vie,
Immolée. Ah! qu'importe, à l'arrivée au port,
Si c'est dans le combat ou par la maladie?

Que cet être rampant, d'un vil corps soucieux
Se cramponne à sa couche, et, chargé d'ans, qu'il traîne
De sa tête en tremblant le poids laborieux,
Et tire en aspirant une pénible haleine:
A nous le frais gazon, et non le lit fiévreux;
Quand son âme en hoquets avec effort s'arrache,
Notre esprit en un bond sort libre, généreux.
Son corps peut se vanter de l'urne qui le cache;
Qui l'abhorra vivant, peut dorer son tombeau.
A nous les rares pleurs que le cœur fait répandre,
Quand du vaste océan le liquide manteau
En linceul azuré sur nos morts vient s'étendre.
Pour eux nos banquets même ont de tendres regrets.
Dans la coupe de vin rayonne leur mémoire
Et leur brève épitaphe est peinte en quelques traits,
Lorsqu'au jour du danger, lorsqu'au jour de la gloire,
Le front appesanti d'un triste souvenir,
Leurs compagnons vainqueurs en partageant leur proie
S'écrient, avec cent voix heureuses de s'unir :
Le brave qui tomba, quelle eût été sa joie!

II

Tels étaient les accents, autour des feux du guet
Retentissant partout dans l'île des Pirates [2].
Tel était le refrain, que chacun d'eux chantait,

Perçant l'écho des rocs, sons rudes, disparates.
Dans ces groupes épars, là sur le sable d'or
On joue, on parle, on boit, on attise la flamme,
On se choisit une arme, on la manie encor,
Et d'un soin scrupuleux l'on aiguise sa lame,
Où l'œil insouciant voit la tache de sang :
Le bateau démâté s'agrée et se répare,
Quand d'autres à l'écart marchent réfléchissant.
Là pour l'oiseau sauvage un lacet se prépare;
On étend au soleil le filet ruisselant;
On observe de loin un point comme une étoile
D'une bouche béante et d'un œil qui se tend
Sur le butin que cache à l'horizon la voile.
De mainte et mainte nuit l'on redit les travaux;
On demande où sera cette prochaine proie.
N'importe où? Car leur chef les guidant sur les flots
A promis et voulu que chaque forban croie,
Que l'on divisera tout en partage égal.
Mais quel est donc ce chef? Son nom sur maint rivage[3]
Est fameux, redouté, marqué comme un fanal.
On le demande en vain, nul n'en sait davantage,
On souffre son silence en faveur du succès.
Pour sa lèvre jamais ne se remplit le verre;
Il le laisse passer sans le goûter jamais,
Et le dernier des siens, tant est maigre sa chère,
Voudrait laisser du chef le repas non goûté;
Son pain le plus grossier et la racine vile,

Le plus vulgaire fruit des trésors de l'été;
Ce court repas qu'admet à peine un humble asile
Ne saurait contenter l'ermite tempérant.
Mais tandis que des sens il fuit la jouissance,
Son esprit loin du corps au dehors semble errant,
On le dirait nourri d'une telle abstinence.
« Timonier, vers ce bord ! » On part. « Fais ceci ! » Fait.
« En rang et suivez-moi. » — La dépouille est ravie !
Tant sa parole est prompte et tant son acte est prêt.
Tous d'obéir. Pourquoi ? Peu, nul ne se soucie
D'une réponse brève : un regard dédaigneux,
Seul reproche, a fermé la bouche aux curieux.

III

Une voile, une voile ! Ah ! quelque riche prise !
Que dit le télescope ? Et quelle nation ?
Point de capture, hélas ! mais on voit sous la brise
Briller le drapeau rouge. Et plus de question :
C'est une voile amie, elle revient fidèle,
Vents propices, soufflez ! Elle ancre avant le soir,
Et le cap est doublé; l'orgueilleuse nacelle
S'avance dans la baie. Ah ! beau spectacle à voir !
Son aile déployée, elle fend glorieuse
L'écume, mais jamais pour fuir des ennemis.
Elle glisse animée, être vivant ! heureuse,

Elle semble affronter les périlleux conflits.
Qui ne voudrait braver le canon, le naufrage,
Roi d'un vaisseau peuplé, pour régner sur la plage!

IV

Le câble froissé, rauque, a gémi sur son flanc
La voile du vaisseau se ferle; à l'ancre il flotte,
De terre les oisifs en rond s'accumulant
Distinguent la chaloupe, à la voix du pilote
Descendant de la proue avec ses matelots.
La rame en deux temps bat la vague blanchissante
Et la quille fendant rapidement les flots
Sur la grève se hisse et se traîne grinçante.
Salut au cri de joie, à la voix du bonheur.
Quand la main à la main se joint, se presse avide,
A la vive demande et réplique rapide,
Au sourire, salut à la fête du cœur!

V

La nouvelle circule et les groupes s'étendent,
Et la voix bourdonnante et les rires bruyants,
Mais des femmes surtout les doux accents s'entendent;
Chaque bouche a ses noms, amis, époux, amants.

Sont-ils saufs? Du succès ne s'informe personne
Mais quand les verrons-nous, entendrons-nous leur voix?
Où le flot vient rugir, où la bataille tonne
Ils ont agi sans doute en braves, mille fois.
Mais qui d'entre eux est sauf? Ah! que chacun s'empresse
De surprendre et charmer ici nos cœurs joyeux;
Et de bannir au loin le doute de nos yeux
A force de baisers, à force de tendresse.

VI

« Où notre chef est-il? D'un message pour lui
Nous arrivons chargés et craignons que la joie
Qui vient de saluer notre arrivée ici,
Ne soit courte; pourtant que le chagrin se noie.
Mais Juan, vers le chef à l'instant guide-nous.
Du salut au retour nous aurons notre fête
Et ce qu'on veut savoir sera connu de tous. »
On gravit le chemin dans le roc où du faîte
Dominant tout le golfe, on voit surgir la tour;
Par les buissons épais et sur les fleurs sauvages
De leur douce fraîcheur calmant les feux du jour,
Par cent sources d'argent aux caprices volages,
Du granit s'élançant en jets vifs et hardis,
Et jetant dans les airs leur brillante rosée
En irritant la soif, de perles, de rubis,

Qu'elles laissent tomber sur la terre arrosée.
Un pic succède au pic. Près d'un antre, là-bas,
Quel rêveur isolé regarde au loin la plage?
Dans sa pose pensive, il supporte son bras
Sur son arme qui sert à peine à cet usage.
C'est bien lui, c'est Conrad. « Pousse, avance, Juan,
Il a vu notre barque. Ah! toujours solitaire!
Dis-lui notre dessein, et qu'à notre prière
A l'instant il entende un message pressant.
Nous n'osons approcher. Tu sais son caractère,
Quand sans ordre on surprend ainsi son sanctuaire. »

VII

Juan a prévenu Conrad de leur désir.
Il n'a point répondu, sauf d'un signe de tête.
Appelés devant lui, le chef daigne accueillir
D'un geste leur salut, mais sa bouche est muette.
« Ces lettres, commandant, sont du Grec l'espion,
Annonçant le butin ou du péril l'approche.
N'importe sa nouvelle ou sa prédiction,
Ce point est sûr. »—« Paix, paix! » Ce ton dur de reproche
Leur coupe la parole. Ils se tournent surpris,
Confondus, mais tout bas, entre eux la conjecture,
Épiant ses regards, de leurs yeux ébahis,
Comme en s'interrogeant, l'un à l'autre murmure

Pour savoir quel effet la nouvelle a produit.
Mais devinant leur but, et la tête baissée
D'émotion, de doute ou bien d'orgueil, il lit
Un papier exprimant la nouvelle tracée.
« Mes tablettes, Juan; écoute : Où Gonzalvo
Est-il en ce moment? »—« Dans sa barque en vedette. »—
« Qu'il y reste. — Mais toi, vas lui porter ce mot,
Puis retourne à ton poste. — A partir qu'on s'apprête;
Moi-même je serai de la course ce soir. » —
« Ce soir, seigneur Conrad? »—« Cette nuit je commande,
Quand fraîchira la brise en son voile plus noir. —
Mon manteau, mon armure, et que chacun m'attende.
Nous serons dans une heure en route. Prends ton cor.
Que de ma carabine en son jeu le ressort
De rouille soit exempt et fasse bien l'ouvrage.
Qu'on donne à l'armurier mon sabre d'abordage;
Qu'il l'aiguise avec soin, de suite; en dernier lieu,
Plus que par l'ennemi ma main en fut lassée.
Surtout que le canon du signal fasse feu,
Lorsque l'heure qui reste encor sera passée! »

VIII

Tout le monde obéit, empressé de partir
Pour se lancer déjà sur l'élément perfide.
Conrad les guidera. Peut-on s'en repentir?

Et qui contesterait ce que ce chef décide?
Cet homme solitaire, être mystérieux
Qui ne sourit qu'à peine et rarement soupire,
Dont le nom fait pâlir les plus audacieux,
Tous ces fronts basanés, et d'un terrible empire
Subjugue aussi les cœurs par l'art de commander,
Qui fascine, dirige et glace un cœur vulgaire.
Quel est donc ce pouvoir où chacun doit céder
Qu'envie et reconnaît sa troupe aventurière?
Quel est donc ce lien qui tient ainsi leur foi?
Ta puissance, ô pensée, et ton art, ô génie !
Conquérant le succès, tu le gardes en roi,
Assimilant au fort le faible en ta magie.
En restant à leurs yeux insondable, inconnu,
Tu sais approprier leurs exploits à ton moule;
Ainsi, sous le soleil ceci s'est toujours vu,
C'est pour un seul qu'il faut que travaille la foule.
La nature le veut. Mais que le travailleur
Au riche possesseur veuille épargner sa haine,
Qu'il pèse le joug d'or et le poids du labeur,
Il trouvera légère et sa peine et sa chaîne !

IX

Différent des héros des siècles fabuleux,
Démons en actions, mais dieux en apparence,

LE CORSAIRE

Conrad en son aspect n'a rien de merveilleux,
Bien que de son œil noir le feu darde et s'élance.
Fort, sans être un Hercule, il n'a pas d'un géant
La taille colossale et la stature altière.
Mais à bien l'observer, il semble cependant
Porter plus que les traits et le type vulgaire.
On regarde, on admire, on veut savoir pourquoi
C'est ainsi; mais en vain, et l'on subit sa loi.
Son teint hâlé, son front haut et pâle qu'inonde
De ses cheveux de jais la tresse vagabonde,
Sa lèvre se crispant, tout révèle et trahit,
Même en la réprimant, sa hautaine pensée
Qu'elle déguise à peine et que l'œil y saisit.
Mais dans sa douce voix, sa mine composée
Est un je ne sais quoi qui veut n'être point vu.
Les lignes de son front et sa mobile teinte
Ont attiré parfois le regard confondu,
Comme si son esprit, tortueux labyrinthe,
Agitait des pensers vagues et dangereux.
Cela pourrait bien être, et qui le saurait dire?
Dans l'âme de Conrad quel lynx put jamais lire?
Son air farouche et dur glace l'œil curieux.
D'hommes il est bien peu, si même il en existe,
Dont l'aspect soutiendrait ce coup d'œil scrutateur,
Car il possédait l'art, si la ruse à la piste
Voulait lire en ses traits et pénétrer son cœur,
D'acculer l'espion en son for, en lui-même,

De peur qu'il ne dévoile à Conrad ses secrets,
Pour lui ravir les siens; qu'ainsi son stratagème
Ne le fasse tomber dans ses propres filets.
Un rire de démon se déchaîne en son rire,
Excitant crainte et rage. Où son sourcil haineux
Sillonne un arc de feu, au ténébreux empire
L'espoir fuit, la pitié soupire ses adieux.

X

La mauvaise pensée a de légers indices
Au dehors; au dedans fermentait son esprit.
L'amour laisse tout voir, ses phases, ses caprices;
L'ambition, la haine, un rancuneux dépit
Ne décèlent aux yeux rien qu'un amer sourire,
Une lèvre crispée, une faible pâleur
Sur ses traits composés, seuls signes du délire,
De passions vibrant aux profondeurs du cœur.
Que celui qui veut voir soit lui-même invisible.
Alors le pas pressé, vers le ciel ce regard,
Le poing fermé, s'arrête en une transe horrible :
Dans l'attente fiévreuse avec un œil hagard,
De peur qu'un pas perfide à l'instant ne saisisse
Cette terreur de l'âme en approchant trop près.
Puis chacun de ces traits exprimant le supplice
De ce cœur découvert à nu dans ses secrets,

Et tous ces mouvements qui brisent leur barrière,
Non pour s'évaporer, mais courir violents,
Déchaînés, convulsifs, sans frein dans la carrière,
Se calmant, s'enflammant, ou glacés ou brûlants,
La sueur sur le front et le feu sur la joue;
Étranger, vois alors, si tu peux, sans trembler,
Cette âme, cette scène où le rôle se joue.
Quel repos de son sort pourrait le consoler?
Des premiers ans maudits vois comme la mémoire
Déchire, fer aigu, ce sein vide et flétri.
Vois! mais qui vit jamais ou verra dans l'histoire,
L'esprit intime, libre, et le cœur sans repli?

XI

Et cependant Conrad n'est pas né pour conduire
Du crime l'instrument le plus fort et le pire,
La bande destructive. Avant il dut changer,
Avant de déclarer à son voisin la guerre,
Contre le ciel qu'il perd avant de s'insurger.
Par les déceptions poussé dans la carrière,
En paroles trop sage, en sa conduite un fou,
Trop ferme pour céder, trop fier pour vers la terre,
Devant un autre humain abaisser le genou,
De ses propres vertus la dupe involontaire,
Il croyait ces vertus causes de ses malheurs,

Non les traîtres payant le bien en perfidie;
Sans penser que ces dons et ces rares faveurs
Dont la vertu souvent par le ciel est bénie
Lui laissèrent de quoi faire encor des heureux.
Craint et calomnié lui-même, avant que l'âge
Vint affaiblir ce corps robuste et vigoureux,
Il haïssait trop l'homme en sa précoce rage
Pour sentir le remords, n'écoutant que la voix
De son ressentiment, voix fière qui l'appelle
Et le pousse à venger, dans son aveugle zèle,
Les torts de quelques-uns sur le reste à la fois.
Coupable il se sentait; mais nul de ses semblables
A ses yeux ne valait plus, ni n'était meilleur.
Méprisant les plus purs et les plus respectables,
Comme hypocrites faux voilant d'une couleur
Ce que de plus hardis faisaient avec audace,
Il ne craignait jamais de se montrer en face
Dans l'éclat du grand jour, en présence de tous.
Il se sentait haï; mais il voyait à terre
Tremblants, ramper ces cœurs pour lui pleins de dégoûts.
Farouche, misanthrope, étrange, solitaire,
Exempt d'affection, au-dessus du dédain,
Son nom créait l'effroi, ses actes, la surprise.
Bizarre, énigmatique, on l'ignore, on le craint,
On n'ose rien de plus, et nul ne le méprise.
On foule au pied le ver. Replié dans son sein
Si l'on a rencontré le serpent, on s'arrête

Avant que du reptile on écrase la tête
Dont on peut contre soi réveiller le venin.
Le ver peut se tourner, non venger sa blessure;
L'autre meurt sans laisser son ennemi vivant :
Au pied de l'offenseur il siffle en s'enroulant.
Vous pouvez l'écraser, mais sans fuir sa morsure.

XII

Nul n'est méchant à fond. Un tendre sentiment,
Pénétrant tout son être, en ce cœur vit, respire ;
Si malgré lui souvent Conrad se prit à rire
De ces amours qui sont d'un fol ou d'un enfant,
Contre la passion, la lutte en lui fut vaine ;
Elle devait porter en lui le nom d'amour.
Oui, ce fut l'amour pur, passion souveraine,
Constante, invariable, et non l'accès d'un jour,
Pour un objet sacré, toujours brûlante et vive.
Le trait profondément demeurait enfoncé ;
Bien qu'en tous les instants mainte beauté captive
S'offre, en essaim riant, à son regard blasé.
De ces mille houris qu'enferme le bocage,
Nulle n'a pu séduire et surprendre son cœur.
Oui, ce fut bien l'amour, sa vie et son langage.
Car c'était la tendresse épurée au malheur,
Par la tentation chaque jour éprouvée,

Résistant à l'absence et ferme en tous pays,
Et beaucoup plus encor, par le temps ravivée.
Car son espoir déçu, car ses projets trahis,
Près de la bien-aimée, accordant un sourire,
Sous le poids du dépit ne purent l'irriter.
Il ne laissa jamais dans un fougueux délire
Une plainte, un murmure, un seul mot éclater;
Et sa pensée enfin, heureuse de la joindre,
La quittait avec calme, avant qu'un air chagrin
Pour affliger son cœur parût et vînt à poindre,
Qu'un nuage troublât son front toujours serein.
Si parmi les mortels l'amour jamais respire,
C'était l'amour! Conrad fut un homme perdu :
Mais ni la passion, sa force et son empire
Croissant, quand était morte en lui toute vertu,
Ni le rôle odieux qui tua tout le reste,
Ne put éteindre en lui cette flamme céleste.

XIII

Il s'arrête un moment, attendant au détour
D'un sentier, ses soldats du val suivant la pente.
« Bruit étrange, dit-il, j'ai vu maint mauvais jour,
Couru plus d'un péril; mais en cette heure instante,
Je ne sais pas pourquoi je pressens le dernier.
Mon cœur, qui le prédit, pourtant ne doit point battre;

Mes compagnons verraient pâlir un front d'acier !
Non, s'il est imprudent cette fois de combattre,
Il l'est bien plus d'attendre ici même la mort,
D'attendre qu'on nous chasse en notre dernier gîte,
Irrévocablement, et sous le coup du sort.
Mais si je réussis dans cette âpre poursuite,
Si la fortune encor veut sourire à mes vœux,
Maints pleureurs vengeront nos bûchers funéraires.
Mais qu'ils sommeillent ! Paix à leurs rêves heureux !
Le matin n'envoya jamais à leurs paupières
Un plus brillant réveil et des feux aussi clairs
Que ceux que je prépare aux lents vengeurs des mers
Pour luire cette nuit. Mais, souffle douce brise !...
A toi, ma Médora ! quel poids j'ai dans ma crise
Sur mon cœur ! Plus longtemps que le sien soit léger !
Je fus brave pourtant. Vaine et sotte jactance.
Qui n'est brave ? L'insecte aussi pour protéger
Une proie, a son dard qu'aux ennemis il lance.
Ce courage, commun à la brute, aux humains,
Qui doit au désespoir tous ses efforts suprêmes,
N'est qu'un mince mérite, et je voulais aux miens
Apprendre noblement, en des périls extrêmes
Contre une forte troupe à lutter, faible essaim,
De son généreux sang non vainement prodigue.
Je les guidai longtemps ! Quelle sera la fin ?
Point de milieu ! mourons, ou mort à cette ligue !
C'en est fait ! sans regret je suis prêt à mourir.

Mais les pousser ainsi dans un dernier asile
D'où foulés, acculés, ils ne pourront plus fuir !...
Jusqu'ici sur mon sort je fus peu difficile,
Mais mon orgueil s'offense au piége d'être pris.
Est-ce là mon talent, ma ruse, ma science,
Sur un seul coup de dés de jeter tous ces prix,
Espérance, pouvoir et même l'existence?
Accuse ta folie, ô Conrad, non le sort,
Elle peut te sauver, il en est temps encor. »

XIV

C'est ainsi que Conrad converse avec lui-même,
Gravissant le sommet du mont où pend la tour,
Il s'arrête au portail, pour les accents qu'il aime,
Tons sauvages et doux, que la nuit et le jour
Il n'entend pas assez. Du haut de la tourelle,
A travers les barreaux, l'oiseau de la beauté [4]
Adresse à son amant intrépide et fidèle
Ces notes de douleur pleines de suavité :

(1)

Au fond de mon cœur solitaire,
   Mort à jamais à la lumière,
Vivant enseveli, dort ce tendre secret,
   Excepté quand l'âme captive

A ton âme répond plaintive
Et palpite pour toi dans un trouble muet.

(2)

Au centre, en la prison claustrale,
Brûle la lampe sépulcrale,
Invisible, veillant toute une éternité.
Le désespoir dans les ténèbres,
De ses voiles froids et funèbres
N'éteint pas le rayon d'une vaine clarté.

(3)

Pense à moi près du mausolée
Où je dois dormir isolée,
Oh! non, ne passe pas sans un penser d'ami.
Le seul choc dont mon cœur frissonne,
C'est qu'un jour le tien m'abandonne,
C'est que le tien si cher me laisse dans l'oubli.

(4)

L'accent de mon cœur le plus tendre,
Le dernier, ah! daigne l'entendre.
Le deuil des morts, que sacre et prescrit la vertu,
Aux morts est le plus doux hommage.
Une larme de toi pour gage,
C'est le premier, dernier, le seul prix qui m'est dû.

Il franchit le portail, le passage, et s'élance
Vers la chambre au moment où finit la romance.
« Ma chère Médora, ton chant est douloureux. » —
« Ah! loin de mon Conrad peut-il être joyeux[5],
Sans ton oreille ici qui pour moi s'intéresse?
Mon chant peint ma pensée et trahit ma tendresse;
Chaque accent doit vibrer avec mon cœur d'accord,
Si ma bouche est sans voix, mon cœur résonne encor.
Oh! que de nuits foulant ma couche solitaire,
Ma crainte, à l'air prêtant l'orage imaginaire,
Fit du souffle léger qui caressait le flot
Le prélude du vent fatal au matelot.
La brise avait le son du glas qui se lamente,
Prophétisant la mort sur la vague écumante.
Je me levais soudain, attisant le fanal,
Une autre eût négligé la flamme du signal;
Mes heures sans repos épiaient chaque étoile,
Et l'aurore venait nous ramener ta voile.
Ah! comme sur mon sein l'âpre bise a soufflé!
Quel triste point du jour à mon regard troublé!
Je regardais toujours, toujours, nulle nacelle
N'est donnée à mes pleurs, nulle à mon vœu fidèle.
Enfin il est midi. J'ai salué, béni
Un mât, mais ce n'est point celui de mon ami.
Il passe... Un autre... Enfin ta voile se déploie.
Puissent ces jours finir! Mais la paix et la joie,
N'apprendras-tu jamais, Conrad, à les sentir?

Des richesses, de l'or ne saurais-tu jouir?
Maint domaine de luxe et d'existence heureuse
Nous invite à quitter ta vie aventureuse.
Tu sais que ce n'est point le péril dont j'ai peur,
Mais ton absence seule excite ma frayeur,
Non pour ma vie à moi, pour la tienne si chère,
Pour toi, qui fuis l'amour et cours après la guerre.
Chose étrange qu'un cœur, pour moi si tendre encor,
Combatte la nature et son plus doux essor! » —

« Chose étrange, en effet, qu'en sa longue souffrance
Ce cœur depuis longtemps se trouve ainsi changé!
Foulé comme le ver, vipère il s'est vengé.
Sauf ton amour sur terre il n'a plus d'espérance
Et de pardon au ciel à peine une lueur.
Pourtant ce sentiment qu'en moi ta bouche blâme,
L'amour pour toi, d'autrui c'est la haine et l'horreur;
Et s'ils sont tous les deux désunis dans mon âme,
Aimant le genre humain, je cesse de t'aimer.
Cependant ne crains rien : reçois ma foi jurée;
Tout mon amour passé, je puis te l'affirmer,
De mon futur amour t'assure la durée.
Mais, ô ma Médora, dans ces derniers instants
Arme ton tendre cœur de force et de courage,
Une heure encore et puis nous quittons le rivage
Et nous nous séparons, mais non pas pour longtemps. » —

« Dans une heure tu pars? Je le sentais d'avance.
Ainsi s'évanouit mon rêve d'espérance!

Une heure seulement; se peut-il? Aussitôt?
Ton navire au mouillage à peine est-il à flot,
L'autre est encore absent, et tout ton équipage
A besoin de repos pour un autre voyage.
Tu ris de ma faiblesse et veux d'acier munir
Contre l'épreuve un cœur qui doit plus tard souffrir.
Cesse donc de te faire un jeu de ma misère....
Mais laissons ce sujet. Mon ami, viens goûter
Le repas que ma main s'est plue à t'apprêter,
Douce tâche qu'amour assaisonne; il convie
Mon Conrad au soutien de sa frugale vie.
Vois : les fruits qui semblaient à mes yeux plus exquis,
Dans mon doux embarras, ma main les a cueillis;
J'ai choisi les plus beaux. Trois fois sur la colline
Mes pas ont circulé vers la source argentine.
Vois : ton sorbet ce soir va couler excellent,
Dans son vase d'albâtre il frémit petillant.
Tu ne sens nulle joie au doux jus de la vigne;
A toi bien plus qu'au Turc, quand ta coupe paraît
(De blâme ne crois pas que je te trouve digne),
Ce qu'on dit pénitence offre un puissant attrait.
Viens! la table est servie et la lampe d'argent
Luit au plafond, bravant le sirocco brûlant.
Mes suivantes aussi dont je serai le guide
Vont en danses, en chants, charmer l'heure rapide;
Ou ma guitare encor, qui caressa tes sens,
Reviendra les flatter de ses nouveaux accents.

Si leur son monotone offensait ton oreille,
L'Arioste dira dans sa rare merveille
Les amours d'Olympie et son triste abandon.
Ah! tu serais cent fois pire en ta trahison
Que ce perfide amant qui déserta sa belle,
Si, loin de Médora, tu courais infidèle;
Oui, pire que ce traître, en tout âge fameux,
Qui... je te vis sourire un jour, quand à nos yeux
Un ciel pur dévoila sur la mer diaphane,
Saillante entre les rocs, son île d'Ariane.
Moitié jeu, moitié peur, je me disais à moi:
Si le temps me jetait dans le doute et l'effroi,
Conrad laisserait-il l'amante qu'il adore?
Il me trompait, car lui des mers revient encore. » —
« Oui, Conrad reviendra, tu pourras le revoir
Tant qu'il aura la vie et là haut de l'espoir.
Oui, Conrad reviendra, Médora, sois-en sûre;
Mais le temps fuit, déjà du départ l'heure est mûre.
Que t'importe à présent le motif et le lieu,
Si tout doit aboutir au mot cruel : adieu.
Je voudrais, si le temps le permettait, te dire...
Allons, bannis l'effroi que l'absence t'inspire,
Pour toi ces ennemis ne sont point dangereux;
La garde veillera double partout contre eux,
Prête au siége soudain, à la longue défense.
Ne sois point seule ici de ton maître en l'absence;
Nos matrones pour toi, tes femmes vont rester,

Et s'il est un bonheur dont je te puis flatter,
C'est la sécurité qui, sortant des alarmes,
Au repos à venir ajoutera des charmes.
Écoute! Un son perçant! de Juan c'est le cor.
Un baiser, deux, adieu... puis le dernier encor! »
  Elle se lève et vole en ses bras, et s'attache
A son sein palpitant où se plonge et se cache
Ce visage qu'il n'ose à présent affronter,
Et ces deux beaux yeux bleus qu'il semble redouter,
Baissés dans l'agonie, arides et sans larmes.
Sa longue chevelure, en ses sauvages charmes,
En flots désordonnés sur ses épaules court;
Son sein à peine bat d'un souffle lent et lourd,
Ce sein, où respirait une image chérie,
Où la sensation est presque anéantie.
  Écoutez! du canon qui tonne au loin, le bruit
Annonce le coucher du soleil! qu'il maudit;
Et cette forme encor qu'avec transport il presse
Qui muette l'étreint, l'implore, le caresse,
En tremblant il la porte à sa couche, un instant
La contemple une fois d'un regard palpitant,
Peut-être le dernier, car il sent que la terre
Pour lui ne contient qu'elle en ce val solitaire,
Baise son front glacé, se tourne... Est-il parti?

XV

« Est-il, est-il parti? Dans une solitude
Imprévue et soudaine, ah! qu'elle a ressenti
La question fatale avec ce mot si rude.
C'est ici qu'il était, lui passé ce moment
Et maintenant où donc? » — Du porche elle s'élance,
La digue enfin se brise et ses pleurs en torrent
Ont coulé gros, amers dans un morne silence,
Et comme à son insu. Le mot terrible adieux
Seul, n'a pu s'échapper de ses lèvres rebelles,
Car dans ce mot cruel, funeste, douloureux
Bien qu'il exprime espoir, promesse, foi fidèle,
Règne le désespoir. Ici sur chaque trait
De ce visage froid, calme, pâle, insensible,
Le chagrin a scellé comme un plomb son cachet
Dont le temps creusera le type indestructible.
Ces yeux d'azur, si beaux, tendres et pleins d'amour,
Éteints se sont glacés mornes, vitreux et vides
D'un objet bien aimé sans l'espoir du retour.
D'une lueur soudaine ils deviennent limpides,
Croyant revoir Conrad .. Qu'il est loin! Dans ces pleurs,
Sous ses cils longs et noirs ce doux azur se noie
Et semblerait nager, quand cette amante en proie
S'abandonne aux transports de poignantes douleurs!
Il est parti! sa main convulsive et froissée

Se croise sur son cœur, puis se tend vers les cieux.
Elle regarde alors la vague qui s'élève,
La blanche voile en l'air, et détourne les yeux
Vers la porte, accablée !... « Ah ! ce n'est pas un rêve
Seule avec ma douleur délaissée !... »

XVI

En avant
De rocher en rocher Conrad se précipite
Et sans se détourner, inflexible il descend,
De peur qu'un seul détour du sentier ne l'invite,
Ne le retienne aux lieux qu'évitent ses regards.
Loin du mont il doit fuir cette tour solitaire,
Qu'il saluait naguère au sortir des hasards
Du perfide océan l'accueillant la première.
Et Médora, cet astre aujourd'hui nuageux
Dont le rayon si doux de loin venait l'atteindre,
Sur elle il ne doit point dès lors fixer les yeux,
Et même sa pensée ose à peine la joindre.
Près d'elle il peut rester, mais toujours sur le bord
De la destruction et penché sur l'abîme.
Il s'arrête : va-t-il livrer aux flots son sort,
Ses projets au hasard? Non, ce serait un crime.
Un digne chef peut bien quelquefois s'attendrir;
Pour un amour de femme il ne doit point trahir !

Il a vu son navire, observe un vent propice,
Il rappelle sa force et prompt, hâte le pas ;
Et quand tout à la fois de la voile qu'on hisse,
Du bruyant équipage il entend le fracas,
Les rames, les signaux et mille cris de joie ;
Lorsqu'il voit sur le mât le mousse suspendu,
Les ancres se lever, les voiles qu'on déploie,
Et les mouchoirs qu'agite au loin dans l'air tendu
Un bras ami tourné vers celui qui fend l'onde,
Muet adieu qu'emporte une nef vagabonde ;
Surtout son pavillon rouge comme le sang,
Conrad s'étonne alors d'avoir un cœur si tendre.
Le feu dans l'œil, la rage en son sein bondissant,
Sa sauvage vigueur semble en tout le reprendre.
Il court, vole, s'arrête où le rocher finit,
Où commence la grève, et là se ralentit
Moins pour y respirer des flots la fraîche brise
Que pour recomposer son air de dignité,
Et dérober son trouble à la foule surprise
D'un mouvement si brusque en sursaut agité.
Il a pour gouverner l'art qui cache et s'observe,
Sauvegarde des grands. Altier était son port ;
Son air digne et glacé dans sa froide réserve
Fuyant les yeux, mais vu, plus imposant encor ;
Son aspect grave et fier, son geste qui commande,
Poli, mais repoussant la familiarité,
Forçant l'assentiment à tout ce qu'il demande.

Mais si vers quelque objet il tend sa volonté,
Il sait bien rassurer celui qui vient l'entendre.
D'un autre les présents sont même moins puissants
Que cette voix qui vibre, en échos d'un cœur tendre,
A d'autres cœurs, des sons profonds et caressants.
Mais ces moyens si doux, c'est rarement son arme;
N'importe s'il séduit, il veut assujettir.
Ses jeunes passions avaient rompu le charme;
Conrad se fait toujours moins aimer qu'obéir.

XVII

Devant son chef, Juan range à l'entour sa garde.
« Tout le monde est-il prêt? »—« On est même embarqué
Et la dernière nef est la seule qui tarde
En attendant son chef » — Conrad a répliqué :
« Mon sabre et ma capote! » Et bientôt sa capote,
Jetée en un instant sur ses épaules, flotte,
Pendant qu'à son côté son sabre est attaché.
« Appelle ici Pedro! » Pedro s'est approché.
Comme avec ses amis Conrad pour lui s'incline,
Lui faisant courtoisie et gracieuse mine.
« Reçois, lis ces papiers. Un secret important
Réclame un sûr témoin, un digne confident.
Double la garde, et puis, quand d'Anselme la barque
Reviendra, que cet ordre attire sa remarque.

Grâce à la brise, ici que le troisième jour
(Reste en paix jusque-là) fête notre retour ! »
Il dit, il a pressé la rude main d'un frère ;
Ensuite à la chaloupe il marche avec fierté,
La rame a dans les airs fait jaillir l'onde amère,
Le phosphore en reflets a soudain éclaté.
On atteint le vaisseau. Le chef du pont domine,
Le sifflet sonne aigu ; la main circule, agit.
Ah ! comme sous son roi le vaisseau se dessine,
Et l'équipage actif, exécute, obéit !
Aussi, daignant d'un chef lui donner le sourire,
Conrad vers Gonzalvo se tourne avec orgueil.
Mais d'où vient qu'il frémit et que son cœur soupire ?
Hélas ! c'est que la tour s'est offerte à son œil,
Qui s'arrête un moment à cette heure suprême.
Elle, sa Médora, donna-t-elle un regard
A la glissante proue ? Ah ! cet objet qu'il aime,
Jamais ne fut plus cher qu'à l'heure du départ...
Mais il reste beaucoup à faire avant l'aurore :
Allant au gouvernail que sa main a saisi,
Lui-même le dirige et l'abandonne encore ;
Dans sa chambre il descend, de Gonzalvo suivi,
Il lui montre ses plans, ses moyens et leurs suites ;
La lampe brûle alors, la carte est sous leurs yeux,
De l'art naval ici les ruses sont décrites.
Minuit voit prolonger ces débats sérieux,
Mais pour l'œil inquiet quelle heure est avancée !

Le zéphir cependant souffle pur sous le ciel,
L'aile du vaisseau fuit, comme un faucon, lancée,
Et bientôt a franchi les groupes d'Archipel
Gagnant le port avant le matinal sourire ;
Le télescope alors dans le golfe a plongé.
Du Pacha, sur les eaux où la flotte se mire,
On compte chaque voile et maint vaisseau rangé.
Sur le Turc imprudent les feux brillent en rade.
Conrad inaperçu passe en sécurité
Et jette l'ancre au point où sera l'embuscade.
Gardé des espions par le cap projeté
Dont la forme dans l'air fantastique est pendante.
La troupe, d'un élan, s'est levée en sursaut,
Non du sommeil, mais prête et toujours vigilante,
Sur la terre et sur l'onde à chaque rude assaut.
Pendant ce temps son chef en un calme sauvage
Lui parle, et c'est pourtant de sang et de carnage !

CHANT II

I

Le golfe de Coron resplendit des lumières [6]
Que réflètent sur l'eau les flottantes galères
Et dans la ville, au fond, à travers les vitraux
L'on aperçoit partout briller mille flambeaux,
Car ce soir le pacha Seyd donne une fête
Pour un triomphe sûr, on le dit, qui s'apprête,
Le jour où dans Coron lui-même amènera
Le Corsaire enchaîné. Seyd ainsi jura
Par Allah, par son sabre et la loi solennelle.
A la voix de Seyd, à son firman fidèle
Des vaisseaux convoqués accourt l'essaim nombreux,
Et déjà l'on entend les cris présomptueux
Des matelots bruyants de l'actif équipage
Qui des futurs captifs fait déjà le partage,
Bien que cet ennemi l'objet de son dédain,

D'avance capturé, soit encore bien loin.
Il suffit de voguer, c'est là l'unique peine,
La victoire ne doit coûter aucun effort.
Du forban prisonnier on a gagné le port,
Et demain le soleil va luire sur sa chaîne.
Le guet peut jusque-là sans crainte s'endormir,
Sans même s'éveiller pour combattre à loisir,
Rêver guerre et bataille et tuer même en rêve :
Libre a qui le voudra de courir sur la grève,
D'éprouver sur les Grecs sa bouillante valeur.
Un tel exploit sied bien à tout homme de cœur,
A ce fier musulman, enturbanné, ce brave,
De dégaîner le fer nu sur un pauvre esclave,
De piller sa maison, en épargnant son sang,
Miséricordieux parce qu'il est puissant,
Dédaignant de frapper, comme il le pourrait faire,
A moins qu'un gai caprice à son humeur guerrière
Ne suggère le coup contre son ennemi,
Pour exercer son bras et charmer son ennui.
La nuit coule en orgie, en maint banquet, en fête.
Celui-là doit sourire au maître musulman,
Servir le meilleur mets au despote gourmand,
Qui veut sur son épaule encor garder sa tête ;
Et d'imprécations amasser les trésors
Jusqu'à ce que l'on ait partout purgé ces bords.

II

Le Seyd en turban dans sa pompeuse chambre [7]
Repose fièrement. Se tiennent à l'entour
Les chefs barbus qu'il guide. Au milieu de flots d'ambre
Du pilau le banquet a vu le dernier tour;
Lui-même a savouré cet attrayant breuvage
Si doux et défendu, qu'il ose seul goûter,
Bien qu'au vulgaire ici pour son commun usage
Le musulman rigide autour fasse porter
Le jus simple et permis de l'arabique fève.
Du chibouque ondoyant le nuage s'élève,
La sauvage harmonie avec son rude accent
Accompagne l'almée en sa danse rapide.
Les chefs s'embarqueront aux feux du jour naissant,
Car la vague dans l'ombre est quelquefois perfide,
Le convive peut bien avec sécurité
Sommeiller enivré de délice et de joie,
Dormir plus sûrement sur sa couche de soie
Que sur le roc abrupte au bord précipité;
S'abreuver pleinement aux coupes de la fête,
Et ne s'en arracher que pour combattre enfin,
Et reposer sa foi bien moins dans la conquête
Que dans le saint Coran et le fatal destin.
Du Pacha, cependant, l'armée en sa parade
Peut faire plus encor que sa vaine bravade.

III

De la porte au dehors, d'un pas respectueux,
L'esclave de service avec lenteur s'avance
En saluant le sol de la main et des yeux,
Se courbant jusqu'à terre en un profond silence
Qui semble avoir scellé sa bouche d'un cachet.
« Un Derviche, dit-il, qui, du nid du Corsaire
Échappé, vient ici révéler un secret. »
Sur un signe, à Seyd l'esclave avec mystère
Amène le captif. Ses bras étaient pliés
Sur sa veste fond vert; sa démarche incertaine
Chancelait, ses regards étaient humiliés.
Il paraissait vieilli, moins d'âge que de peine,
Et de la pénitence il avait la pâleur,
Non celle de la crainte. A son Dieu dans son cœur
Et par état voué; sa noire chevelure
Se couvrait d'un bonnet, d'un fez ambitieux,
Sa robe à larges plis flottante et sans ceinture
Enveloppait un sein qui battait pour les cieux.
Soumis, maître de soi, le digne anachorète,
Calme, rencontrait l'œil qui voulait le scruter,
Ayant à la demande une réponse prête
Avant que le Pacha le daignât écouter.

IV

« Derviche, d'où viens-tu? » — « De l'antre du Corsaire
Échappé cette nuit, j'ai fui de son repaire. » —
« Où, quand t'avait-on pris? » — « Du port Scalanova
Le Saick naviguait vers Scio, mais Allah
N'a point daigné bénir notre juste entreprise :
Le gain du marchand turc est devenu la prise
Du pirate vainqueur dont j'ai porté les fers.
Sauf le bonheur perdu d'errer dans l'univers,
Je n'avais point la mort à craindre ou la richesse
Dont j'eusse à regretter la perte en ma détresse;
Mais un pauvre pêcheur m'a lui-même apporté
Et la chance et l'espoir d'avoir la liberté.
J'ai saisi l'heure; ici, j'ai trouvé ton asile;
Avec toi, grand Pacha, la crainte est inutile. » —
« Les proscrits font-ils hâte et sont-ils préparés
A garder leur butin et leurs rocs assurés?
Soupçonnent-ils le plan que notre ruse trame
De voir du scorpion l'antre et le nid en flamme? » —
« Pacha, l'œil abattu, l'œil en pleurs du captif
Qui veut fuir, siérait mal à l'espion craintif.
J'entendis seulement la mer folle de rage,
Refusant d'emporter le captif du rivage
Et ne fis qu'observer un soleil et des cieux
Pour mes fers si pesants trop brillants et trop bleus.

La seule liberté doit avec tous ses charmes
Briser ma chaîne avant que je sèche mes larmes.
D'après ma fuite au moins tu peux bien en juger ;
Les pirates, tu vois, prévoient peu leur danger.
Si j'avais eu sur moi l'œil de la vigilance,
J'eusse de mon retour en vain cherché la chance.
Mais la garde sans soins qui ne m'a pas vu fuir,
Quand ton armée est près peut bien encor dormir.
Pacha, mon corps brisé succombe, et la nature,
Contre la faim demande un peu de nourriture
Et ces membres meurtris du rude choc des flots
Du tutélaire abri réclament le repos.
Permets donc, grand Pacha, fais que je me retire,
Paix à toi, paix à tous, souffre que je respire. » —
« Derviche, attends, je dois t'interroger, attends,
Assieds-toi ; je l'ordonne ; obéis, tu m'entends.
Une demande encor : l'esclave te prépare
Un repas dont il faut que ton corps se répare,
Au banquet général tu vas prendre ta part.
Mais ton souper fini, réplique sans retard.
Qu'en termes nets, précis, ta réponse soit claire,
Rien d'obscur, d'ambigu, car je hais le mystère. »
   On ne peut deviner ici le mouvement
Du saint homme qui voit sans plaisir le divan,
Pour le banquet forcé montre une ardeur peu vive
Et sans trop de respect traite chaque convive.
Son front s'est rembruni d'un nuage d'humeur,

Qui passe et s'éclaircit, fugitive lueur.
Il s'assied, un rayon a chassé le nuage
Et la sérénité brille sur son visage,
Son repas est servi ; mais son doigt dédaigneux
Laisse une chère exquise et des mets savoureux,
Comme s'il évitait d'un poison le mélange.
« Après tant de fatigue et ce long jeûne, étrange
Semble à mes yeux, d'honneur, tant de frugalité.
Derviche, qu'as-tu donc ? En ta sobriété
Crois-tu manger avec une caste chrétienne ?
Mes amis sont les tiens, ma famille est la tienne,
Et mes amis, crois-tu qu'ils soient tes ennemis,
Le sel gage sacré, d'où vient que tu le fuis ?
Son partage émoussa toujours le fil du glaive :
Entre tribus par lui nul combat ne s'élève.
Il cimente la paix entre des ennemis,
Mangeant le sel ensemble, en vrais frères unis. » —
« Oui, le sel assaisonne une friande chère,
Mais la mienne, plus simple, est la racine amère,
Et mon humble boisson se puise au pur cristal.
Car les lois de mon ordre et de mon vœu fatal,
M'empêchent de former société commune,
D'amis ou d'ennemis d'embrasser la fortune,
De rompre ou de mêler le pain et l'échanger.
C'est étrange pour vous. S'il est quelque danger,
Que sur moi seul retombe un présage funeste.
Pour ton pouvoir, bien plus, pour le trône céleste

Du sultan tout puissant, je ne pourrai manger
Le pain sacré que seul, seul sans le partager.
Mon ordre violé, Mahomet, que j'outrage,
De la Mecque défend le saint pèlerinage. » —
« Fort bien, sois ascétique, ainsi que tu te plais
A l'être; un mot encore, et te retire en paix,
Combien ? — Ah sûrement, non, ce n'est pas l'aurore,
Quel astre, quel soleil au golfe vient d'éclore ?
C'est comme un lac de feu ? Gardes, je suis trahi,
Aux armes ! Accourez : mon cimeterre ici !
Ah ! Derviche maudit, ce fut là ta nouvelle.
Allons, saisissez-le. Fendez-le par moitié,
O perfide espion ! tuez-le sans pitié ! »

 Le Derviche se dresse à ce jet de lumière,
Son changement de forme a saisi tous les yeux.
Il dépouille l'habit du sacré ministère,
Debout comme un guerrier sur son coursier fougueux,
Il jette fièrement son bonnet de Derviche
Et déchire en morceaux une robe postiche;
De maille on voit sa cotte et son sabre briller,
Sous un panache noir un casque étinceler.
Sous un sombre sourcil on a vu surtout luire
Son œil sur l'œil du Turc. C'est celui du vampire,
Fatal démon de mort, dont le sinistre éclat
Menace de coups sûrs, sans offrir le combat.
Le désordre confus, et la lueur blafarde
Des feux d'en haut, plus bas de la torche qui darde

Ses flots rouges et noirs, de la terreur les cris,
Des fers s'entre-choquant le perçant cliquetis;
Les imprécations dont retentit la salle,
Tout a fait de ces lieux une scène infernale.
Les esclaves, fuyant, regardent devant eux
Le rivage sanglant et les vagues de feux,
Sans écouter la voix du Pacha qui leur crie :
« Saisissez le Derviche, abominable, impie! »
Conrad voit leur terreur. Il a su contenir
Son premier désespoir. Il n'avait qu'à mourir
Sur la place d'abord, sans défendre sa vie,
Car au loin à sa voix, déjà trop obéie,
L'incendie éclatait avant l'ordre donné.
Il a vu leur terreur. Du cor il a sonné;
Il tire un son aigu. Bon! il s'est fait entendre.
On répond. Ses amis vont venir sans attendre.
« Ai-je pu suspecter votre zèle et penser.
Qu'ici seul, à dessein, vous pourriez me laisser? »
Il a brandi son arme et le fer tourbillonne
En frappant de coups sûrs tout ce qui l'environne,
Et répare amplement le temps qui s'est passé.
Et ce que la terreur a déjà commencé,
La fureur le complète et la servile bande
Succombe au bras puissant qui triomphe et commande.
Le marbre est tout jonché de maint turban fendu;
Sans se défendre à peine, ils ont tous disparu.
Seyd même, aux abois, surpris, dans sa colère,

Tout en le défiant cède à son adversaire.
Il craint de s'exposer à son coup menaçant,
Tout grandit à ses yeux cet ennemi puissant ;
Des galères en feu le spectacle l'irrite ;
Il arrache sa barbe en maudissant sa fuite,
Car du harem déjà le seuil a vu franchir
Des pirates l'essaim. Attendre, c'est mourir ;
En vain dans leur effroi de ses gardes la foule,
A genoux jette au loin leurs sabres, le sang coule.
Les pirates, par flots, accourent au dedans,
Où les appellent tous du cor les sons perçants ;
Les cris des suppliants qui demandent la vie
Et des mourants le râle et l'affreuse agonie,
Proclament le succès du chef dans l'action,
Et l'œuvre de la mort, de la destruction.
Ses soldats triomphants ont trépigné de joie
En son antre, de voir le tigre sur sa proie.
Rapide est sa réplique à leur brusque salut :
« Bien, mais Seyd échappe. Il doit mourir. Au but.
Après avoir tant fait, beaucoup vous reste à faire ;
Du musulman maudit en feux est la galère ;
Brûlez aussi sa ville ! »

V

A ce commandement,
Chacun prend une torche, et prompte à la parole,
Du porche au minaret la flamme au loin s'étend ;
Du minaret au porche au loin la flamme vole.
Une farouche joie en l'œil du chef jaillit,
Mais l'éclair fugitif bientôt s'évanouit,
Car un cri féminin à son oreille sonne,
Et comme un glas de mort a pénétré son cœur
Qui, dur comme l'airain quand la bataille tonne,
Semble ici s'attendrir dans sa secrète horreur.
« Oh ! brûlez le harem, mais gardez, sur vos têtes,
D'outrager une femme, ayant femmes aussi ;
Sachez de ma vengeance éviter les tempêtes.
C'est à vous de tuer l'homme notre ennemi ;
Nous devons épargner une faible victime.
Nous l'avons toujours fait. Ah ! j'avais oublié...
Mais le ciel ne saurait nous pardonner ce crime,
Par un courroux vengeur, il serait châtié,
Si je faisais périr ce sexe sans défense.
Me suive qui voudra ; moi je cours de ce pas.
Nous nous allégerons au moins la conscience
D'un forfait inutile et de vils attentats. »
  Il gravit le degré qui craque et qui chancelle,
Rompt les portes ; son pied n'a pas du sol brûlant

Senti l'embrasement et la vive étincelle.
D'une noire fumée un tourbillon roulant
Dans ses replis épais l'enveloppe et l'enserre.
Pourtant de chambre en chambre il se force un chemin.
On cherche, on trouve, on sauve; alors chaque corsaire
Prend, emporte sa prise avec sa forte main;
D'une femme avec tact il respecte les charmes
Et calme avec douceur ses cris et ses alarmes,
Et, soutenant le poids de la frêle beauté,
Lui prodigue ses soins; elle a droit d'y prétendre,
Tant Conrad sait si bien, avec sa dignité,
Apprivoiser le tigre et le rendre plus tendre,
Et réprimer la main de sang tout ruisselante.
Mais quelle est cette femme emportée en ses bras
Des débris embrasés, du combat, palpitante?
C'est l'idole du Turc dont il veut le trépas,
C'est de tout le harem la reine triomphante,
Mais toujours de Seyd l'esclave obéissante.

VI

Pour saluer Gulnare à peine un seul instant
Un mot reste à Conrad pour calmer ses alarmes,
Car dans ce court repos qui se dérobe aux armes,
L'ennemi qui fuyait au loin, bien en avant,
Avec surprise a vu sa trace non suivie.

Il ralentit sa fuite; on le voit s'arrêter,
Puis bientôt avec ordre en troupe il se rallie,
Et d'un pas plus hardi même ose résister.
Seyd s'en aperçoit, voit son faible adversaire :
Une poignée éparse entoure le Corsaire.
Honteux de sa faiblesse, il connaît son erreur,
Tout près de succomber à la lâche terreur.
« Par Allah! » cria-t-il, « oui, par Allah, vengeance! »
La honte devient rage et monte en grossissant.
Il faut vaincre ou mourir. Qu'en la nouvelle chance,
Le fer contre le fer, le sang contre le sang
Ramènent le triomphe à sa phase contraire.
Le combat se rallume aux feux de la colère,
Et ceux qui combattaient pour vaincre et conquérir
Ne frappent plus dès lors que pour ne point périr.
Conrad voit le danger, voit sa troupe surprise,
Cédant à l'ennemi qui reprend sa vigueur.
« Un effort, à travers ses rangs dans cette crise
Pour nous faire un passage. Allons, amis, du cœur! »
On s'unit, on se serre, on charge, mais on plie;
Bientôt tout est perdu. Dans un cercle assiégé
Sans espoir, non sans cœur, chacun vend cher sa vie
Dans une lutte à mort; mais l'ordre est dérangé,
Et l'on ne combat plus en rang avec prudence.
Cerné, coupé, haché, partout aux pieds foulé,
Chacun porte, isolé, son coup dans le silence,
S'affaissant, moins vaincu que tombant accablé;

Défaillante sa main agit tant qu'il respire,
Et son fer vibre et luit jusqu'à ce qu'il expire.

VII

Mais avant que la troupe ait pu se rallier,
Qu'en se croisant de près le fer au fer s'oppose,
Gulnare et son harem vont bientôt essuyer[8],
Dans le sacré refuge où la belle repose,
Les pleurs qu'elle versait pour la vie et l'honneur.
Celle-ci, cependant, durant ce court espace,
Recueillant sa pensée errante en sa douleur,
Et dans son désespoir, à l'esprit se retrace
Le ton courtois et doux, les accents d'une voix
Qui donne à ses regards un charme inexprimable.
« Chose étrange ! cet homme est-il donc à la fois
Un brigand sanguinaire, un amant plus aimable
Que l'amoureux Seyd ? Brûlant, passionné,
Le Pacha fait sa cour à sa sultane esclave
Comme s'il l'honorait d'un cœur qu'il a donné.
Le Corsaire au malheur a voué, noble et brave,
De sa protection l'hommage, le devoir,
Le droit de la beauté ! C'est, je le sens dans l'âme,
Un coupable désir que celui de revoir
Ce chef (ce vain désir est pire en une femme),
Et pour un tel bienfait de le remercier,

Ce que dans ma terreur j'eus le tort d'oublier,
De le remercier du doux bien de la vie,
Dont l'amour de mon maître assez peu se soucie. »

VIII

Elle venait de voir le Corsaire au plus fort
Du carnage, échappant par malheur à la mort,
Isolé de sa troupe et seul avec courage,
Combattant l'ennemi qui reprend l'avantage,
Abattu, tout sanglant, pris, sans pouvoir périr
Pour expier les maux qu'on dut par lui souffrir,
Pendant que la vengeance en épargnant sa vie
Étanche avec calcul, avec raffinement,
Goutte à goutte, soigneuse, un reste de ce sang
Que réserve Seyd pour une autre agonie.
D'un œil sec le tyran, qui ne peut s'assouvir,
Implacable, condamne, ineffable délice,
Sa victime mourante à ne pouvoir mourir;
Mais est-ce vraiment lui qu'on destine au supplice?
Quoi? Celui que naguère elle a vu triomphant,
Quand il levait la main sanglante de carnage,
En chef impérieux ! Désarmé maintenant,
Mais toujours ferme et fier, armé de son courage,
C'est lui-même d'honneur ! Il n'a qu'un seul regret,
C'est de vivre, et qu'au lieu d'une faible blessure
Il n'ait pas rencontré la mort qu'il désirait,

Il eût baisé la main qui la rendait si sûre.
Faut-il qu'il ait porté cent fois le coup mortel
Sans en recevoir un qui justement envoie,
Il peut à peine oser le demander, au ciel,
Son âme indigne, hélas ! d'une pareille joie !
Vivre, lui qui lutta, qui frappa pour mourir.
Conrad, lui plus que tous, sait ce qu'une âme humaine
Sent dans un tel revers, il a dû le sentir
Lorsque de ses forfaits le vainqueur, dans sa haine,
Annonçant la torture et son raffinement,
Menaçait de lui faire enfin payer la dette.
C'est ce qu'un esprit noir sentait profondément.
Mais ce mauvais orgueil, qui veut qu'il les commette,
Servait à les cacher. Altier, haut dans le cœur,
Son air dur, concentré, son farouche silence,
Dans l'excès de ses maux, sa cuisante souffrance,
Accusent un captif, bien moins qu'un fier vainqueur.
Plus que le spectateur, son œil calme et paisible
Déguise les tourments de cette âme inflexible.
En dépit des clameurs du soldat fanfaron,
Qui rassuré de loin, insolemment aboie,
Les plus braves guerriers, frappés du noble front
De celui qu'ils ont vu cramponné sur sa proie,
Honorent l'ennemi qui les a fait trembler.
On le traîne au cachot et la garde farouche
Ose à peine, de peur, même le contempler,
Une terreur secrète à tous ferme la bouche.

IX

On envoie au malade un ministre de l'art,
Pour le soulager? Non. — Mais voir ce que la vie
Peut encore porter. — Un seul fil, par hasard,
Aux chaînes peut suffire ainsi qu'à l'agonie,
Demain, oui, c'est demain que du soir le soleil
Verra du pal hideux se dresser l'appareil.
L'aurore, en sa rougeur se levant matinale,
Trouvera ce qu'a fait la torture fatale,
Mais le plus long, le pire entre tous ces tourments,
C'est celui par la soif que chaque jour raffine,
Dont le trépas lui seul est le soulagement,
Quand le vautour assiége une horrible machine,
De l'eau, de l'eau! La haine a rejeté les vœux,
En riant, rejeté les cris des malheureux.
S'il buvait, il mourrait. Triste est sa destinée,
Le ministre de l'art laisse en proie à ses maux
Le captif dont la garde aussi s'est éloignée,
Plongeant le fier Conrad au fond des noirs cachots.

X

Peindre ses sentiments, c'est peindre un sombre abîme,
Même ils sont inconnus peut-être à leur victime?

C'est un conflit, un choc, de l'esprit un chaos,
Lorsque chaque élément l'un à l'autre contraire,
Tous en convulsion, en furieux assauts
Se font, en se heurtant, confusément la guerre,
Le remords qui frémit, remords impénitent,
Qui, jusqu'ici grinçait, muet, tout en luttant
Crie : Ah! je te l'ai dit; quand la chose est passée.
Vaine voix! Cet espoir indompté, haletant,
S'élève et se roidit en rebelle pensée,
Et c'est le faible seul, lui seul qui se repent,
Même alors qu'il sent plus à l'heure solitaire
Qu'il découvre à lui seul toute sa nudité;
Alors la passion ne sévit plus entière,
Despotique tyran qui l'avait emporté,
Sur le reste jetant un voile qui l'efface.
L'âme à ce temps évoque, en ce vaste horizon,
L'amas des souvenirs qu'un seul regard embrasse;
L'ambition qui meurt, l'amour et son poison,
Avec ses vains regrets les écueils de la gloire,
La vie et ses périls, le calice trompeur
De la joie où chacun essaie en vain de boire,
Sans la goûter jamais, mirage tentateur,
Pour d'indignes rivaux le mépris et la haine,
Prêts à nous opprimer, vainqueurs peu généreux.
Le passé sans espoir, et l'avenir qu'entraîne
Le sort, sans y songer, vers l'enfer ou les cieux;
Actes, mots et pensers, de mémoire poignante;

L'assaillant à cette heure, et jamais oubliés,
Ou louables ou nuls, action palpitante ;
Maintenant refroidis, au crime associés ;
Sentiment desséché de son mal invisible,
Ver rongeur qui caché n'en est pas moins sensible :
Tout présente, en un mot, aux yeux, horrible à voir,
Le sépulcre béant, le cœur nu qui s'y cache,
Jusqu'à ce que l'orgueil, saisissant le miroir
Où l'âme se contemple, avec dépit l'arrache,
Et, révolté, le brise avec rage en morceaux.
Oui, l'orgueil peut voiler tous ces hideux tableaux,
Le courage braver, couvert de son égide,
Ce qui précède ou suit la chute du damné.
Nul n'est exempt de crainte, et le plus intrépide
Fanfaron lâche et faux, ne veut qu'être prôné.
Le plus digne n'est pas le faiseur d'étalage
Qui s'enfuit, mais celui qui regarde la mort,
Qu'il va chercher d'avance au milieu du voyage,
Et dont il soutiendra le menaçant abord.

XI

Le palais est brûlé ; dans une grande salle
Au pouvoir du Pacha, dans la plus haute tour,
Conrad était assis, seul, sur la froide dalle ;
Le fort tient renfermés le captif et sa cour.
Conrad ne peut blâmer sa cruelle sentence,

Car, si de la victoire il avait eu la chance,
Le Corsaire eût traité son ennemi vaincu
Comme il en est traité. Le destin l'a voulu.
Mais dans la solitude un penser le tourmente,
Qu'il n'ose point braver, plongé dans les cachots,
Quand d'un sein criminel il fouille le chaos.
Hélas ! pour Médora, nouvelle trop poignante!
C'est alors qu'avec rage il soulève ses fers.
En y fixant les yeux, il agite sa chaîne;
Puis, tout à coup distrait de ces pensers amers,
Qu'il ait feint ou rêvé quelque trêve à sa peine,
Il semble sur son sort se faire illusion,
Et sourit à moitié, comme en dérision.
« Qu'elle vienne en son temps, à son gré, la torture,
« J'ai besoin de repos avant le jour fatal. »
Il a dit, et bravant le supplice du pal,
Marche languissamment, mais sans plainte ou murmure,
Vers sa natte, où le chef, oublieux de la mort,
Malgré les visions qui l'assiégent, s'endort.
Minuit sonnait à peine au moment du carnage;
Les projets de Conrad étaient tous accomplis :
De la destruction l'impatiente rage
N'avait déjà laissé nuls crimes non commis.
Une heure l'avait vu traverser l'onde amère,
Déguisé, découvert, vainqueur de l'ennemi.
A terre chef puissant et sur les eaux corsaire,
Tour à tour destructeur, sauveur, pris, endormi.

XII

Il dormait d'un sommeil qui paraissait paisible,
Car son souffle étouffé s'exhalait insensible;
Heureux si c'eût été dans le sein de la mort.
Il dormait... Mais qui vient le bercer quand il dort?
Ses ennemis sont loin, l'amitié le délaisse.
Serait-ce un séraphin qui l'effleure et caresse?
C'est une forme humaine et de célestes traits;
Un bras d'albâtre lève une lampe qu'exprès
Il approche avec soin, de peur que la lumière
D'une brusque lueur ne blesse la paupière
D'un œil clos qui se rouvre à la seule douleur,
Une dernière fois pour se fermer encore.
Cette forme aux yeux noirs foncés dans leur couleur,
Au front si beau, si pur, rose comme l'aurore,
Aux cheveux blonds dorés, tressés de diamant,
Ce fantôme aux pieds nus, émules de la neige,
Qui glissa sur le sol en silence. Ah! comment
A-t-il pu pénétrer à travers le cortége
Dans une telle nuit? Plutôt demande-moi
Ce que n'oserait pas la femme comme toi
Que jeunesse et pitié guident, poussent, Gulnare!
Cette nuit à ses yeux, de son repos avare,
Refuse le sommeil. Du captif odieux
Quand le Pacha murmure et voit l'image en rêve,

Gulnare des côtés de son maître se lève,
Et prenant doucement un anneau précieux
Dont elle orne souvent son doigt par badinage,
Sans être interrogée elle s'ouvre un passage.
Sans obstacle à travers chaque rang assoupi,
Tremblant devant ce signe en tout temps obéi.
La garde en ce moment, du combat harassée,
Enviant à Conrad son repos si profond,
Sur le seuil de la tour, somnolente, glacée,
Succombe appesantie à ce sommeil de plomb
En saluant l'anneau; puis sa tête indolente,
Sans voir qui le portait, retombe nonchalante.

XIII

Gulnare le regarde : « Il peut dormir en paix,
Quand le trouble a guidé mes pas en sa demeure?
Peut-il dormir en paix, quand ici chacun pleure
Sa défaite ou les maux qu'à l'entour il a faits?
Par quel charme cet homme a-t-il autant d'empire?
Sans doute je lui dois la vie et même plus :
Il m'épargna la mort et la honte encor pire.
Ces pensers sont tardifs, peut-être superflus.
Mais silence, il s'agite, et tandis qu'il sommeille,
Quel pénible soupir! il frémit, il s'éveille! »
Il a levé la tête, et son regard douteux

Est ébloui du jour. Doit-il croire ses yeux?
Sa main s'est remuée, et le bruit de sa chaîne
Dit rudement qu'il vit bien en réalité.
« Que vois-je? est-ce une forme humaine, aérienne?
Mon geôlier est donc bien merveilleux en beauté? » —
« Captif, à tes regards je suis une inconnue,
Mais non pas insensible à de rares bienfaits
Tels que ceux de ta main. Sur moi fixe ta vue
Et souviens-toi de moi. Rappelle-toi les traits
De celle que ton bras sut préserver des flammes
Et d'une soldatesque encor pire à des femmes.
Je viens la nuit, non point pour te faire souffrir...
Pourquoi? je ne sais pas; non pour te voir mourir. » —
« S'il est ainsi, tes yeux, compâtissante dame,
Tardent seuls à jouir d'un aussi doux espoir;
Mon ennemi l'emporte... Eh bien! c'est son devoir.
Mille grâces, pourtant, à cette bonté d'âme,
A la tienne qui daigne, en charitable sœur,
M'octroyer en ces lieux un si doux confesseur! »

   Un enjouement badin se mêle, chose étrange,
A l'extrême douleur; faible soulagement!
C'est un sourire amer, mais c'est de l'enjouement;
Et ce sourire, hélas! ne donne pas le change.
Mais on a vu le sage et l'homme le meilleur
Jusque sur l'échafaud prendre ce ton railleur!
Cependant nulle joie au fond de ce sourire :
Il trompe tous les cœurs, sauf le nôtre au dedans.

Quelque éclair qu'au dehors sur Conrad vienne luire,
Un fol rire éclaircit son front, et ses accents
Ont ce son discordant d'une gaîté sauvage,
Comme n'en devant plus sur la terre goûter.
C'est contre sa nature. A Conrad, avant l'âge,
Entre lutte et douleur il doit bien peu rester.

XIV

« Ton arrêt est fixé; mais moi j'ai la puissance
D'adoucir le Pacha dans l'heure d'indulgence.
Corsaire, je voudrais te sauver du trépas
Ici même, à l'instant! mais je ne le puis pas.
Ni le temps, ni l'espoir, ni ta force elle-même
Ne nous permettent point cette crise suprême.
Tout ce que je pourrai, mon zèle le fera :
Ta sentence, du moins, d'un jour se remettra.
Faire plus te perdrait; tu n'en as pas l'envie.
A tous deux cet essai pourrait coûter la vie... » —
« Oui, je refuserais! A tout mon cœur est prêt.
Je suis tombé si bas, c'est peu de différence
De tomber encor plus. Subissons notre arrêt.
Ne tente pas la mort, toi, ni moi l'espérance.
Ne pouvant affronter l'ennemi, dois-je fuir?
Incapable de vaincre, ai-je soif de la vie?
Loin de ma troupe fuir seul pour ne pas mourir?...

Il est pourtant un être, une femme chérie,
Dont le cœur est au mien uni de si doux nœuds,
Que de ses yeux les pleurs viennent mouiller mes yeux.
Mon unique ressource ici dans ma carrière,
Fut mon glaive, ma barque et mon amour, mon Dieu;
Je laissai ce dernier jeune encor; en arrière
Il me laisse à son tour dans ce sinistre lieu
Où l'homme me tourmente exerçant sa justice.
Je ne le prierai point aux abords du supplice.
A son trône ces vœux ne feraient qu'insulter :
D'un lâche désespoir le vœu n'y peut monter.
C'est assez; je respire, et c'est tout; mon épée,
D'une impuissante main faible m'est échappée;
Cette main l'aurait dû garder un autre jour.
Ma barque est abîmée ou prise. Mon amour...
Ah! jusqu'au ciel ma voix s'élèverait pour elle!
A la terre elle est tout ce qui peut m'attacher;
Et ceci doit briser un cœur aussi fidèle
D'un coup aussi poignant, flétrir et dessécher
Une forme qu'avant la tienne, ô toi, Gulnare,
Mes yeux charmés avaient pu croire la plus rare. » —
« Une autre a ton amour? Une autre?... Ah! que j'envie
Ces cœurs auxquels un cœur se dévoue et se fie;
Étranger à ces vains et vagabonds désirs,
A ces illusions se perdant en soupirs,
Comme tous les soupirs qui consument mon âme. » —
« Ton amour n'est-il pas, je le croyais, ô femme,

A cet homme pour qui tout récemment ce bras
Te sauva du milieu des feux et du trépas? » —
« Mon amour pour Seyd? pour ce farouche maître?
Oh! non, non, mon amour... jamais ce ne peut être!
Et cependant ce cœur, qui ne s'efforce plus,
S'efforça de répondre au sien, vœux superflus.
L'amour, je le sens bien, dans un cœur libre habite.
Oui, je suis une esclave, esclave favorite,
Partageant sa splendeur, mais non sa passion.
Combien de fois je dois subir cette question
Et ces mots: « M'aimes-tu? » Mon âme à son ivresse
Brûle de dire non! Ah! pour cette tendresse,
Qu'il m'en coûte de feindre un tendre sentiment,
Et pour ne pas haïr, de lutter vainement!
Mais de l'aversion plus dure est la souffrance
Au cœur qui se soulève alors de répugnance.
Il me prend une main que je ne donne pas,
Mais sans la refuser laisse froide en ses bras.
Mon pouls ne s'émeut point non plus qu'il ne s'arrête,
Et quand Seyd la rend à l'amante muette,
Elle tombe sans vie et je la sens languir.
Je n'aimai point Seyd assez pour le haïr.
Ma bouche sans chaleur d'un baiser craint la trace
Et son toucher me fait frissonner et me glace.
Oui, si j'eusse jamais senti la passion
De la haine, du moins, j'aurais l'émotion.
Il part non regretté, revient sans qu'on l'appelle,

Lui présent, ma pensée est absente, infidèle.
Quand la réflexion viendra, qui doit venir,
Je crains que le dégoût ne soit dans l'avenir,
Esclave, en mon orgueil bien que je sois blessée,
L'esclave est encor mieux que n'est la fiancée.
Puisse son fol délire et s'éteindre et cesser,
Chercher une autre femme et libre me laisser,
Je pouvais dire hier encore, libre en paix.
Oui, si j'éprouve ici ces sentiments (jamais
Ne l'oublie, ô captif), c'est pour briser ta chaîne
Et te rendre une vie en gage de la mienne
Que ta main a sauvée, et te rendre au bonheur,
A l'amour dont jamais je n'aurai la douceur.
Adieu, je dois partir; le jour commence à poindre,
Quoi qu'il m'en coûte; ici, toi tu n'as rien à craindre. »

XV

Elle presse sa main et ses fers sur son cœur
Et s'éloigne en baissant la tête vers la terre,
Sans bruit, comme s'envole un rêve de bonheur.
Était-elle en ces lieux? Reste-t-il solitaire?
Quelle perle est tombée et sur sa chaîne a lui?
Larme de la pitié que sa plus pure mine
Verse, cristal brillant et d'avance poli,
Doux baume de douleur, sous une main divine.

Larme trop éloquente et pleine de danger,
Et dans un œil de femme irrésistible charme,
De faiblesse instrument qu'elle sait ménager,
Pour vaincre ou pour sauver, son égide ou son arme.
Fuis ce charme par qui chancelle la vertu.
Une femme éplorée aveugle la sagesse.
Qui fit fuir un héros, veuf d'un monde perdu?
L'œil d'une Cléopâtre humide de tendresse.
Pardonnez toutefois au triumvir romain :
Par des larmes combien ont perdu, non la terre,
Mais le ciel, en vendant leur âme, don divin,
Au démon qui nous fait une constante guerre !
D'une beauté légère en essuyant les pleurs,
Ils se sont infligé d'éternelles douleurs.

XVI

Le rayon matinal se joue et se repose
Sur ses traits altérés; d'hier a fui l'espoir.
Que sera-t-il avant la nuit? Ah ! quelque chose,
Peut-être, où le corbeau, funèbre hôte du soir,
Des ailes frôlera sa paupière glacée,
Volant inaperçu sur le corps engourdi,
Quand du soleil couchant la liquide rosée
Ravivera la terre et tout, excepté lui !

CHANT III

I

Plus beau près de la fin de sa course azurée [9],
Le soleil descendait sur le roc de Morée,
Non comme au ciel du nord, sous le nuage obscur,
Mais dans le plein éclat du rayon le plus pur.
Il répand ses flots d'or sur la vague en silence
En colorant les jets de l'eau qui tremble et danse;
Jette au rocher d'Égine un sourire d'adieux,
Et sur l'île d'Idra laisse ses derniers feux,
Qu'avec bonheur encor le dieu brillant arrête,
Bien que sur ses autels nul mortel ne le fête.
De la cime des monts les ombres s'allongeant,
Salamine invaincue, à toi, vont en plongeant
Et les arches de pourpre, en leurs couches profondes,
Reçoivent son reflet plus foncé sous les ondes.
Sa teinte la plus tendre aux sommets sourcilleux
A trempé sa nuance en la couleur des cieux;
De la terre et des mers enfin il se retire,
Derrière son rocher de Delphes il expire.

Au déclin d'un tel jour, sa clarté qui languit,
Sur ton sage autrefois pâle s'évanouit,
Athène! Ah! de tes fils, comme l'élite épie
L'heure qui va sceller sa suprême agonie.
Pas encor, pas encor! Les précieux rayons
Du dieu du jour mourant reposent sur les monts.
Mais sa lumière est triste aux yeux qui vont se clore,
Il assombrit le pic qu'avait doré l'aurore
Et semble encore étendre un crêpe noir de deuil
Sur ces lieux dont jamais il n'attrista le seuil.
Du Cithéron avant qu'il eût laissé la cime,
La coupe est vide, et l'âme, en son essor sublime,
Abandonne celui qui, sans trembler ou fuir,
Vit et meurt comme aucun ne sut vivre ou mourir.

    Mais la reine des nuits de l'Hymette à la plaine,
Occupe son empire et son muet domaine.
Messagère d'orage ici nulle vapeur
Ne masque ou ceint son front éclatant de blancheur.
Au rayon qui se joue, où la corniche brille,
La colonne d'albâtre étincelle et scintille.
Son emblème argenté luit sur le minaret
Où le croissant reçoit sa forme et son reflet.
Les bosquets d'oliviers où le Céphise avare
Sur de sombres massifs verse son onde rare,
De la mosquée au loin le cyprès, noir pourtour,
Du kiosque joyeux la miroitante tour,
Au temple de Thésée, auprès du sanctuaire,

Debout silencieux le palmier solitaire :
Tout fixe les regards, par ses mille couleurs,
Tout frappe et tout émeut les plus froids spectateurs.
La mer Égée au loin dont la voix tombe éteinte
Vient apaiser ici le courroux de ses flots
Et son sein, reflétant une plus suave teinte
Et de saphir et d'or étale ses tableaux
Mêlés au sombre aspect des ombres de mainte île,
Fronçant sur l'océan au sourire tranquille.

II

Revenons à mes chants, dont tu m'avais distrait.
En contemplant tes bords, qui n'a senti l'attrait,
Athène, et de ton nom l'éloquente magie ?
Oui, quel que soit le thème où court la fantaisie,
Ton charme irrésistible embellit tous ces lieux.
Qui jamais, s'il a vu le coucher glorieux
Du soleil descendant sous tes murs, belle Athène,
Peut oublier d'un soir la ravissante scène ?
Non, ce n'est pas celui qui des lieux et du temps,
Libre, revient sans cesse au groupe des Cyclades.
Cet hommage n'est pas étranger à mes chants,
L'île de mon Corsaire, entre tes cent naïades,
Fut jadis ton domaine. Ah ! que ta royauté
Y refleurisse un jour avec la liberté !

III

Le soleil s'est couché; mais plus que la nuit sombre
Le cœur de Médora s'affaisse aussi dans l'ombre,
Trois jours déjà passés, que devient son ami?
Il ne vient, ni n'envoie, ah! serait-ce un oubli?
L'infidèle! le vent est calme sur la plage
Et prête ses faveurs; la mer est sans orage.
Hier soir, dans sa barque, Anselme est revenu
Avec ce seul message : « On ne l'avait point vu. »
Différente eût été cette histoire cruelle,
S'il avait attendu cette voile fidèle.
Mais la brise fraîchit, Médora, tout un jour,
Assise tristement, des deux yeux de l'amour
N'a cessé d'épier la voile d'un navire,
Partout où l'espérance offre son doux sourire!
L'impatience enfin précipite ses pas,
A minuit, au rivage où Conrad ne vint pas,
Elle erre désolée, et la vague écumante
Ruisselle vainement sur cette folle amante
Pour l'éloigner du bord. Sans la voir, la sentir,
Elle demeure fixe et sans oser partir.
Insensible au frisson, son cœur seul est de glace,
La certitude enfin du doute y prend la place,
Sûre de son malheur, la folie ou la mort,

Si Conrad paraissait, la frapperait d'abord.
Un bateau démâté touche enfin le rivage,
Tristes débris tronqués de tout un équipage.
Ses hôtes ont trouvé l'objet qu'ils ont cherché,
Ils ont sur Médora leur regard attaché.
Quelques uns sont blessés, tous brisés de souffrance,
Ils vivent, mais comment? Personne n'en sait rien.
L'un l'autre s'évitant semble attendre en silence
Que chacun de Conrad explique le destin.
Ils auraient à parler. Une dure contrainte
Étouffe leurs accents enchaînés par la crainte
Que Médora n'entende à ses sens retentir
Des mots qu'elle a compris sans trembler ou pâlir,
Dans la vive douleur qui déchire son âme,
Sous des traits délicats, Médora, forte femme,
Cache des sentiments d'énergique vigueur,
Et dont l'explosion éclate enfin du cœur.
Tant que dure l'espoir, elle pleure attendrie,
Tout perdu, sa tendresse alors dort assoupie.
Mais de ce sommeil sort une force à son tour,
Qui dit à haute voix : pour ton cœur plus d'amour,
Mais plus de crainte aussi, surnaturel empire!
Force unique qui vient de son fiévreux délire !
« Vous demeurez muets... Ne parlez pas. Pourtant
Je brûle de savoir... Je ne veux rien entendre.
Pas un mot, je sais tout et je puis tout comprendre;
Ma lèvre hésite et tremble... Ah! dites à l'instant

Qu'est devenu Conrad? Dites, parlez. »

                                      « Madame,
Nous l'ignorons. A peine échappés de la flamme
Nous sortîmes vivants. Mais un de nous encor
Pourra vous affirmer que Conrad n'est pas mort;
Qu'il le vit enchaîné, sanglant, mais il respire. »
C'est en entendre assez. Dans son affreux délire
Elle résiste en vain, et ses pensers fiévreux
Font bondir chaque veine et son sang tout en feux,
Jusqu'à ce qu'il s'arrête et tout d'un coup reflue.
A ces suprêmes mots, altérée, éperdue,
Ces pensers que longtemps elle tint écartés,
En foule à son cerveau se sont précipités.
De sentiment privée, elle chancelle et tombe ;
Lorsque les matelots, de leurs grossières mains,
De la tendre pitié lui prodiguent les soins,
Jettent des gouttes d'eau sur sa forme sans vie,
Lèvent, en l'éventant, sa tête appesantie
Qu'ils soutiennent. Enfin, elle a repris ses sens.
Appelant l'odalisque en leurs rudes accents,
Ils confient ce beau corps, qu'en pleurant ils admirent,
Au harem empressé; puis, sans bruit, se retirent
Dans la grotte d'Anselme, où tout le monde accourt,
Pour faire le récit d'un triomphe trop court.

IV

Dans ce contact abrupte on s'anime, on agite
Des projets de salut, de vengeance ou rançon,
Tout chez eux excepté le repos et la fuite;
Même dans leur détresse au sein de l'abandon,
Respire de Conrad le courage sublime,
Et bannit de leur cœur le lâche désespoir.
Quel que soit son destin, ou vainqueur ou victime,
Les cœurs qu'il a formés, c'est pour eux un devoir
De le sauver vivant ou d'apaiser son ombre.
Malheur à l'ennemi! De rares défenseurs
Survivent, mais hardis, forts dans leur petit nombre,
Tous sûrs et dévoués, et tous hommes de cœurs.

V

Le farouche Seyd, dans la chambre secrète
Du harem, pèse encor de son captif le sort.
De la haine à l'amour son âme erre inquiète,
De Gulnare à Conrad passe et repasse encor.
La belle et tendre esclave à ses pieds est couchée,
Épiant son sourcil pour calmer son esprit;
Quand de son grand œil noir la flèche décochée,
Maint coup d'œil anxieux, sympathique, jaillit,

Recherchant à son tour la vague sympathie.
Sur le long chapelet l'œil du Pacha penché,
Ne voit que de Conrad la prochaine agonie,
A sa seule victime avec rage attaché.

« Tu l'emportes, Pacha ! sur ton cimier respire
Le triomphe siégeant. Le fier Conrad est pris
Et sa troupe détruite, et ton captif expire.
Tel tu fixas son sort. Qu'il n'ait que ton mépris :
Ta haine, un être vil ne l'a point méritée !
Plus sage il me paraît d'élargir sa prison.
Sa liberté me semble ici bien achetée
Par ses trésors entiers, une vaste rançon.
La renommée ici vante l'or du Corsaire ;
Puissent ces biens échoir au Pacha mon seigneur.
Abattu par ce coup, couché dans la poussière,
Épié, poursuivi, brisé même en son cœur.
Ce serait à présent une facile proie ;
Mais s'il meurt tout d'un coup, sa troupe et ses débris,
Dans un asile sûr près d'être recueillis,
Embarquent leurs trésors, leur ressource et leur joie.
  « Gulnare, si jamais chaque goutte de sang
De Conrad me valait le royal diadème
Du sultan de Stamboul, un ciel éblouissant,
Si pour chaque cheveu, toute une mine même
D'or solide et massif s'étalait à mes yeux ;
Si des mille une nuits l'incroyable magie

Évoquait devant moi leurs trésors merveilleux,
Ils ne sauraient encor racheter cette vie.
A peine une heure même, ils eussent racheté
Mon captif, mais je sais qu'il est en ma puissance,
Bien gardé dans les fers, et certain de son sort.
Avec calme, je pèse, en ma soif de vengeance,
Une torture lente et suspendant la mort.
 « Je suis bien loin, Seyd, de réprimer ta rage
Trop juste, inaccessible au généreux pardon,
Mes pensers seulement, traduits en mon langage,
Étaient de t'assurer une riche rançon ;
Sa liberté d'ailleurs n'est pas sa délivrance.
Désarmé, dépouillé de sa force et des siens,
Tu n'as qu'à le vouloir, il rentre en ta puissance,
Et tu t'es emparé d'avance de ses biens.
 « Il rentre en ma puissance !... Ai-je un jour à lui rendre,
Un jour !... Le misérable est déjà dans mes mains.
Relâcher mon captif ! quelle pitié si tendre !
Pourquoi ? Par quels conseils ! Oui vraiment, par les tiens,
Ah ! belle suppliante, à ta reconnaissance,
Qui paie ainsi les dons du cruel mécréant,
Pour toi seule et les tiens réservant sa clémence,
Sans vous apprécier, je dois remercîment
Et louange à la fois à sa grande prouesse.
Que ton oreille tendre écoute une leçon :
De toi je me défie, ô femme, et ta faiblesse
De plus en plus revient confirmer mon soupçon.

Du sérail en ses bras, dans la flamme enlevée,
Dis-moi, demeurais-tu là pour fuir avec lui?
Répondre est superflu, car ta faute est prouvée,
Sur ton front rougissant son témoignage a lui.
Charmante dame aussi, prends garde à toi, la belle,
Ses jours seuls ne sont pas l'objet d'un pareil soin,
Un mot de plus... Mais non; il suffit, infidèle!
Maudit soit le moment quand aux flammes de loin
Le traître t'arracha... C'eût été mieux peut-être...
Mais non... Je te pleurais à tort comme un amant,
Maintenant je te parle et t'avertis en maître.
Perfide, sais-tu bien qu'à mon commandement
Ton aile peut tomber, ton aile, oiseau volage?
Je sais mal, il est vrai, de vains mots disputer,
Mais il est d'autres coups que je sais mieux porter.
Prends garde à toi, te dis-je, encore une fois, songe
Au mal qu'attireraient trahison et mensonge! »
 Il se lève et s'éloigne ayant la rage aux yeux,
La menace à la bouche en faisant ses adieux.
Elle en a peu souci, cette énergique femme,
Dont menace ou courroux ne sauraient dompter l'âme,
Et lui, qu'il sait mal lire, ô Gulnare, en ton cœur,
Ce que sent ton amour, ce qu'ose ta fureur!
Ses doutes sont blessants; à son tour elle ignore
De quel germe profond la pitié peut éclore.
D'une esclave un captif a droit de l'implorer;
Ils souffrent tous les deux. Le nom peut différer.

Aussi sans démêler son trouble, à la colère
De son maître elle s'offre, essai bien téméraire,
Et le réprime encor. Mais la lutte en son cœur
S'élève : de la femme ici vient le malheur.

VI

Cependant, inquiet, las d'une longue attente,
Paisible toutefois dans sa torture lente,
Ballotté nuit et jour, il dompte la terreur,
En ce temps d'intervalle où flotte en proie un cœur,
Lorsque chaque heure vient, plus que le trépas même,
Empirer les apprêts de son destin suprême,
Lorsqu'au seuil il entend sonner l'écho fatal
De chaque pas qui mène à l'échafaud, au pal ;
Et lorsque chaque son qui grince à son oreille
Va frapper le dernier à son chevet qui veille.
Il dompte la terreur de son cœur indompté,
Qui fier contre la mort toujours s'est révolté,
Abattu maintenant, il endure en silence
La plus poignante épreuve en toute sa souffrance.
La chaleur du combat et le fracas des vents
Laissent l'esprit à peine inerte en ces instants.
Mais dans un noir cachot se voir chargé de chaînes,
En proie à ses pensers dans ces nuits souterraines,
Sur des crimes passés, sur un futur destin,

Sans pouvoir corriger ce passé trop certain
Ni reculer d'un jour l'arrêt qui le défie,
Compter l'heure qui reste à l'horrible agonie,
Sans un cœur, d'un ami sans l'encouragement
Pour dire que la mort est un soulagement;
Voir autour l'ennemi forgeant la calomnie
Destinée à noircir cette fin de la vie,
Devant soi des tourments que l'âme peut porter
Sans savoir si la chair y saura résister.
En sentant qu'un seul cri, le cri de la nature,
Fait honte à la vertu qui cède à la torture;
Laisser la vie en bas que nous refuse en haut,
Monopoliste ardent, du ciel le saint dévot,
Et son beau ciel à soi, de terrestre espérance,
Plus sûr qu'un paradis, sa seule jouissance,
La bien-aimée, enfin, ravie à son amour:
Ces pensers déchiraient le captif tour à tour,
Des pensers plus poignants que l'humaine torture;
Qu'importe? bien ou mal, c'est tout, s'il les endure.

VII

Le premier jour a fui : Gulnare est invisible;
Le second, le troisième, elle n'a pas paru.
Mais ce qu'elle a promis, un charme irrésistible
L'obtient, sinon Conrad n'eût pas trois jours vécu.

Le quatrième court, quand la nuit et l'orage,
Au sein d'un noir chaos mêlent leur sombre horreur.
Il écoute anxieux des mers le choc sauvage
Qui n'agita jamais son sommeil ni son cœur !
Sa fougueuse pensée éclate en fol délire
Dans les rugissements de son propre élément !
Il a souvent vogué sur son mobile empire,
Adorant sa vitesse et son emportement.
Maintenant le fracas répète à son oreille
Une voix si connue, hélas! qui crie en vain.
Le vent siffle en grondant sur le captif qui veille,
La foudre de la nue a déchiré le sein
Et de son double éclat a frappé sa tourelle ;
A travers les barreaux l'éclair scintille et fuit,
Plus riant à ses yeux que l'étoile fidèle.
Il a traîné sa chaîne à la grille. Elle luit.
Espérant son salut de son péril, sûr gage,
Il a levé la main et ses fers vers le ciel,
Afin que sa pitié détruisît son image,
De la foudre implorant le choc certain, mortel.
L'acier et le blasphème attirent le tonnerre...
Mais la foudre, roulant, dédaigne de frapper :
Elle s'éloigne et meurt. Il reste solitaire.
C'est un perfide ami qui vient de le tromper !

VIII

La douzième heure passe. A la porte massive
Un léger pas frémit après s'être arrêté.
Aux verroux il entend tourner la clef rétive.
Son cœur a deviné la charmante beauté.
Quels que soient ses péchés, c'est sa patronne sainte,
Belle comme un ermite en esprit croit la voir.
Elle a changé depuis qu'elle entra dans l'enceinte.
Plus tremblante en ses traits la pâleur vient s'asseoir,
Son œil, avant sa voix, sur lui fixé, murmure
Ces mots : « Il faut mourir, Conrad, il faut mourir.
Il reste une ressource à qui la veut souffrir,
La dernière et la pire, excepté la torture. » —
« Madame, il n'en est plus, et mon sort est fixé :
Ma voix prononce ici ce qu'elle a prononcé.
Conrad est comme avant; qui de moi se soucie?
Quoi! chercher à sauver d'un vil proscrit la vie,
A changer un arrêt que j'ai bien mérité?
De Seyd, mais non seul, j'ai longtemps excité,
Par maint acte illégal, la rage et la vengeance. » —
« Chercher à te sauver, trop juste récompense!
N'as-tu pas racheté mes jours d'un autre mal
Pire que l'esclavage? Aveuglement fatal!
Chercher à te sauver? L'excès de ta misère
T'a-t-il fait oublier ce que femme peut faire

En suivant de son cœur l'instinct ingénieux?
Ah! faut-il l'avouer? ce cœur silencieux
Devrait taire un secret dans sa lutte rebelle;
Mais, malgré tes forfaits et ton âme infidèle,
Ce cœur sentit par toi la crainte et, tour à tour,
Gratitude et pitié, le délire et l'amour...
Tais-toi! ne redis point de nouveau ton histoire :
Une autre a ton amour; et, pour moi, j'aime en vain;
Elle est tendre, plus belle, ainsi je le veux croire;
Mais tout son dévouement est-il comme le mien,
Pour braver ces périls où je me précipite?
Si Médora t'aimait, moi, si j'étais à toi,
Tu ne serais pas seul! Te laisser dans ta fuite,
La femme d'un proscrit, poursuivi par la loi.
Que fait à la maison la délicate dame!
Mais assez... Sur ta tête est ici suspendu,
Ainsi que sur la mienne, où d'un fil pend la lame
Du damas effilé le cimeterre aigu.
S'il te reste du cœur, libre si tu veux vivre,
Prends ce poignard; debout, Corsaire, il faut me suivre. »

« Oui, vraiment, dans les fers légers courront mes pas,
Avec ces ornements, sur chaque sentinelle
Qu'accable le sommeil! Ne t'en souviens-tu pas?
Cette robe pour fuir me favorise-t-elle?
Ou, pour que je combatte, ai-je un bon instrument? » —

« Incrédule Corsaire, écoute bien : la garde
Est gagnée, elle est prête à mon commandement,

Avide d'or et sûre, au complot se hasarde.
Un mot, un mot de moi seul va briser tes fers.
Sans aide auprès de toi comment m'être exposée?
Ah! depuis nos adieux, ami, toi que je sers,
Pour toi le temps qui presse au crime m'a poussée.
Au crime? Moi, Corsaire! En est-ce un de punir
Ceux de l'affreux Seyd? Ce tyran doit périr!
Conrad! Ah! tu frémis; mais mon âme est changée:
D'amertume abreuvée, insultée, outragée,
Elle a crié vengeance. On m'accuse d'un tort
Dont je fus jusqu'ici par dédain innocente,
Fidèle au point d'unir et de lier mon sort
A ce dur esclavage. Eh bien! qu'il s'en repente!
Oui, souris, toi, mais lui rira d'un rire amer...
Je n'étais pas perfide, et toi non encor cher.
Mais son arrêt, il l'a prononcé de sa bouche :
Le jaloux irascible et le tyran farouche,
Qui tourmente et qui tente à la rebellion,
Mérite bien son sort, juste prédiction.
Moi, je n'aimai jamais; il m'avait achetée
Un haut prix, car mon cœur ne pouvait s'acquérir.
Esclave obéissante, admise ou rejetée,
Tu m'aurais enlevée, a-t-il dit, pour t'enfuir.
Il mentait, tu le sais. Malheur à ces augures
D'un semblable prophète. Un soupçon odieux
Croit pouvoir les prouver par toutes les injures;
Il n'a pas accordé ce répit à mes vœux.

Ton supplice ajourné, ta grâce passagère,
Servent à préparer mille tourments nouveaux
Et de mon désespoir enveniment les maux.
Il menace mes jours; mais sa folle tendresse,
Impérieuse encor, destine à son plaisir
Son esclave; et le maître, un jour sortant d'ivresse,
Blasé, rassasié d'attraits qu'il sut flétrir...
Je vois le sac béant, et là bâille l'abîme!
Suis-je donc le jouet d'un vieillard amoureux?
L'instrument usé, vil, nul, ignoble victime?
Je te vis, je t'aimai, mon sauveur, et je veux
Te sauver à mon tour. Fût-ce au moins pour apprendre
Si le cœur d'une esclave est sûr, sensible et tendre.
S'il n'eût pas menacé ma vie et mon honneur
(Car il tient les serments prononcés dans la rage),
De te sauver encor j'aurais eu le bonheur,
En épargnant Seyd avide de carnage.
Maintenant toute à toi, prête aux événements.
Toi, tu ne m'aimes point, tu me connais à peine,
Si tu ne me hais pas... Mes premiers sentiments,
C'est toi qui les fis naître, amour ainsi que haine.
Ose donc éprouver un cœur oriental
Et ne crains plus le feu qui brûle un cœur de femme.
Ah! du salut pour toi vois luire le signal,
D'une barque mainote apparaître la flamme.
Mais là, dans une chambre où nous portons nos pas,
Dort le tyran Seyd... Qu'il ne s'éveille pas! »

— « Gulnare, non jamais ma fortune avilie
N'abaissa plus mon nom et ma gloire flétrie.
Seyd mon ennemi, d'une implacable main,
Mais loyale, a des miens balayé tout l'essaim.
Aussi suis-je venu dans ma barque de guerre
Frapper mon adversaire avec mon cimeterre.
C'est mon arme, non pas le fer de l'assassin.
Celui qui d'une femme a respecté le sein
Ne saurait égorger dans le sommeil sa proie.
Femme, je t'ai sauvée avec bonheur et joie,
Mais non pas à ce prix. Empêche qu'un bienfait
Se perde injustement par un lâche forfait.
Mais à présent, adieu. La paix soit en ton âme;
De mon dernier repos la nuit court. Adieu, femme. »

« Du repos!... à l'aurore, ah! tes nerfs frémiront,
Autour du pal aigu tes membres craqueront.
J'entendis le signal, je vis l'affreux indice :
Non, je ne verrai point de mes yeux ton supplice;
Si tu péris, je meurs. Ma vie et mon amour,
Ma haine, et ce qu'ici j'éprouve tour à tour,
Sont un jeu du destin, un coup suffit, Corsaire.
Inutile de fuir. Et comment me soustraire
A sa poursuite sûre? A mes torts impunis,
A mon âge en sa fleur, à mes beaux jours flétris,
Un seul coup mettra fin, ainsi qu'à toutes craintes.
Mais puisque le poignard sied moins à tes étreintes
Que le fer, j'essaierai d'une femme la main.

Les gardes sont gagnés; un moment, et demain
Tout est fini, Corsaire, et dans un sûr asile,
Si nous nous recontrons, c'est dans un port tranquille.
Si cette main faiblit, qu'un brouillard matinal,
Comme un sombre linceul, enveloppe le pal. »

IX

Sans qu'il ait répondu, Gulnare s'est enfuie;
Mais son œil la poursuit dans le sombre horizon;
Sa main rassemble alors sa chaîne qu'il replie,
Des anneaux tortueux en étouffant le son.
Ni barreaux, ni verroux n'arrêtent son passage;
Sur les pas de Gulnare il cherche à se mouvoir,
De ses membres captifs autant qu'il a l'usage,
La nuit épaisse règne en ce dédale noir;
Il ne sait où marcher sous la voûte inconnue;
Ni gardes ni flambeaux n'en éclairent l'issue.
Il aperçoit soudain une faible lueur.
Doit-il chercher ou fuir sa clarté qui scintille?
Il se fie au hasard. Il sent une fraîcheur
Comme l'air sur son front que le matin distille;
Il atteint dans sa course un long portique ouvert.
De la nuit à ses yeux fuit l'étoile dernière,
Qu'il voit à peine au ciel, car il a découvert
Une clarté qui sort d'un réduit solitaire.

Il s'avance vers elle, en reçoit un rayon
Par la porte entr'ouverte, et rien, rien davantage.
Une forme au dehors, d'un pas agile et prompt,
Passe, s'arrête, tourne, et se tient, fixe image.
C'est elle enfin, mais non le poignard à la main,
Sans un signe offensif, grâce à ce cœur sensible
Elle n'a pu tuer ! Il la regarde en plein :
Son œil au jour jaillit plus hagard, plus terrible.
Elle s'est arrêtée, et de ses longs cheveux
A rejeté les flots inondant son visage,
Et de son sein charmant les contours si moelleux;
Comme si cette tête, en sa beauté sauvage,
Se dressait de dessus un objet de terreur :
Ils se sont rencontrés; son front porte une trace,
Un signe que sa main y laissa par erreur,
Trop pressée, une tache……, un point que rien n'efface,
Et qu'à peine distingue un regard vif, perçant,
Signe léger, mais sûr d'un crime : C'est du sang !

X

Il avait vu la guerre, et dans la solitude
Pressenti les tourments au crime destinés.
Dans les fers à présent de leur stigmate rude,
Ses bras peuvent rester pour toujours sillonnés;
Mais jamais les combats, le remords ni sa chaîne,

Mille assauts, mille chocs, dans toute leur fureur,
Ne l'ont fait tressaillir, n'ont fait battre sa veine
Autant que cet objet le révolte d'horreur.
D'une goutte de sang la pourpre en faible raie,
Ternit une beauté. Son charme est effacé !
Il avait vu le sang, qui jamais ne l'effraie,
Mais au fort de la lutte et par l'homme versé.

XI

« C'en est fait ! il s'était presque éveillé. Corsaire [10]
Tu m'as coûté bien cher. C'est fait, sachons nous taire.
Tout discours est oiseux, agissons maintenant,
Partons, partons ; au bord, la barque nous attend.
Il fait jour ; quelques-uns gagnés doivent me suivre
Pour joindre ceux des tiens que le sort fit survivre,
Et ma voix appuiera du fer les coups hardis,
Quand ma voile pourra fuir de ces bords maudits. »

XII

Elle a frappé des mains, et dans la galerie
Pour la fuite équipés, Maures, Grecs, tous suivants
Muets, prompts, ont brisé la chaîne qui le lie,
Ses membres ont repris la liberté des vents.

Mais la douleur s'assied sur son âme oppressée,
Lourde comme le poids accablant de ses fers.
Par un mot, devant elle, une porte enfoncée
Ouvre un sentier secret sur la grève des mers,
La ville est derrière eux. Ils se hâtent d'atteindre
Le flot qui les invite au devant en dansant.
Le Corsaire qui suit s'empresse de les joindre,
Sauvé, trahi, n'importe, il est obéissant,
Aussi vaine pour lui serait la résistance
Que si Seyd vivant infligeait sa sentence.

XIII

Ils s'embarquent ; la voile à la brise légère
S'ouvre et s'enfle ; l'on voit la nef glisser et fuir.
Plongé dans ses pensers, vogue alors le Corsaire
Recueillant sa mémoire en un long souvenir,
Jusqu'à ce que le cap de son énorme tête
Où l'ancre se fixa, géant, montre le faîte !
Depuis la nuit fatale, ah ! le temps de sa faux,
Dans son rapide vol, moissonne tout un âge
De terreur et de crime, un long siècle de maux !
Quand cette ombre sinistre a surgi du rivage
Loin par-dessus le mât, il gémit en passant
Et dans sa rêverie, il se voile la tête,
A Gonsalvo fidèle, à sa troupe en pensant,

Au triomphe d'une heure, à sa prompte défaite,
Puis à sa fiancée, au loin, à Médora;
Il se retourne alors : l'homicide était là !

XIV

Elle observe ses traits, son visage de glace,
Tant qu'elle soutiendra son œil réprobateur,
Cet air farouche en elle a, dans ses yeux, fait place
A des pleurs abondants, trop tardive douleur.
Elle presse sa main, à ses pieds prosternée.
« C'est à toi de m'absoudre, Allah m'a condamnée !
Mais sans ce noir forfait, ah, que serais-tu, toi ?
Accuse... pas encore ! Oh non, épargne-moi !
Non, non, je ne suis pas ce que je puis paraître.
Cette fatale nuit égara tout mon être,
Mais toi n'achève pas de troubler ma raison;
Si j'avais moins aimé, moindre eût été mon crime,
Tu n'aurais pas vécu pour haïr la victime,
Qui si cher de ta vie a payé la rançon. »

XV

Ces mots sont comme un dard dans le cœur du Corsaire;
Il l'accuse bien moins qu'il ne s'est accusé.

De son malheur il est la cause involontaire;
Mais ces griefs poignants dont il se sent blessé
Saignent, muets, profonds, en palpitant mystère,
Sans accent, dans ce sein, ténébreux sanctuaire.
   La brise cependant soupire avec faveur
Sur le flot calme et bleu qui folâtre se joue,
De ses glapissements en caressant la proue.
Bientôt à l'horizon au loin et sans couleur
Surgit un point, un mât, d'un navire la voile,
Son quart a reconnu le frêle bâtiment,
Le vent souffle, d'en haut gonfle la vaste toile
Qui s'avance, apparaît majestueusement
Rapide sur sa proue, en ses flancs menaçante.
Au-dessus de la barque un éclair a jailli,
Une balle a sifflé sur l'abîme glissante.
De son rêve sortant, Conrad a tressailli,
De son œil exilée éclate enfin la joie.
« C'est là mon pavillon, oui, c'est bien ma couleur,
Mon drapeau rouge sang de nouveau se déploie.
Je ne suis donc pas seul sur mer, dans mon malheur.
L'on croise les signaux et le salut fidèle;
La voile lâche, on met en panne la nacelle.
C'est Conrad! c'est Conrad! tous ont crié du bord.
Voix du chef ni devoir n'arrêtent ce transport.
Joyeux, ivre d'orgueil, chacun des siens l'admire;
Quand on le voit monter aux flancs du bâtiment,
Sur ces visages durs reparaît le sourire;

Ils résistent à peine au rude embrassement.
Lui, défaite et danger, à l'instant il l'oublie,
Rend le salut d'un chef à ceux qu'il sait guider.
D'Anselme avec vigueur presse la main amie,
Et sent qu'il peut encore et vaincre et commander.

XVI

Ces doux transports passés, la troupe alors regrette
De ramener Conrad sans qu'il ait combattu.
Elle a mis à la voile, et sa vengeance est prête ;
S'ils savaient de ses jours que le bienfait est dû
A la main d'une femme, elle serait leur reine.
Ils sont moins délicats que leur chef orgueilleux
Pour obtenir leurs fins. Neuve est pour eux la scène :
Chacun se parle bas et d'un œil curieux
Regarde en souriant cette belle inconnue.
Ce coup d'œil scrutateur, pour elle embarrassant,
Vient troubler, sous le poids d'une étrange revue,
Celle qui fit couler sans s'émouvoir le sang.
Se tournant vers Conrad, son regard le supplie ;
Elle baisse son voile en silence, et sa main
Se croise auprès de lui sur son cœur qui confie,
Après Conrad sauvé, tout le reste au destin.
Extrême dans le bien et dans le mal extrême,
Elle pouvait passer de l'un à l'autre excès,

Et soit qu'elle haïsse, ou soit que son cœur aime,
Elle est femme au sortir du plus noir des forfaits.

XVII

Conrad le voit, le sent. Il plaint une coupable.
Haine de l'action, pitié pour son malheur !
Nuls pleurs ne laveraient un forfait exécrable ;
Le ciel en punira dans son courroux l'auteur.
Mais le coup est porté, quel que soit un tel crime,
Le fer frappa pour lui, pour lui le sang coula;
Il est libre par elle, et pour lui sa victime
Donna tout sur la terre, au ciel, même au delà.
Il regarde l'esclave aux yeux noirs, qui s'affaisse
Sous l'écrasant coup d'œil de son sourcil puissant;
Humble et douce à présent jusques à la faiblesse.
Sur sa joue a couru chaque teinte en passant
D'une vive rougeur à la paleur sans vie.
L'incarnat qui lui reste est de ce sang versé,
C'est la tache de sang d'un mort qui l'a rougie.
Conrad spontanément, d'une étreinte a pressé
Cette main qui tremblait, mais trop tard, dans la sienne;
Cette main caressante et faite pour l'amour,
Si nerveuse à présent, si terrible en sa haine.
Il saisit cette main qui tremblait; à son tour
Il sent faiblir la sienne et sa voix moins sonore :

— « Gulnare. » Elle se tait. « Chère Gulnare! » Ici
Elle a levé les yeux, seule réponse encore
Qu'on puisse y lire, et puis tombe en ses bras. Ah! si
Conrad avait ravi Gulnare à cet asile,
Son cœur eût été plus ou moins qu'un cœur humain
Coupable ou non, ce cœur reconnaissant, facile,
Ne peut se repousser. Peut-être dans ce sein,
De sa vertu mourait la dernière étincelle.
Mais Médora pouvait pardonner ce baiser,
Qui n'implore pas plus d'une forme si belle,
Que ce que la pitié ne saurait refuser.
Le premier, le dernier bonheur que la faiblesse
Déroba par mégarde à la fidélité;
Sur la bouche où l'amour, dans sa plus douce ivresse,
Exhala son haleine avec sa suavité,
En laissant échapper du fond d'un cœur fidèle,
Successif, répété, maint odorant soupir,
Que le dieu se plaisait lui-même à rafraîchir,
Comme s'il l'éventait du contact de son aile.

XVIII

A cette heure douteuse entre le jour, la nuit,
Les forbans ont gagné leur ile solitaire.
A la troupe nomade enfin son roc sourit;
Le port fait bourdonner sa voix hospitalière;

Les stations partout s'éclairent de signaux;
Le golfe voit danser la barque sur les flots.
Le folâtre dauphin se joue en l'onde émue;
L'oiseau criard des mers d'un son rauque salue
Un retour desiré. Dans chaque lampe a lui
A travers les barreaux la clarté qu'un ami
Attise en accueillant le marin, il le pense,
Le marin bienvenu qui n'est plus exilé.
Du foyer sainte joie, élan de l'espérance,
Le contemplant au sein de l'océan troublé.

XIX

Au fanal, au bosquet, hautes les lampes brillent,
De Médora Conrad cherche entre elles la tour,
C'est en vain. Chose étrange! alors qu'elles scintillent,
La sienne est sombre. Prête à fêter son retour,
Peut-être elle n'est pas entièrement éteinte,
Mais seulement voilée; et pour sortir de crainte
Par le premier canot il descend sur le bord,
Regarde impatient l'aviron qui le guide,
De l'aile du faucon il veut plus que l'essor
Pour le porter là haut, comme le trait rapide!
Les rameurs un moment prennent quelque repos.
Sans attendre, sans voir, lui se jette à la nage,
S'efforce, atteint la grève, ayant fendu les flots,

Et gravit le sentier qui domine la plage,
Il gagne la tourelle, il s'arrête; aucun bruit
Ne résonne au dedans; à l'entour, c'est la nuit.
Il frappe, il frappe fort; rien ne se fait entendre,
Rien ne l'annonce au moins, ni réponse, ni pas.
Il frappe une autre fois; il frappe, mais plus bas,
Sa main tremblante à peine aide à ce cœur si tendre,
Le portail s'ouvre, c'est un visage connu,
Non ce visage cher que son désir dévore.
Deux fois il veut parler et deux fois il s'est tu.
Deux fois sa question est prête et meurt encore.
Il saisit le flambeau de son avide main,
Sa clarté bienfaisante à tout doit satisfaire,
La main glissante laisse échapper la lumière.
La rallumer serait attendre le matin,
Un siècle entier d'attente, une longue agonie.
Dans le noir corridor vacille une lueur,
Vers la chambre il s'élance et sa vue est saisie
De ce que pressentait, sans y croire, son cœur.

XX

Droit et debout, l'œil fixe, immobile, en silence
Il contemple l'objet naguère palpitant.
Il contemple, ah! regard bien long dans la souffrance
Vain (on n'ose avouer ce qu'on sait bien pourtant).

Dans la vie elle était si tranquille et si belle[11]
Qu'avec ses traits plus doux la mort dessus glissa.
Ces roses, froides fleurs, qui s'effeuillent sur elle,
Sa main, froide à présent, tendrement les pressa,
Comme sans le savoir et dans la rêverie,
En dormant, ah ! pleurer semble une moquerie !
Ces beaux cils longs et noirs, d'où la neige ressort,
Voilaient ces yeux privés de ce feu qui rayonne,
Où la pensée éteinte est enfouie et dort,
La mort s'appesantit sur cet œil, noble trône.
Des divines clartés, qu'elle en vient effacer
Dans leur dernière éclipse, on a vu s'affaisser
Leur orbite d'azur. Un charme encor respire,
Sur sa bouche voltige, erre un dernier sourire,
Qui veut s'en éloigner seulement pour un temps.
Mais là le blanc linceul et la tresse flottante
Jusqu'aux bords du tombeau, longue encor, palpitante
Naguère aux jours d'été, léger jouet des vents
Échappant au bandeau qui l'enchaînait captive,
Tout et la pâle joue ont déjà réclamé
Le cercueil pour ce rien, pour une ombre plaintive.
Pourquoi reste-t-il près d'un être inanimé?

XXI

Il ne demande rien. Il doit se satisfaire
De ce premier aspect d'un front, marbre glacé.

C'est assez, elle est morte. Et de quelle manière?
N'importe. Du jeune âge avec elle est passé
L'amour; d'un temps meilleur l'espérance future;
De la crainte et la joie à l'amant délaissé,
L'objet, hélas! ravi dans sa source si pure.
Du seul être vivant qu'il ne pouvait haïr,
Séparé brusquement, son sort il le mérite,
Mais ne le sent pas moins en se voyant punir.
Le juste aspire au port, objet de sa poursuite,
A la paix, où du crime est impuissant l'essor.
L'orgueilleux, le méchant, bornant ici sa joie,
Trouve la terre assez pour la douleur encor,
Et perd en un seul coup son bien, unique proie,
Peut-être une ombre, un rien. Qui se voit arracher
D'un esprit résigné son bonheur, son délice?
Plus d'un stoïque front d'un masque sait cacher
Des cœurs qui du malheur ont vidé le calice,
Que d'arides pensers d'un sourire trompeur,
Voilés, mais non perdus, simulent le bonheur!

XXII

Celui qui sent le plus a le moins d'éloquence
Pour exprimer du cœur la confuse souffrance,
Quand de mille desseins auxquels l'âme a recours
Nul ne lui garantit remède ni secours.

Nul langage ne peut peindre l'âme secrète,
La vérité suffit à la douleur muette.
Sur l'âme de Conrad comme un plomb le malheur
Tombant, l'appesantit d'une lourde stupeur.
La douceur de sa mère a glissé dans cette heure
En cet œil sec et dur, qui comme un enfant pleure.
Dans ce faible cerveau naguère tout d'airain
S'est ainsi décélé l'incurable chagrin.
Mais nul ne voit ces pleurs. La source en est tarie
Devant les étrangers. Honteux, il les essuie,
Il va partir le cœur brisé de désespoir.
Le soleil s'est levé ; pour Conrad, c'est le soir.
La nuit vient sans retour en ses voiles funèbres.
De l'esprit le nuage a bien plus de ténèbres
Dans l'œil de la douleur, qui ne peut, n'ose voir ;
Des aveugles le pire, il s'enfonce et s'affaisse
Sans endurer un guide, en l'ombre dense, épaisse
De la nuit infernale au gouffre le plus noir.

XXIII

Formé pour la douceur, mais séduit par le vice,
Il fut trahi trop tôt par un long artifice,
Chaque bon sentiment, en son cœur, dur métal,
S'était pétrifié. Dans la grotte, en cristal
La goutte d'eau durcit, ou la goutte moins claire

En se purifiant se filtre dans la terre.
La tempête a miné, la foudre fend le roc;
Ainsi brisé ce cœur avait senti le choc.
Là croissait une fleur, sous la crête sauvage,
Que l'ombre jusqu'ici préserva de l'orage,
Mais un coup de tonnerre a détruit tous les deux,
Le solide granit et le lis gracieux.
La tendre fleur n'a plus de feuille qui lui reste
Pour dire au pèlerin son histoire funeste.
Elle s'est consumée en un poudreux débri.
De son froid protecteur, qui lui servait d'abri,
Les fragments à l'entour, sur ce maudit asile,
Noircis et dispersés, couvrent un roc stérile.

XXIV

C'est l'aurore. Bien peu vers cette heure du jour
Osent troubler leur maître. Anselme dans la tour
L'y cherche : il n'est pas là, non plus que sur la plage
De l'île avant la nuit l'on parcourt le rivage,
Un, deux, trois jours passés, sans arrêt, sans repos
L'on appelle et l'on crie à lasser les échos.
Au mont, grotte, antre, val, toute recherche est vaine,
D'un bateau sur la rive on retrouve la chaîne,
Une chaîne brisée, et, l'espoir renaissant,
L'on cherche, l'on explore, on fouille l'océan.

Tout est silencieux, les jours sur les jours roulent ;
Les lunes succédant sur les lunes s'écoulent.
Et Conrad ne vient pas, absent depuis ce jour ;
Ni trace, ni signal n'a marqué son séjour,
Et sa troupe a pleuré ce chef que nul ne pleure.
Nulle nouvelle ou bruit n'ont éclairci son sort,
Si son malheur survit, s'il finit par la mort.
On donne à son amante une riche demeure,
Une dernière, hélas ! Pour lui nul monument !
Nulle pierre ne dit où gît le triste amant.
Si douteuse est sa fin, certaine est son histoire,
Il laissa dans ces lieux une vaste mémoire.
Le Corsaire a légué son nom à d'autres temps,
Et, pour une vertu, cent crimes éclatants [12].

FIN DU CORSAIRE

NOTES

1. Ce poëme, composé en 1815, a été achevé en quelques mois. Byron y a résumé avec énergie tout ce qu'il avait observé dans son premier voyage des habitudes, des mœurs, du courage de ces hardis pirates, de ces réfugiés de la Grèce, de la Dalmatie, de l'Albanie, qui sillonnèrent longtemps les flots de l'Archipel sous la conduite d'un chef, généralement de trempe supérieure.

2. L'île des Pirates, non désignée ici, est une de ces nombreuses Cyclades hérissées de rochers qui bordent toutes les côtes.

3. Conrad, ce chef mystérieux dont on retrouverait facilement le type dans celui des corsaires célèbres, repoussé de la société par son orgueil et sa supériorité même, aigri contre l'injustice des hommes, présente, en bien comme en mal, quelques traits amplifiés du caractère de l'auteur.

4. Médora, ravissante figure, amante dévouée de Conrad, a captivé cette fière nature à laquelle elle s'est attachée de cœur, pleine d'admiration pour sa bravoure; car la beauté s'enchaîne à la valeur, comme l'exprime si bien le poëte suédois Tegner :

> Ty mannens mod är qvinnan kärt,
> Det starka är det sköna värdt;
> De begge passa för hvarannan,
> Som hjelmen passar sig för pannan.

« La bravoure des hommes est toujours chère aux femmes. La force est digne du choix de la beauté; car toutes les deux s'harmonisent mutuellement, comme un casque brillant s'adapte à un beau front. »

5. Ces touchants adieux rappellent, dans le même poëme, ceux d'Ingeborge et de Frithiof, le corsaire scandinave.

6. Coron, ville et port de Messénie, dans la Morée.

7. Seyd ou Sid, en turc, signifie seigneur. On appelle derviche un moine musulman.

8. Gulnare (fleur de grenade), la sultane favorite du pacha.

9. Cette riante description d'une soirée athénienne repose heureusement des scènes tragiques qui précèdent et qui vont suivre.

10. L'acte de Gulnare est criminel; mais, provoqué par une reconnaissance ardente, irréfléchie, il tombe enfin sous le coup de la nécessité.

11. Douce et mélancolique image d'une âme pure endormie dans la mort.

12. Que devient Conrad? Nous le verrons dans le poëme suivant qu'un lien mystérieux rattache à celui-ci.

LARA

ou

LE CHEF FÉODAL[1]

CHANT I

I

Lara fête les serfs dans son vaste domaine
Et leur fait oublier la féodale chaîne.
Leur chef inespéré, mais non point méconnu,
Exilé volontaire à leurs vœux est rendu.
Dans les salles, brillez gais visages, bannières
Sur les murs; aux buffets, tintez coupes et verres;
Sur les grands vitraux peints, vif reflet du foyer,
Le feu ressuscité pétille, hospitalier,
Et des hôtes joyeux l'essaim bruyant rallie
Dans la bouche et les yeux et le rire et la vie.

II

Le seigneur de Lara des mers est revenu[2].
Qui les lui fit franchir? Il resta sans son père,
Trop jeune pour sentir sa perte, à son insu
Maître de soi, ce legs funeste de misère,
Héritage fatal qui de son possesseur
Troublera le repos, détruira le bonheur!
Sans appui, sans conseil, sur les bords de l'abîme
Pour lui montrer à temps les sentiers tortueux
Par où le voyageur s'égare et marche au crime.
Lara donc à cet âge aveugle, aventureux,
Lorsque de la raison le flambeau ne peut luire,
Ayant besoin de frein, doit lui-même conduire.
Impossible est ce soin; même il n'importe pas
De retracer ici les progrès de son âge,
Du berceau jusqu'à nous les suivant pas à pas,
Dépeignant sa jeunesse en son élan volage.
Courte fut la carrière où l'enfant s'élança
Inquiet, sans repos. Il la fournit entière,
Longue assez pour sa perte, hélas, lorsqu'il passa!

III

Il quitte impatient de ses aïeux la terre.
Depuis l'heure où sa main envoya ses adieux.

La course par degrés affaiblissait sa trace
Jusqu'au moment enfin où les cœurs oublieux,
Du souvenir perdant chaque trait qui s'efface,
Crurent leur maître mort. Et dans le vieux manoir,
Muet désert où règne un lugubre silence,
De l'aveu des vassaux, ce qu'ils pourraient savoir
De leur seigneur Lara, c'est l'exil et l'absence;
Ni message, ni lui, vers eux ne sont venus.
De là naît l'inquiète et froide conjecture,
Froide surtout; de là les soupçons ambigus.
Dans le château son nom à peine se murmure;
Son portrait s'est noirci dans son cadre poudreux;
Un autre a consolé l'amante qui l'oublie;
La jeunesse l'ignore et passés sont les vieux.
« Mais cependant vit-il? » Un héritier s'écrie,
Qui soupire et de l'œil a semblé convoiter
La dépouille de deuil qu'il ne doit pas porter.
Cent nobles écussons décorent avec grâce
Le dernier, le plus long des salons du manoir
Des aïeux de leur maître. Un seul manque à sa place
Dans cette galerie où vient en rang s'asseoir,
Poudreux et vacillant, le trophée héraldique;
Il serait bienvenu sur le blason gothique!

IV

Tout à coup il revient un jour, seul, délaissé;
D'où, qui sait? Ce retour n'a pas lieu de surprendre;
Il faut plus s'étonner, dès le salut passé,
Non qu'il vînt, mais autant qu'il se fût fait attendre.
Sa suite n'est qu'un page, un seul pour l'escorter[3],
D'un aspect étranger, tendre encore en son âge.
Les ans avaient roulé; leur vol sait se hâter
Pour qui reste ou pour ceux qui courent en voyage.
Mais des pays lointains et sous d'autres climats,
Un silence obstiné, l'absence de nouvelle,
Du temps qui se traînait avaient ralenti l'aile.
Il est vu, reconnu; pourtant on ne croit pas
A ce présent douteux, le passé n'est qu'un rêve.
Il vit : l'âge viril en lui montre la sève,
La fatigue en ses traits, le doigt marqué des ans.
Ses fautes, s'il en fit, bien loin dans sa mémoire,
Ont reçu leurs leçons avec leurs châtiments
Dans la variété d'une si longue histoire.
On ne connaît de lui ni bien, ni mal; son nom
Intact a conservé l'honneur de son blason.
Jeune il était hautain, mais les torts de son âge
Avaient été l'erreur et l'amour du plaisir,
Et, s'ils ne l'avaient pas égaré davantage,
Pouvaient se racheter sans un long repentir.

V

Mais il est bien changé, car l'on peut reconnaître,
Quel qu'il soit, qu'il n'est plus jadis ce qu'il dut être :
Ce front tout labouré du stigmate profond
De lignes dessinant un fixe et creux sillon,
Trace de passions, mais mortes et sans flamme,
D'un orgueil qui n'a plus des jeunes ans les feux.
Un air froid et glacial, d'éloge dédaigneux,
Une démarche altière, un œil qui perce l'âme,
Et surprend la pensée, aussi prompt que l'éclair,
La langue décochant son dard, sarcasme amer,
Arme d'un cœur blessé dont la mortelle atteinte
En jouant porte un coup qui défend toute plainte :
Tels étaient ses dehors, cachant plus au-dessous
Que son œil ou sa voix ne pouvaient faire entendre.
Honneurs, amour et gloire, objets communs à tous,
Qu'un petit nombre atteint, mais où tous semblent tendre,
Paraissaient n'avoir plus à lutter dans son cœur;
Et depuis peu, sans doute, ils avaient dû se taire.
Mais parfois d'un secret le terrible mystère
Sur son livide front jetait une lueur.

VI

Lara de son passé craint d'expliquer l'histoire
Il ne raconte point les merveilleux récits

De ces vastes déserts et de lointains pays.
Comme eux lui-même il veut, lui voyageur sans gloire,
Se faire aux yeux de tous passer pour inconnu.
Interrogez ses yeux, un trait s'y lit à peine ;
Scrutez son compagnon, même demande vaine.
Il répugne à montrer ce que lui-même a vu,
De l'intérêt d'autrui comme indigne, peu rare.
Si l'étranger pourtant insiste, curieux,
Il fronce le sourcil plus sombre et soucieux :
Un mot concis et bref sort de sa bouche avare.

VII

On n'est pas insensible à son soudain retour.
Au séjour des humains on l'accueille, on le fête ;
Né de haute lignée il commande à son tour,
Marche l'égal des grands en relevant la tête,
Se joint aux carrousels des puissants, des heureux,
Leur voit passer le temps en soupirs ou sourire,
Mais ne fait que les voir, sans partager leurs jeux ;
Effleurant à la fois plaisirs, peines, délire,
Sans poursuivre non plus ce qu'ils poursuivent tous,
Déçus, non rebutés dans leur persévérance :
Vains honneurs, gains réels, et ces regards si doux
Faveurs de la beauté couronnant la constance,
Ou d'un rival vaincu le dépit amoureux.

Un cercle qui l'étreint d'un étrange mystère
Repousse au loin l'approche et l'œil du curieux
Et le laisse isolé, concentré, solitaire.
Sur son front est assise une sévérité
Qui retient à l'écart toute frivolité;
Et ceux qui l'observaient de près, âmes timides,
En silence sur lui fixaient leurs yeux avides.
Un murmure indiquait leur mutuelle peur.
Les plus sages pour lui d'une voix unanime
(Mais ils sont peu nombreux) le déclarent meilleur
Que son air au dehors ne le dit et l'exprime.

VIII

Chose étrange, au jeune âge, à l'âge d'action,
Amoureux du combat, pour le plaisir de flamme,
Les luttes, l'océan, jouissances et femme,
Tout ce qui promettait la forte émotion,
Ou péril de la tombe, ou la crainte, ou la joie,
Tour à tour il l'essaie, il le goûte ; sa proie,
On la lui vit chasser, de sa chimère épris;
Dans l'ivresse ou la peine il en trouve le prix.
Point de milieu banal. Dans sa course pressée,
Intense, il échappait à sa propre pensée.
Gros d'orages son cœur contemplait dédaigneux
Des faibles éléments l'impuissante tempête;

Le transport de son cœur en égarant sa tête
Doutait que rien d'égal fût par delà les cieux.
Des passions esclave, esclave de l'extrême,
Comment s'éveilla-t-il de ce songe suprême?
Il n'a rien dit hélas! Il s'éveille et maudit
Ce cœur, non pas brisé, que chaque heure flétrit.

IX

Aux livres (jusqu'ici l'homme était son seul livre)
Il voulut appliquer un œil plus curieux,
Et souvent tout d'un coup fuir, quelque jour pour vivre
En lui seul solitaire et loin de tous les yeux.
Alors on entend dire à sa suite fidèle,
Qu'à peine à ses côtés rarement il appelle,
Que son pas sous la voûte abrupte retentit
Précipité, sonore aux heures de la nuit,
Dans cette galerie où la file gothique
De portraits de famille, inaccessible au jour,
Toile informe et grossière au fond d'un cadre antique,
Aïeux, pères et fils, grimacent à l'entour.
On entendait alors, et puis avec mystère
On se disait... « Cela doit rester inconnu. »
On entendait des sons étrangers à la terre.
« En rira qui voudra; mais quelques-uns ont vu,
« A peine ils savaient, quoi? quelque chose d'étrange! »

Pourquoi si constamment repaît-il son regard
D'une tête de mort, spectre hideux, hagard,
Que de profanes mains ont tiré de la fange,
Pour faire fuir au loin, tous, tous, excepté lui?
Lorsque tout dort, pourquoi lui seul n'a-t-il dormi?
Pourquoi donc a-t-il seul horreur de l'harmonie,
Sans recevoir un hôte, accueillir l'étranger?
Tout ceci n'est pas bien. Mais quelle est sa manie?
Où se trouve le mal? Qui pourrait en juger?
Quelques-uns le sauraient. Mais trop serait à dire,
Et ceux-là sont d'ailleurs trop prudents et discrets
Pour faire qu'au dehors le mystère transpire
Autrement qu'en soupçons, en murmures secrets.
On le pourrait pourtant. Ainsi la gent vassale
Sur son seigneur chuchote en la gothique salle.

X

Il est nuit, et Lara voit au miroir des eaux
L'étoile en diamants réfléchir son image,
L'onde est calme et paraît demeurer en repos,
Elle glisse pourtant, c'est comme le passage
Du bonheur qui s'envole en nuage léger;
Et de loin sur son sein on croit voir voltiger,
Fixée au firmament, chaque lampe immortelle.
Ces bords sont émaillés de l'arbre bienfaisant,

Et des fleurs à l'abeille ils offrent la plus belle,
Telle qu'en chapelet tressait Diane enfant,
Telle qu'à son amour l'offrirait l'innocence.
Ainsi sourit la rive, et sinueux canal,
La vague en ses détours et se joue et s'élance
Comme un serpent flexible, étincelant cristal.
Tout est calme et si doux dans les airs et sur terre
Qu'on y pourrait sans peur rencontrer un esprit,
Sûr qu'un mauvais génie, en ce lieu solitaire,
N'oserait profaner cette céleste nuit;
Elle est pour les cœurs purs, ainsi Lara le pense,
Et n'y pouvant rester, il s'éloigne en silence
Vers le seuil du château. Saurait-il contempler
Plus longtemps cette scène et sans se rappeler
Les scènes d'autres jours, et des cieux sans nuage,
Des lunes d'un azur plus serein, et ces nuits
Si douces où des cœurs?... Oh! non, non pas; l'orage
Peut battre impunément ce front chargé d'ennuis,
Front d'airain, sans pitié! mais cette nuit si belle
Repousserait vraiment un cœur, une âme telle!

XI

Il rentra dans la salle, en la grand'salle sombre,
Et haute sur les murs se projeta son ombre.
Là des hommes passés les portaits, vieux tableaux

De crimes, de vertus sont la trace dernière,
Sauf la tradition vague et les noirs caveaux
Qui cachent leurs erreurs, leurs vices, leur poussière,
En fragments mutilés du volume pompeux,
D'âge en âge disant le conte spécieux.
Là dispensant l'éloge ou le blâme, l'histoire
Ment, en faussant le vrai, transmis à la mémoire.
Il marchait tout pensif, quand la lune brillait
A travers les treillis sur le parvis de pierre,
A la voûte en reliefs; lorsque s'agenouillait
Aux gothiques vitraux chaque saint en prière,
Fantastique série, immense et grandissant,
Mais non comme la vie à l'œil apparaissant;
Ses longs cheveux de jais sur son front triste et sombre
Hérissés et flottants, son plumet droit et haut
Lui donnaient dans la nuit l'air d'un spectre ou d'une ombre,
Et son aspect portait la terreur du tombeau.

XII

Minuit vient de sonner; tout dort, chacun sommeille[4].
Amante de la nuit, la lampe seule veille.
Écoutez. De Lara la chambre a retenti
D'un murmure, d'un son, d'une voix et d'un cri !
Terrible appel ! Un cri perçant... puis le silence.
Cet appel frénétique a-t-il de ses échos

Frappé des serfs l'oreille et troublé le repos?
On l'entend, on se lève, à la fois on s'élance
Empressé, mais tremblant, pour porter le secours.
D'autres clameurs à l'aide invoquent les plus sourds.
On saisit au hasard des torches allumées,
D'un fer sans baudrier les mains se sont armées.

XIII

Glacé comme le marbre est étendu Lara
Sur la terre, qu'en long tout son corps mesura,
Pâle comme un rayon qui sur ses traits vacille;
Moitié hors du fourreau son glaive nu scintille.
Il semble avoir cédé plus qu'à l'humaine peur;
Ferme encore, ou, du moins jusqu'ici, tout son cœur
Paraît avoir gardé sa force et sa constance.
Sur son front sourcilleux siége la défiance.
Privé de sentiment, je ne sais quel désir,
Un désir de tuer sur ses lèvres respire,
La menace encor fraîche y venait de mourir,
Et l'imprécation en blasphémant expire.
L'orgueil du désespoir reste en son œil mi-clos,
Qui retient dans sa transe en cette crise extrême
Le féroce regard du gladiateur même,
Mais fixé maintenant dans un hideux repos!
On le lève, on l'emporte; il renaît, il soupire,

Il parle : sur sa lèvre est un sombre incarnat,
Son œil voilé se roule, en ce muet délire,
Farouche, large, ouvert, mais terne et sans éclat;
Chaque membre tremblant avec lenteur rappelle
Le jeu des fonctions, mais sa langue rebelle
Balbutie on ne sait quel langage inconnu,
Non le sien, mais distinct, assez bien entendu
Pour faire reconnaître une langue étrangère.
Oui, de tels sons venus d'une lointaine terre
S'adressent mais en vain à quelque objet absent,
Sans écho pour l'oreille, inerte et vide accent!

XIV

Son page accourt, et seul il a paru comprendre
Le vrai sens de ces mots que tous ne font qu'entendre.
Dans ses traits il s'opère un léger changemement,
On revoit la couleur qui revient sur sa joue.
Ce langage n'est pas tel que Lara l'avoue
Ni que ce page explique, et sans l'étonnement
Que tout le monde éprouve, il contemple son maître,
Se penche sur son corps, articulant des mots
D'un idiome, le sien, ainsi qu'il paraît être.
Soudain Lara tressaille à ces accents nouveaux
Qui semblent adoucir les horreurs de son rêve,
Si ce rêve est l'effet d'un pouvoir infernal

Qui vient de terrasser ce cœur qui se relève,
Frappé d'assez de chocs sans malheur idéal.

XV

Quel que soit cet objet, réel ou chimérique,
S'offrant à ses regards, vision fantastique,
C'est un secret profond et fixé dans son sein,
Et pour jamais scellé d'un silence d'airain.
L'aurore est revenue, et son corps qui chancelle
Puise dans ses rayons une vigueur nouvelle.
Du prêtre ni de l'art il n'attend les secours,
Le même en actions, le même en ses discours.
Il remplit comme avant chaque heure fugitive.
Son front n'est ni plus triste et non moins il sourit,
Et si son âme au fond, quelque peu plus craintive,
Ne peut sans tressaillir voir approcher la nuit,
Aux vassaux étonnés il déguise sa crainte
Quand ils montrent la leur à ses regards sans feinte.
Les serviteurs tremblants vont deux à deux rampant
(Car seuls ils n'oseraient), évitant la grand' salle,
Chambre mystérieuse, étrange, si fatale,
La bannière qui flotte et la porte en frappant
Qui gémit ou qui hurle, et la tapisserie
Frémissante et plaintive, et la planche qui crie,
Des arbres à l'entour l'ombre, vaste géant,

De la chauve-souris l'aile au sourd battement,
De la nuit qui se plaint le murmure et la brise;
Ce qu'on voit, on entend, l'œil, l'oreille le suit,
Et la pensée émue en spectre le grandit
Quand l'ombre s'épaissit sur la muraille grise.

XVI

Frayeurs vaines! Jamais cette heure de terreur
Ne revint apporter sa ténébreuse horreur,
Ou Lara de l'oubli sut revêtir la feinte
Qui confond ses vassaux, mais sans bannir leur crainte.
Perdit-il la mémoire au retour de ses sens,
Puisque de leur seigneur nuls gestes, nuls accents,
Nul regard, à leurs yeux, rien en lui ne révèle
L'angoisse de son âme, à sa troupe fidèle?
Ce délire poignant de son esprit fiévreux
N'était-ce donc qu'un rêve? Était-ce sa voix même
Qui fit entendre un son sauvage, douloureux,
Et ce cri qui troubla leur sommeil, cri suprême,
Était-ce aussi le sien? Et ce cœur oppressé,
Le sien, qui sous ce poids de battre avait cessé?
Ce regard qui glaçait la foule haletante
Était-ce encor le sien? Ah! qui dut tant souffrir,
A-t-il pu de ses maux perdre le souvenir,
Quand l'âme des témoins en reste palpitante;

Ou ce silence même est-il révélateur
D'un souvenir celé, trop profond dans son cœur
Pour être articulé par la parole humaine,
Ineffable, impuissante en cette lutte vaine?
Mystère ineffaçable, à son sein cramponné,
Qu'il ronge sans relâche, à sa proie acharné,
Révélant les effets, dissimulant la cause :
Lara sait dans ce cœur où son secret repose
Enfermer à la fois cause, effets, tous les deux,
Du simple observateur en échappant aux yeux ;
Et sa pensée élude, en glissant sur la foule,
Les mots faibles, confus, qu'elle étouffe et refoule.

XVII

Énigme inexplicable, il savait réunir
Tout ce qui fait aimer, haïr, chercher ou fuir.
Sur son destin caché l'opinion varie,
Loue ou blâme son nom qui jamais ne s'oublie.
Son silence est un thème où chacun veut parler :
On devine, on s'étonne, on erre en conjectures
Sur celui qui ne peut aux yeux se dévoiler.
Que fut-il et qu'est-il? Cet homme aux aventures,
Qui fut longtemps errant par le monde inconnu,
Dont la seule naissance est tout ce qu'on a su.
Des hommes l'ennemi? Mais quelques uns vont dire

Qu'ils l'ont vu se mêler aux gens heureux et rire;
Bien qu'apparent, ce rire, observé de plus près,
Que l'on reconnaissait bientôt à certains traits,
Prenant un ton amer, ironique, de glace,
N'atteignait que sa lèvre et plus loin ne passait,
Sans qu'on en eût trouvé dans ses yeux une trace;
Et pourtant certain air de douceur s'y glissait,
On surprenait chez lui parfois quelque tendresse
D'un cœur compâtissant qui se laissait trahir;
Mais son esprit hautain réprimait sa faiblesse
Armant d'acier ce cœur dont il semblait rougir,
Comme s'il dédaignait dans son orgueil intime
De racheter un doute à la commune estime
Qu'il inspire à demi. Le bourreau de ce cœur
Qu'il veut comme punir d'avoir troublé sa vie,
S'inflige-t-il exprès la haine et la douleur
Pour avoir trop aimé d'un amour qu'il expie?

XVIII

De tout il porte en lui le souverain mépris,
Et comme si lui-même en eût senti le pire,
Habitant vagabond du monde qui respire,
D'un autre rejeté, monde d'errants esprits,
Dans le nôtre étranger, sombre visionnaire,
Il s'était à lui-même, en suivant sa chimère,

Suscité maint péril qu'il avait évité,
Par hasard, mais en vain; sa tenace mémoire
Évoquait à ses yeux dans sa fidélité,
Ses regrets, son triomphe et toute son histoire.
La nature l'avait fait pour beaucoup aimer,
Comme en un moule à part qu'elle avait su former
Au berceau de sa vie, en ses rêves d'enfance,
Il courut au delà de la réalité.
Au désenchantement de son adolescence
Succéda l'ouragan de la virilité.
Regardant en arrière, il pensait aux années
Qu'il perdit à chasser une ombre, destinées
A poursuivre un objet digne de son ardeur.
En proie aux passions dont l'aveugle fureur
Sur sa vie et ses pas a semé le ravage,
Des meilleurs sentiments il conserva l'image
Pour engager la lutte avec cet esprit noir
Qui fouillait le passé sans fond et sans espoir.
Mais encore hautain, se trouvant moins blâmable,
En citant la nature il la fit responsable,
De ses fautes chargea l'argile de ce corps
Dont elle couvre l'âme, écorce du dehors
Et pâture des vers; par une erreur étrange,
Fit du bien et du mal le monstrueux mélange,
Et les dénaturant eut bientôt imputé
Au destin ce que fit sa seule volonté;
Et trop fier pour sentir le vulgaire égoïsme

Il savait s'immoler, non pas par héroïsme,
Par pitié pour autrui, ni non plus par devoir,
Mais par perversité d'esprit et de vouloir,
Excitant son orgueil, dans un esprit contraire,
A faire ce que nul ou peu ne voudraient faire.
Cet aiguillon, au temps de la tentation,
Au crime le poussait, sous son impulsion,
Tant il planait dessus ou tombait dans la sphère
De ceux dont il devait parcourir la carrière.
En bien ainsi qu'en mal il s'était isolé
De ceux à qui le sort l'avait assimilé;
Son esprit abhorrant cette sphère maudite
S'est fait un trône à soi d'une autre qu'il habite,
Et laisse froidement, dominateur altier,
Tout passer ou ramper sous son superbe pied.
Dans cette région où l'âme est plus sereine,
Son sang coulait plus calme en sa bouillante veine,
Plus heureux si ce sang n'avait jamais brûlé
De la fièvre du mal; tiède il aurait coulé.
Il est vrai qu'il suivit le sentier ordinaire,
Dit et fit ce qu'ailleurs on voit tous dire et faire,
Sans blesser la raison, sans choquer le bon sens.
La tête, non le cœur, fit ses égarements;
Rarement il errait en parlant, sa pensée
Laissait la vue à peine au dehors offensée.

XIX

Avec cet air glacé, ce ton mystérieux,
De rester invisible encor qu'il fût joyeux,
Il avait (ou c'était sa qualité native)
L'art de fixer au cœur une impression vive,
Non peut-être d'amour, ou de haine, ou de rien
Qui l'eût pu définir; ce n'était pas en vain
Même une seule fois qu'on l'avait vu paraître.
Qui l'avait rencontré pouvait le reconnaître
Et voulait le revoir, et si même il parlait,
Par hasard entendu, chacun se rappelait
Tout ce qu'il avait dit, fût-ce le plus futile,
On insistait dessus comme une chose utile,
Sans savoir ni comment, ni pourquoi l'on était
Malgré soi fasciné, tandis qu'on l'écoutait.
Son salut à chacun faisait porter sa chaîne,
Et le cachet marqué soit d'amour, soit de haine;
Mais amour, pitié, haine, en un éclair de temps,
Ces sentiments croissaient aux cœurs profonds, constants.
Vous ne pouviez percer son âme impénétrable,
Mais tout en l'admirant, d'un nœud fort et durable
Votre cœur à son cœur puissamment se rivait.
Sa présence de loin encor vous poursuivait,
De son sein s'échappant l'étincelle électrique
Forçait dans votre sein l'intérêt sympathique.

Dans le réseau moral qui venait vous lier.
De l'oublier cet homme osait vous défier.

XX

On célèbre une fête, où la magnificence,
Où la richesse et l'or, l'éclat de la naissance,
Font briller mainte dame et maint beau cavalier,
Dans le manoir d'Othon au toit hospitalier.
Un hôte de haut lieu par son seigneur et maître
Est accueilli, Lara, que l'on y voit paraître.
Le bruyant carrousel en flots pressés et longs,
Sous des gerbes de feux ébranle les salons,
Près du banquet, le bal se déploie en cadence;
D'un essaim de beautés l'étincelante danse
Enlace aux doux accords la grâce avec bonheur
Et forme en un feston une chaîne de fleur.
Heureux les jeunes cœurs et les mains qui s'unissent.
Ah! devant ces tableaux qui brillent et qui glissent,
Même un front soucieux peut bientôt s'éclaircir;
La vieillesse sourit et se sent rajeunir.
Des rêves du bel âge un moment caressée,
La jeunesse oubliera dans un songe doré
(Tant son cœur est ravi, de joie est enivré!)
Que cette heure si douce ici-bas s'est passée.

XXI

Lara paraît en être un spectateur joyeux[5];
Son front calme dément son esprit soucieux;
Sous ce masque il observe et suit d'un œil tranquille
Les beautés qui sans bruit glissent d'un pas agile.
A la haute colonne il s'appuie et ses bras
Sont croisés. Attentif au reste, il ne voit pas
Un œil tourné sur lui, sombre, intense et sévère :
Ce coup d'œil scrutateur encourrait sa colère.
Il le rencontre enfin. L'homme mystérieux
Qui sur lui fixe ainsi son regard curieux,
Inconnu dans son air, sa physionomie,
Cherche Lara lui seul, et l'obsède et l'épie,
C'est la première fois qu'à ses yeux il paraît.
Ce regard mutuel, d'étonnement muet,
Est venu se croiser dans une intime vue.
L'œil troublé de Lara trahit son âme émue
Comme s'il pénétrait celle de l'étranger.
Ce dernier menaçant s'y maintient sans changer,
Et lance des éclairs d'où jaillit la lumière,
Que Lara saisit plus que la foule vulgaire.

XXII

« C'est lui ! » s'est écrié l'étranger. Entendu,
Ce mot s'est répété, bientôt s'est répandu
En échos. « Lui ! qui, lui ? » La question s'avive,
Et jusqu'à Lara même en résonnant arrive.
Peu sauraient endurer cet assaut général
Ou ce simple regard. Lara reste glacial
Sans changer de couleur. La première surprise
Qu'il ressentit du choc d'une soudaine crise
Semble déjà passée. A l'entour son regard
Se promène, essuyant de ce coup d'œil le dard.
L'inconnu, ricanant plus près, d'une voix fière :
« C'est lui, d'où sort-il donc ? Ici que vient-il faire ? »

XXIII

C'en est trop, et Lara ne peut laisser passer
Ce mot qu'insolemment on vient de lui lancer.
Recueillant son regard, d'une voix mesurée,
Calme, ferme hardie, à la fois modérée,
Il se tourne, et bravant ce ton d'inquisiteur :
« Je me nomme Lara ; lorsque j'aurai l'honneur
De connaître ton nom, contenter ton envie
Et reconnaître enfin toute ta courtoisie

Est mon juste désir près d'un tel cavalier.
Je suis Lara. Tu peux plus à fond m'épier,
M'interroger encor. Fais et parle à ta guise. » —
« Tu peux répondre à tout, dis-tu, sur chaque point?
N'est-il rien où ton cœur, dis, ne répondrait point,
S'il ne blessait au vif ton oreille peut-être?
Oui, regarde-moi bien. Crois-tu me méconnaître?
Ta mémoire du moins ne t'est pas un vain don,
Tu ne peux effacer ta dette à moitié, non :
L'éternité défend à ton cœur qu'il l'oublie! »
D'un œil lent, scrutateur, Lara lui-même épie
Les traits de l'étranger. Mais qu'il l'ait reconnu,
Rien n'apparaît en lui, rien en lui ne se passe,
Et n'indique au dehors de signe ni de trace
Qu'il veuille le connaître une fois entrevu.
Lara semble hésiter, de répondre dédaigne,
Il agite la tête ou fait un geste à peine,
Et d'un air méprisant se prépare à passer.
Le farouche inconnu veut alors s'opposer
Au départ de Lara. « Je te somme, demeure,
De me répondre ici, sur-le-champ, à cette heure.
Oui, réponds à celui, noble quand tu serais,
Qui marcherait ton pair; car je t'égalerais
Tel que tu fus, tel que maintenant tu peux être;
De réfuter ces mots, s'ils sont faux, sois le maître.
Tu fronces le sourcil, mais j'oserai parler,
Je crains peu ton sourire et ne saurais trembler

Sous ton front menaçant. Va, tu n'es pas cet homme
De qui les actions?... » — « Qui que je sois, en somme,
Ces mots vagues, douteux, un tel accusateur
Devraient-ils m'arrêter? Ah! s'ils trouvaient faveur,
Que ceux dont ils auraient gagné la confiance
Écoutent donc le reste, avec pleine croyance,
En toute bonne foi du conte merveilleux
Que nous semble promettre un début fort heureux.
Qu'Othon fête son hôte avec sa courtoisie,
C'est lui qui doit m'entendre et je l'en remercie. »
Othon intervenant surpris s'est avancé :
« Quel que soit le grief entre vous deux passé,
Ce divertissement, messeigneurs, ce n'est guère
Ni le temps, ni le lieu d'une verbeuse guerre.
Un scandaleux débat ne doit point le troubler.
Le seigneur Ezzelin a-t-il à dévoiler
Quelque secret qui touche à son noble adversaire?
Ailleurs ou dans ces lieux que demain ce mystère
Il l'explique lui-même et qu'il soit décidé
Comme il faut que par eux le conflit soit vidé.
Ezzelin, je serai ton garant volontaire,
Tu n'es pas inconnu, bien que tu sois naguère
Venu d'un autre monde et seul en étranger,
Tel que Lara lui-même après sa longue absence.
Si d'un sang généreux, comme je puis juger,
Et je sais augurer de sa haute naissance,
Lara de ses aïeux a reçu la valeur

Et le mérite intact; nul danger qu'il renie
Rien de ce qu'on attend de tout homme d'honneur
Et des sévères lois de la chevalerie. » —
« Eh bien, à demain, soit, répondit Ezzelin.
Qu'on nous mette à l'épreuve, et pour gage certain,
Je jure sur ma vie et sur ma bonne lame
De déclarer ici rien que la vérité.
Qu'aussi réellement au ciel entre mon âme! »
Que réplique Lara dans ce défi porté?
Son âme en soi descend et s'absorbant se sonde
Dans une abstraction tout intime et profonde.
Les mots des uns, les yeux de tous sur lui lancés,
Contre lui, point de mire, alors sont amassés.
Dans cet oubli plongée, au sein d'un autre monde,
Sa pensée, on dirait, s'égare vagabonde.
Cette torpeur, hélas! atteste et vient trahir
D'un sentiment secret le vivant souvenir.

XXIV

« A demain, oui, demain! » Cette double parole
Des lèvres de Lara, c'est la seule qui vole
Deux fois et rien de plus. Sur son front, dans son air,
Dans ses yeux, de courroux n'éclate nul éclair.
Cependant de sa voix l'inflexion plus basse
D'un projet ferme et fixe a réveillé la trace;

Mais ce projet échappe à l'œil le plus perçant.
Il a pris son manteau, devant la foule passe,
Fait un léger salut de la tête en passant,
Rencontre d'Ezzelin le front gros de menace,
Écrasant, et répond d'un sourire forcé,
Non de joie ou d'orgueil qui se venge en silence,
Par un mépris amer vainement maîtrisé,
De son dépit contraint et de son impuissance.
Ce sourire est d'un cœur sûr de ce qu'il fera,
Déterminé, tout prêt à ce qu'il souffrira.
Annonce-t-il la paix d'une âme vertueuse
Ou le crime endurci dans le mal qui vieillit?
L'une et l'autre revêt la couleur spécieuse
De la sécurité. Nul ne distingue ou lit
L'une ou l'autre à sa voix ou sur son apparence.
Aux seules actions, l'homme peut discerner
La pure vérité que l'inexpérience
D'un cœur novice encor ne saurait deviner.

XXV

Lara s'est retiré... Son page qu'il demande,
Cet unique affidé prêt à ce qu'il commande
De la voix ou du geste, est venu d'un climat
Où d'un astre plus chaud le cœur ressent l'éclat.
Pour son maître il partit de la terre natale,

Soumis dans le devoir, calme en l'âge bouillant ;
Il est aussi discret que Lara, qu'il égale,
Et sa fidélité, son mérite saillant,
Semble excéder sa sphère et surtout son jeune âge ;
Quoiqu'il n'ignore pas de Lara le langage,
Rarement il entend ainsi sa volonté.
Mais si Lara parlait celui de sa patrie,
Rapide était son pas, son ton plein de clarté
S'empressait de répondre à la douce harmonie
Des voix de la montagne, à leurs échos absents,
Aux noms d'amis, parents, à de si chers accents
Qu'il ne doit plus revoir, qu'il ne doit plus entendre,
Ces amis délaissés pour un seul le plus tendre,
Reste dans l'univers de ceux qu'il a quittés,
Qui s'étonne de voir ce page à ses côtés?

XXVI

Sa taille est mince et svelte, et la teinte foncée
D'un front pur que brunit l'astre de son climat,
N'altéra point la joue où sa marque est tracée
Et que rougit souvent un vermeil incarnat,
Non point cet incarnat au pic des monts qui brille
Sur le front radieux de mainte jeune fille,
Au cœur épanoui de santé, de bonheur.
C'est d'un cœur soucieux une fiévreuse ardeur.

De l'âme jaillissant la brûlante étincelle
D'une flamme électrique embrase sa prunelle;
Bien qu'au fond de l'orbite à la teinte de jais
Son feu soit tempéré par de longs cils épais
Qui donnent à son air un ton mélancolique;
On y voit plus d'orgueil pourtant que de douleur,
Ou si c'est de douleur, elle est peu sympathique.
Ce n'est point un chagrin que partage le cœur.
Il ne sait point se plaire aux jeux de son jeune âge,
A ces tours de malice et d'un espiègle page.
Il pourrait contempler son maître un jour entier.
Cette extase lui fait comme tout oublier;
C'est seul qu'il veut errer alors qu'il s'en sépare.
Dans sa réponse bref, sa question est rare,
Le bois, sa promenade, et son amusement
Quelque livre étranger; s'il s'arrête un moment,
C'est au bord du ruisseau, qui frémit et murmure.
Comme celui qu'il sert, son étrange nature
Le fait vivre éloigné de ce qui plaît aux yeux
Et qui remplit le cœur. Il vit dans l'ignorance
De la fraternité, ne goûtant sous les cieux
Que le terrestre don, fruit amer, l'existence,

XXVII

S'il aimait, ce n'était que Lara; l'action
Le témoigne en respect, en zèle, attention,

En muet empressement, qui court, prévient, devance
Le désir avant l'ordre, épiant le silence.
Tout ce qu'il fait pourtant respire une hauteur
Qui ne sait endurer le reproche grondeur.
Son zèle dévoué plus qu'un zèle servile
Commande par son air et dans l'acte est docile,
Comme si de Lara c'était moins le désir
Que le sien de vouloir aussi bien le servir;
Certe il ne cédait point à l'appât mercenaire.
La tâche que Lara prescrit est fort légère,
L'étrier à tenir ou le sabre à porter,
Puis accorder son luth, ou s'il veut davantage;
Lire maint vieil auteur en étrange langage.
Jamais on ne le voit familier accoster
Les autres serviteurs. Pour eux sans déférence,
Sans dédain, avec eux réservé, son silence
A la race servile atteste un étranger.
Son âme, quels que soient son rang et sa naissance,
Sous le joug de Lara, peut fléchir, se ranger,
Mais rejette avec elle une indigne accointance.
Il paraît être issu d'un sang pur, généreux,
Et semble avoir connu d'autres jours plus heureux.
Sa main de vils travaux ne porte point la trace
Et sa délicatesse ainsi que sa blancheur,
De traits fins, transparents, la féminine grâce
Dénonce un autre sexe à l'œil observateur.
Son costume viril indique le contraire;

D'un farouche regard l'expression si fière
Dément la femme aussi. La flamme de ses yeux
De son climat natal vient révéler les feux
Dans ce corps délicat... Mais c'est son air sauvage
Qui porte en lui ce type et non point son langage.
Il se nomme Kaled bien qu'il portât, dit-on,
Au rivage lointain des monts un autre nom,
Car il ne répond pas, fût-il près pour l'entendre,
Au son peu familier qu'il ne sait pas comprendre,
Ou si ce nom revient, on le voit tressaillir,
Comme s'il sort d'un songe ou d'un long souvenir,
Jusqu'à ce que la voix de Lara le réveille
Dans ce mot qui le rend tout yeux et tout oreille.

XXVIII

De la fête le page a remarqué l'éclat,
Ainsi que tous, frappé de ce soudain débat,
Et quand l'on se récrie au ton de froide audace
Du hardi chevalier qui défie et menace,
Au calme de Lara qui se laisse outrager,
Souffrant un double affront reçu d'un étranger,
Lui change de couleur et sent au fond de l'âme
Monter sur son visage et descendre la flamme,
Puis sa lèvre pâlit et sa joue est en feux;
Les battements du cœur sur son front soucieux

En gouttes font tomber cette sueur glacée
Que sur son être épand la poignante pensée
Dont le poids serre un cœur et le fait s'affaisser
Sous ce plomb vainement qu'il cherche à repousser;
Et cependant il est ici-bas mainte chose
Qu'avant de réfléchir il faut qu'on rêve, on ose.
Quoi que pensât Kaled, c'en est fait, il suffit;
Sa résolution a fixé son esprit,
Elle scelle sa bouche et crispe son visage.
Droit sur le chevalier s'arrête l'œil du page
Jusqu'à ce que Lara passant près d'Ezzelin,
Lui décoche un sourire amer et de dédain.
Kaled dans ce sourire averti par son maître
Comme au signal donné semble se reconnaître.
C'est assez, tout est bien, sa mémoire a surpris
Plus que de ce coup d'œil d'autres n'en ont appris.
Aux côtés de Lara le page alors s'élance,
Tous les deux sont bientôt disparus en silence,
Et chacun s'est cru seul dans les salons laissé.
Sur Lara l'assemblée avait eu l'œil fixé
Comme identifiée à cette étrange scène,
Si bien que, quand son ombre au fond sur le tableau
A travers le portique, en longue et sombre chaîne,
Ne se retrace plus aux lueurs du flambeau,
En dépassant le seuil chaque pouls bat plus vite.
Dans le sein qui bondit le cœur ému palpite,
Tremblant comme au sortir de quelque rêve noir;

Que l'on sait être faux et pourtant qu'on croit voir ;
C'est toujours près du vrai qu'on sait être le pire.
Ils sont partis tous deux, mais le fier Ezzelin
Reste le front pensif avec son air d'empire.
Avant qu'une heure passe, en étendant la main
Vers Othon, d'un pas vif et relevant la tête,
Il a bientôt quitté les salles de la fête.

XXIX

La foule est écoulée et la fête a cessé ;
Le châtelain courtois, le convive empressé,
Chacun gagne à pas lents sa couche solitaire,
Où tout, joie et douleur, se calme et doit se taire ;
Car l'homme, de son être accablé, veut plonger
Au sein du doux oubli les peines de la vie.
Là gît dans ses ressorts l'ambition trahie,
Et le fiévreux amour que l'espoir fait songer,
Ruse, haine en travail tramant dans sa cervelle.
L'oubli sur tous les yeux fait voltiger son aile ;
L'existence affaissée en rampant se tapit
Dans sa couche, trompeur sépulcre de la nuit,
Refuge universel et l'humaine demeure
Où tout s'ensevelit au coup de la même heure.
Faible et fort à la fois, le vice et la vertu
Retombent épuisés comme en un cercueil nu.

Heureux de respirer un peu sans conscience,
Pour reprendre au réveil la terreur de la mort
Et fuir, bien que le jour redouble leur souffrance,
Ce sommeil, le plus doux que sans rêve l'on dort.

CHANT II

I

La nuit s'efface et fuit; de l'aurore vermeille
S'épanche la vapeur et l'univers s'éveille!
L'homme d'un nouveau jour enrichit son passé
Et fait encore un pas, un vers sa fin dernière.
La nature a repris son essor élancé
Comme dès son berceau. La vie est sur la terre,
Le soleil dans les cieux! les fleurs dans les vallons,
La santé dans la brise et le frais sous l'ombrage,
Sur le bord du ruisseau, et l'or dans les rayons.
Homme immortel, contemple, écoute ce langage!
Contemple cette gloire en toute sa splendeur;
Et crie en triomphant : « C'est donc là mon domaine! »
Regarde de cet œil enivré de bonheur!
Ta richesse demain ne sera plus la tienne.
Va, quels que soient les pleurs que répandra le deuil

Sur la tombe muette et sur ton froid cercueil,
Personne ne verra couler, sur toi versées,
De la terre ou du ciel les larmes, les rosées,
Ni la feuille tomber, ni l'arbrisseau frémir,
Ni plus épais dans l'air s'amasser le nuage,
Ni l'haleine des vents en douloureux soupir,
Pour toi même ou pour tous s'exhaler davantage.
A leur affreux repas les vers rampants sont prêts,
Et préparent du sol l'immonde et riche engrais.

II

C'est le jour, c'est midi. Les chefs dans la grand'salle,
Convoqués à l'appel d'Othon sont rassemblés.
Dans la vie ou la mort voici l'heure fatale
Où du seigneur Lara les destins sont scellés.
Ezzelin doit enfin révéler le mystère;
Quel que soit le grief, il ne saurait le taire.
Ezzelin qui sait tout dira la vérité :
Le mot solennel va de tous être écouté !
Il a donné sa foi, Lara, donné la sienne
De l'entendre à la face et de l'homme et des cieux.
Qui retarde Ezzelin, s'oppose à ce qu'il vienne ?
Un tel accusateur est trop insoucieux.

III

L'heure a déjà sonné. Prompt à l'heure fixée,
Lara, sûr de lui-même, ici s'est empressé.
Ezzelin ne vient pas. L'heure est longtemps passée.
On murmure et d'Othon le sourcil s'est froncé.
« Je connais mon ami, c'est Othon qui s'écrie,
Sa foi n'est pas douteuse, en sa foi je me fie.
S'il est sur terre encor, qu'on l'attende en ces lieux.
Le toit où cette nuit a reposé sa tête
Est entre mon domaine et celui de Lara;
Mon foyer d'un tel hôte aurait honneur et fête,
Car un tel chevalier à tous honneur fera.
Son absence provient d'une preuve et d'un gage
Dont il veut à vos yeux se munir aujourd'hui;
La foi que j'ai donnée, ici je la rengage
Et la scelle au besoin, s'il le fallait, pour lui,
Afin de racheter de mon sang, de ma vie,
La tache qu'il ferait à la chevalerie. »
Il dit. Lara répond : « C'est d'après ton désir
Que je viens pour prêter une oreille attentive
Aux perfides rapports que je crains peu d'ouïr
D'un étranger venu de la lointaine rive,
Et qui m'auraient blessé profondément au cœur
Si je ne le tenais pour atteint de folie,
Pour un félon capable au pis de perfidie.

Je ne le connais point... Lui prétend sans erreur
M'avoir vu dans ces lieux... Mais en vain verbiage,
En discours superflus pourquoi passer le temps ?
Produis l'accusateur ou rachète le gage,
Et soutiens-le du fer sans perdre ces instants. »
Soudain le fier Othon rougissant de colère
Tire l'épée, ayant jeté son gant à terre.
« De deux partis je prends le dernier, le meilleur,
Et réponds pour mon hôte ici dans son absence. »
Lara sur ses traits garde une sombre pâleur.
Il a saisi son glaive avec insouciance,
Quoique près de descendre, ou bien près de plonger
Othon dans le tombeau. Mais sa main impassible
Fait voir qu'à son usage il n'est pas étranger.
Son œil calme, non moins prouve une âme inflexible.
Spontanément il met à nu le dur acier
Qui, sorti du fourreau, frappera sans pitié.
En vain des chevaliers le cercle autour se ligue ;
Car la rage d'Othon ne connaît plus de frein :
Elle laisse échapper l'insulte, et la prodigue
En criant qu'un bon fer la justifiera bien.

IV

Le combat dura peu. L'aveugle frénésie
D'Othon l'expose au fer de son rival. Percé,

Il tombe, mais non pas mortellement blessé,
Sur la terre étendu. « Demande-moi la vie! »
Lara s'écrie. Othon ne répond pas. Sanglant,
Peu s'en faut que jamais il ne se lève encore,
Car le front de Lara s'obscurcit à l'instant;
De la plus noire teinte empreint il se colore;
Le démon de la rage éclate en son regard.
Plus féroce qu'avant, quand il parait sa tête
Avec tout le calcul et le sang-froid de l'art;
Maintenant de sa haine a monté la tempête,
Implacable à celui qu'il vient de terrasser.
Du fer étincelant la pointe alors se lève
Sur la foule à l'envi qui cherche à repousser,
Osant crier : merci! loin du vaincu, le glaive.
Ce noir mouvement cède à la réflexion;
Mais il tient attaché l'œil sur son adversaire,
Comme s'il regrettait la stérile action
Qui lui laisse la vie. En le foulant à terre,
Il semble calculer, du trépas sur le seuil,
Quels coups il faut encor pour le mettre au cercueil.

V

Othon est relevé sanglant, et l'ordonnance
De l'art tout à l'entour a prescrit le silence.
Dans un salon voisin on se rend. Furieux,

Lara, des chevaliers, de tous peu soucieux,
La cause et le vainqueur de la rixe soudaine,
S'éloigne d'un pas lent dans un silence altier,
Passe auprès du castel d'Othon, tragique scène,
Et vers son vieux manoir dirige son coursier.

VI

Mais qu'est-il devenu ce sombre météore
Qui la nuit menaçait, pour fuir avec le jour?
Cet Ezzelin qui vint un soir, mais sans retour,
Sans accomplir ses fins?... Longtemps avant l'aurore,
En pleine nuit d'Othon il laissa le manoir,
Mais le sentier était si battu qu'à cette heure
Son œil facilement put distinguer, tout voir.
Il s'était arrêté non loin de sa demeure.
Mais il était absent; et dès que le jour point,
On s'empresse, l'on court, mais nulle découverte
Au dedans, au dehors, du chef qu'on cherche en vain.
Son coursier seul repose et sa couche est déserte.
Othon est inquiet, lorsque maint écuyer,
Tremblant de rencontrer des vestiges de rage,
Désespéré, murmure en fouillant le sentier,
De féroces brigands redoutant le passage.
Mais rien; rien, aux buissons nul lambeau n'est laissé,
Nulle goutte de sang, enfin nulle dépouille,

Nulle trace de meurtre à l'entour ne les souille ;
D'une chute le sol n'a pas été froissé.
Pour raconter l'histoire ici nuls doigts sanglants
D'un ongle convulsif ne laissèrent l'empreinte,
Dans l'agonie, alors qu'en efforts expirants
Contre l'herbe la lutte eût tourné son étreinte.
D'une vie arrachée un signe existerait,
L'absence en a rendu douteuse l'espérance.
Le soupçon dit un nom qu'il murmure en secret,
Et désignant Lara se tait en sa présence,
Attendant son absence ; alors d'une couleur
Plus sombre et noire il peint l'objet de sa terreur.

VII

Le temps fuit et d'Othon la blessure est guérie,
Non l'orgueil ni la haine encor non assouvie.
C'était un chef puissant, de Lara l'ennemi,
Et de ceux qui cherchaient à lui nuire l'ami.
Aux juges du pays il demande à contraindre
Ce Lara de répondre à son tour d'Ezzelin.
Quel autre que Lara vivant pouvait le craindre ?
Qui l'a fait disparaître et le retient au loin,
Sinon l'homme sur qui l'accusation pèse,
Craignant l'accusateur qui peut parler à l'aise ?
Bruyante à tout hasard, la publique rumeur,

Le mystère où se plaît la foule curieuse,
De toute liaison cette apparente horreur
Dans celui qui ne veut en son âme anxieuse
Ni se faire un ami, ni se gagner un cœur;
L'intraitable âpreté que révèle son âme;
Où s'exerça ce bras vigoureux et vainqueur
Dans l'art de manier une tranchante lame?
Il n'a point guerroyé. Par quelle étrange erreur,
Où naquit, où s'accrut cette sauvage humeur?
Car ce n'est point l'aveugle et l'inconstante rage,
Le feu capricieux qu'un mot peut allumer,
Et qu'un mot peut aussi dans un moment calmer.
D'un esprit froid c'était le calcul, et l'ouvrage,
D'une âme dure et close à la compassion,
Comme il arrive après une longue puissance,
Un succès qui regorge, excès de jouissance,
Quand l'âme rentre en soi sans nulle expansion :
Tous ces propos, ces bruits avec une tendance,
Hélas! trop naturelle à notre humaine engeance,
Qui la porte à blâmer plus qu'à louer autrui,
Accumulent l'orage à grands coups sur la tête
De Lara, qui voit fondre enfin une tempête
Telle que l'a voulu former son ennemi.
Il doit répondre donc pour une tête absente,
Un être mort ou vif à la trace incessante.

VIII

Ce pays nourrissait un peuple mécontent,
Qui de maint suzerain maudit la tyrannie.
Il s'était vu fouler sur ce sol palpitant
Par maint despote en lois érigeant sa manie.
Longue guerre au dehors, longue guerre au dedans,
Avaient ouvert la porte aux excès, au carnage,
N'attendant qu'un signal, quelques brandons ardents,
Pour reprendre le cours du meurtre et du pillage
Que la guerre civile en tous lieux, en tous temps,
Avec toute sa rage eût bientôt fait renaître,
Sans jamais distinguer entre les combattants
L'ami de l'ennemi ni le vassal du maître.
Au castel féodal les seigneurs enfermés,
Obéis d'action, obéis de langage,
Au fond étaient haïs de leurs serfs opprimés.
Lara, de ses aïeux recevant l'héritage,
N'avait trouvé non plus au manoir paternel
Que des cœurs ulcérés et qu'une main rétive.
Mais loin de son climat et du natif castel,
Son existence errante et longtemps fugitive
Bannit l'oppression, et plus tard au retour,
De son gouvernement la douceur tempérée,
Ses serviteurs pour lui sentant respect, amour,
Aux champs de ses aïeux fit bénir sa rentrée;

Et s'ils craignent, c'est plus pour Lara que pour eux.
Ils ont jugé leur maître et l'ont cru malheureux,
Coupable. Telle fut leur première pensée :
Tant de nuits sans sommeil, sa taciturne humeur,
Une existence entière en silence passée
Sont le funeste effet d'un mal, d'une douleur
Que la retraite encore elle-même a nourrie;
Mais, bien qu'on vît planer ce long voile de deuil
Et la sombre tristesse attachée à sa vie,
La joie et la gaîté tressaillaient sur le seuil.
Toujours le malheureux vient glaner à sa porte
De la pitié le gage avec lui qu'il emporte.
Froid avec les puissants et des grands dédaigneux,
Toujours sur l'humble il jette un œil de bienveillance;
Avare de parole, il est affectueux,
Et chez lui sans reproche on trouve l'assistance,
Et quiconque l'épie a vu que chaque jour
De ses hôtes nouveaux avait grossi la cour.
Mais, depuis qu'Ezzelin a disparu naguères[6],
Lara surtout se montre encor plus généreux,
Châtelain et seigneur aux courtoises manières.
Sa rixe avec Othon le rend-elle anxieux,
Et se défierait-il de quelque trame ourdie,
De quelque embûche enfin qui menace sa vie?
Quel que soit son dessein, il se fait plus d'amis
Que d'autres ses égaux n'en ont jamais acquis.
Si c'est sa politique, elle est vraiment habile;

Car on juge cet homme ainsi qu'on l'a trouvé ;
Sous son toit l'exilé cherche et reçoit l'asile
Dont des maîtres plus durs récemment l'ont privé.
Sur son chaume pillé nul paysan ne pleure,
Même à peine le serf murmure sur son sort,
L'avare couve en paix son or dans sa demeure,
A l'abri du mépris en paix le pauvre dort.
Bon accueil, doux appât de mainte récompense
Fixe ici la jeunesse; ensuite il est trop tard
Pour quitter le pays, pour songer à l'absence ;
Le bonheur a fermé le chemin du départ.
Au premier changement, il promet à la haine
L'heure de la vengeance enfin qui va sonner,
A l'amour, trop frustré d'une espérance vaine
Par des rangs inégaux, la chance de gagner,
Grâce au sort des combats, grâce au succès des armes,
De la beauté, doux prix, la conquête et les charmes,
Tout était mûr et prêt Déjà Lara n'attend
Que l'heure favorable et le propice instant
Pour donner le signal et rompre le servage
Dont le seul nom subsiste encor dans le langage.
C'est l'instant que saisit Othon pour se venger [7],
Quand ses sommations de Lara dans les salles,
Trouvent cent partisans venus pour se ranger,
Libres, ayant brisé les chaînes féodales,
En défiant la terre et comptant sur les cieux.
C'est ce même matin que cette chaîne tombe

Des mains qu'on veut tourner contre un maître odieux.
« Ne fouillons plus ce sol que pour creuser sa tombe! »
Tel est le cri de rage. Il suffit d'un signal.
Un mot d'ordre au combat en des temps de licence,
Doit venger torts ou droit, confondant bien et mal,
Les noms de liberté, religion, vengeance.
Tout à brûler, tuer, pousse ces furieux,
Et la ruse, exploitant un mot séditieux,
Fait triompher le crime au gré de l'imposture,
Aux loups, aux vers rampants préparant leur pâture.

IX

Chaque chef usurpait partout l'autorité.
Le roi de ce pays, enfant, régnait à peine,
Et déjà la révolte avait presque éclaté.
L'on avait le mépris des serfs, des deux la haine.
Il ne leur faut qu'un guide : ils l'ont su rencontrer.
A leur cœur est lié ce guide inséparable.
Pour sa propre défense il avait dû rentrer
Dans la lice et livrer la lutte inévitable.
Séparé par le sort des seigneurs ses égaux
Qu'en naissant la nature, à la fleur de leur âge,
N'avait pas créés tels pour être ses rivaux,
Depuis la nuit maudite et son fatal présage,
Lara s'était armé, non seul, pour soutenir

LARA

Les plus terribles chocs d'un sinistre avenir.
Certain motif secret, urgent, quel qu'il puisse être,
De ses actes passés lui fait chercher l'oubli,
Actes lointains, qu'il veut des yeux voir disparaître.
En unissant sa cause à la cause d'autrui,
Il retarde sa chute au moins s'il ne l'évite.
Un calme froid dormait dans son sein enfoui;
L'orage qui longtemps assoupi ressuscite,
Comme éveillé d'un choc lorsque l'éclair a lui,
Éclatant de nouveau sévit et se déchaîne,
Tel qu'il avait frappé jadis une autre scène.
Dédaigneux de la vie et d'un nom plus encor,
Lara n'en est pas moins propre et fait à la lutte,
Et rit de sa ruine où l'a voué le sort.
S'il voit ses ennemis entraînés dans sa chute,
Qu'importe, si la foule est libre ou ne l'est pas?
Il exhausse un petit pour mettre un grand en bas.
Il avait espéré le repos dans son gîte;
Mais l'homme et le destin l'y vinrent dépister,
Du chasseur essuyant l'attaque et la poursuite,
C'est la bête acculée et prête à résister;
Le piége est inutile, il faut tuer la proie.
Taciturne, farouche, exempt d'ambition,
Il avait vu la vie, insensible à sa joie.
Relancé de nouveau sur le champ d'action,
Il se montre aux seigneurs redoutable, et son âme
Parle en sa voix, son geste et sa bouillante ardeur.

De ces yeux courroucés on voit jaillir la flamme
Qui révèle l'antique et fier gladiateur.

X

A quoi bon de combats la monotone histoire,
De ces égorgements, pâture du vautour,
En deux camps ennemis d'échec ou de victoire
Des faibles, forts, vaincus et vainqueurs tour à tour;
De noirs débris fumants, de maint mur qui s'écroule;
Des guerres cette guerre est semblable à la foule,
Si ce n'est qu'à présent les passions sans frein
Ont banni le remords dans toute leur furie.
Nul soldat abattu ne demande la vie,
Et qui crierait merci l'implorerait en vain.
Les prisonniers tombaient égorgés sur l'arène.
Les partis animés d'une même fureur,
Chacun pour soi luttant, ensanglantant la scène,
Chacun se relevant et tour à tour vainqueur.
Et ceux qui combattaient soit pour la tyrannie,
Soit pour la liberté, vont fauchant la moisson,
Puisque beaucoup encor ont conservé la vie.
Il n'est plus temps d'éteindre un flamboyant tison.
La contrée est en proie à la faim, au ravage,
Rivalisant entre eux. Au loin la torche luit;

L'incendie allumé s'étend, et le carnage
A sa riche hécatombe avec bonheur sourit.

XI

Dans le premier élan de son ardeur fougueuse,
Le parti de Lara prétend déjà cueillir
La palme qui se change en perte désastreuse,
A la voix de son chef il cesse d'obéir.
Dans sa confusion sur l'ennemi qu'il presse
Il fond, croyant gagner un facile succès ;
Et l'appât du butin qui l'allèche et caresse,
Et l'appât de la haine, en un fiévreux accès,
Saisissant ces brigands, les pousse à leur ruine.
Tout ce qu'un chef doit faire, en vain Lara le fait
Pour modérer l'ardeur de la troupe mutine.
Mais sa prudence alors vainement étouffait
La flamme qu'alluma sa main incendiaire,
Un habile ennemi seul a pu l'arrêter
Et convaincre d'erreur la bande téméraire,
Qui devant sa raison est sûre d'avorter.
Ainsi retraite feinte, embuscade de guerre,
Attaque infructueuse et combat refusé,
Longue privation d'un secours nécessaire,
Sous un humide ciel, maint campement forcé,
Murs d'airain défiant et l'art et le génie,

Lassant et déjouant des cœurs impatients :
C'est ce que dut apprendre une aveugle furie.
A l'heure du combat solides vétérans,
Ils marchaient préférant une action sanglante
Et la soudaine mort, à des maux renaissants ;
Mais la pâle famine et puis la fièvre lente,
Par un double ravage ont éclairci leurs rangs.
Au mécontentement le fol triomphe cède,
Le cœur du grand Lara seul ferme est demeuré.
A sa voix, à son bras, peu d'hommes sont en aide ;
De ses amis le nombre est faible et resserré.
Des braves c'est l'élite, hélas ! bien éclaircie,
Pleurant l'ordre par elle autrefois méconnu,
La discipline en vain qu'elle appelle et rallie.
Un seul espoir survit à leurs yeux apparu :
A quelques pas de là se trouve la frontière
Par où l'on pourrait fuir la patrie et la guerre,
Emporter avec soi dans le voisin pays
Les chagrins de l'exil, la haine des proscrits.
Il est dur de quitter la terre maternelle ;
De se rendre ou périr la tâche est plus cruelle.

XII

On s'y résout ; on marche, et la propice nuit
Prête à leurs pas obscurs l'astre qui les conduit.

Déjà l'on aperçoit son rayon tutélaire,
Ce doux rayon qui dort dans le fleuve frontière.
On distingue déjà... Mais est-ce bien le bord
Là-bas? Il est couvert d'ennemis... En arrière
Faut-il marcher ou fuir? Que faire? Dès l'abord
Qui brille à l'avant-garde? Ah! d'Othon la bannière.
Du despote le fer les menace et poursuit.
Quel fanal sur le mont s'élève et l'illumine?
Seraient-ce des bergers les feux sur la colline?
Leur clarté trahirait, hélas! leur pas qui fuit.
Sans espoir, harassée, en l'extrême agonie,
Cette poignée au moins veut vendre cher sa vie.

XIII

On fait halte, on respire... Ira-t-on en avant?
Attendra-t-on ici tranquille dans le camp
Pour essuyer l'attaque? Il n'importera guère
Si, prenant l'offensive ils chargent l'adversaire,
Que pour couper leur fuite on voit là-bas camper.
Ces braves par hasard pourraient percer sa ligne,
Des mains de l'ennemi pour ensuite échapper.
« Chargeons; rester ici d'un lâche est chose digne. »
Chacun tire le glaive et tient prêt son coursier;
L'acte devancera lui-même la parole
Qui va dans un clin d'œil faire vibrer l'acier.

Des lèvres de Lara l'on attend qu'un mot vole.
Pour combien de guerriers devra ce mot fatal,
Avant-coureur de mort, devenir le signal !

XIV

Son glaive est nu ; pensif son visage respire
Un tranquille sang-froid, mais pour le désespoir
Trop calme, sur son front l'on s'étonne de lire
Un air indifférent plus qu'il ne doit se voir
Sur le front du plus brave, en ce moment terrible,
Au destin des humains si son cœur est sensible.
Il regarde Kaled à ses pas attaché,
Trop constant pour montrer jamais la moindre crainte.
De Phébé c'est peut-être un rayon détaché
Qui jette sur ses traits une blafarde teinte,
Trahit la vérité, non la peur dans son sein.
Lara l'observe ; il a mis sa main dans sa main ;
Elle ne tremble pas à cette heure critique.
Il est silencieux, son cœur à peine bat,
Et son œil seul s'écrie en accent énergique :
« Ne nous séparons pas ; en avant, au combat,
Que tous les tiens s'enfuient et que ta bande tombe,
Je puis faire moi-même, alors que je succombe,
Mes adieux à la vie ; à toi, jamais adieux. »
Le signal est donné. Des braves peu nombreux

La poignée a serré ses rangs ; se précipite
Sur l'armée ennemie et ses corps divisés.
Le coursier obéit à l'acier qui l'excite,
Le cimeterre luit, les fers se sont croisés,
Des champions, d'une part, si le nombre l'emporte,
D'une autre, la valeur, la rage est non moins forte.
Le désespoir armé s'oppose au plus hardi,
La lutte résistant tient tête à l'ennemi,
Et le sang qui se mêle au fleuve qu'il colore,
Coule encor par torrents quand se lève l'aurore.

XV

Lara partout commande, exhorte, aide à la fois,
Où maint ami succombe, où l'ennemi fond, presse,
Encourage en frappant du geste et de la voix,
Rend l'espoir, d'espérer lorsque lui-même cesse.
Nul ne fuit, car l'on sait qu'en vain on aura fui ;
Il ramène au combat les cœurs les plus timides,
Pendant qu'il fait fléchir le cruel ennemi
Du chef sous le regard et sous les coups rapides.
Il combat tantôt seul, tantôt environné,
Et rompt les rangs d'Othon, puis rappelle et rallie
Ses compagnons qui fuient, sans avoir épargné
Dans les plus périlleux de cent postes, sa vie.
L'ennemi semble fuir. Propice est le moment.

Lara lève la main, et s'élance... Comment
Sa tête qu'un panache orne, est-elle affaissée?
D'un trait rapide et sûr sa poitrine est percée;
Un geste avait laissé sans défense son sein,
Et la mort abattit d'un bras fier la menace.
Le mot victoire meurt sur ses lèvres... Sa main
Comme elle pend! Sa main que poussait tant d'audace,
Belliqueuse, elle étreint même encore l'acier,
Mais de l'autre ont glissé les rênes jusqu'à terre.
Kaled qui s'en saisit maîtrise le coursier.
Étourdi de ce choc et fermant la paupière,
Lara presque sans vie est demeuré penché
Aux arçons de la selle où son fidèle page
De sa soigneuse main le retient attaché,
Entraînant le coursier hors la scène de rage,
Pendant que ses soldats chargent, chargent encor,
Que le tueur abonde insoucieux du mort.

XVI

Sur les morts, les mourants le jour point, il éclaire
Et les têtes sans casque et le casque fendu;
Le cheval de bataille est gisant sur la terre
Sans maître; et son soupir, le dernier, a rompu
Une sangle rougie. Un mince fil de vie
Anime encor le pied qui lui pressait le flanc,

La main qui le guidait suivant sa fantaisie.
Quelques-uns sont couchés près du ruisseau roulant
Dont l'onde fraîche insulte à la lèvre mourante.
Cette soif qui s'épanche en haleine de feux,
Dans ceux qui du soldat ont la mort délirante
Pousse leur bouche en vain, ce brasier tout fiévreux,
A demander en grâce une goutte qui tombe
Pour l'apaiser encor sur le seuil de la tombe.
D'un effort convulsif leurs membres ont rampé,
Faibles sur le gazon d'un flot rouge trempé,
Et, la lutte épuisant l'étincelle de vie,
Se traînent jusqu'à l'onde enfin qu'ils vont goûter.
Leur fièvre à cette approche est presque rafraîchie,
Ils se penchent pour boire. Ah! pourquoi s'arrêter?
C'est qu'ils n'ont plus de soif qui doive être assouvie,
Non éteinte pourtant; qui saurait la sentir?
Ah! cette soif c'était... c'était leur agonie,
Maintenant ce n'est rien, pas même un souvenir.

XVII

Sous un tilleul déjà distant de cette scène [8],
Où Lara causa seul ces flots de sang versé,
Un guerrier qui respire est gisant sur l'arène,
Dans ce cruel combat mortellement blessé.
Compagnon autrefois et maintenant son guide,

Kaled est à genoux devant son sein béant,
D'une écharpe étanchant le flot large et rapide
Qu'on voit à chaque effort plus noir et bouillonnant,
De ce sein oppressé quand s'échappe l'haleine
Plus lente avec son sang qui plus lent dans son cours
S'épancha goutte à goutte. Il peut parler à peine
Et fait signe qu'en vain il reçoit ces secours,
Et ce geste redouble un douloureux martyre.
Il presse encor la main qui veut le soulager,
Remerciant Kaled en un triste sourire.
Le page insoucieux à tout semble étranger,
Dans sa douleur ne voit que ce pâle visage
Qui retombe affaissé sur ses genoux tremblants,
Et ces yeux obscurcis d'un ténébreux nuage,
Les seuls pour son bonheur jadis étincelants.

XVIII

Arrive l'ennemi qui, parcourant la plaine,
Cherche longtemps Lara. Si Lara n'est vaincu,
Le triomphe est douteux et la victoire est vaine.
On voudrait l'éloigner; c'est un soin superflu :
Avec un froid dédain, sans un mot, en silence,
Il les regarde, ainsi se vengeant de son sort,
A leur haine vivante échappant par la mort.
Othon survient, Othon de son coursier s'élance;

Il voit saigner Lara qui l'avait fait saigner,
L'interroge; mais lui, sans même prendre garde
Au vainqueur oublié qu'il ne voit ni regarde,
Veut vers son confident, vers lui seul se tourner;
Mais ce qu'ils se sont dit on ne peut le comprendre,
Bien que distinctement il se soit fait entendre.
Mais ses mots expirants ont un son inconnu
Où vient se rattacher quelque étrange mystère;
Ils parlent d'autres lieux, d'une scène étrangère,
Et vers le seul Kaled le sens est parvenu.
Sa voix a répondu, mais faible et languissante;
Chacun reste à l'entour muet d'étonnement.
Ce couple semble une âme unie en ce moment,
Dans le passé lointain s'oubliant comme absente,
Ensemble partageant quelque sort séparé
Dont le mystère obscur de nul n'est pénétré.

XIX

Ils parlèrent longtemps, et toujours à voix basse;
A l'accent, les témoins de tout ce qui se passe
Devinent l'importance. A travers ces secrets,
Le trépas de Kaled même semble plus près
Que celui de Lara. Sa voix entrecoupée
Hésite avec douleur. Sa respiration
Sort si péniblement de son sein échappée,

Sa lèvre sans couleur a si peu d'action !
Mais la voix de Lara, quoique basse, était claire
Et calme jusqu'au temps où la mort va saisir
Sa proie en murmurant. L'on ne devine guère
Ce qu'il sent, dans ses yeux fixes, sans repentir
Et sombres, à son air d'impassible tristesse.
Sauf qu'à l'heure suprême, en cette extrémité,
Quand son œil sur le page amical s'est porté,
Et que Kaled se tait et de répondre cesse,
Lara vers l'orient veut élever sa main,
Soit (alors le soleil avait percé la nue)
Que son œil entrevit la clarté du matin,
Ou hasard, ou plutôt, soit qu'à son âme émue
Un ancien souvenir vienne se retracer
Et dirige son bras où s'accomplit la scène.
Un sentiment d'horreur paraît le traverser ;
Kaled lui-même semble y peu sympathiser,
Évitant la clarté qu'il endure avec peine ;
De l'aurore son œil se détourne et s'enfuit
Vers le front de Lara qu'enveloppe la nuit.
Pourtant une lueur... ah ! que n'est-elle éteinte !
Car lorsqu'un des témoins lui montre la croix sainte,
Offrant à son toucher le rosaire pieux
Qu'avant de s'exhaler et de partir, son âme
Dans le suprême adieu, peut-être ici réclame,
Il y jette un regard presque irreligieux
Et sourit. Si c'était du dédain ce sourire,

Daigne Dieu l'épargner et ne pas le maudire!
Et Kaled sans parler, ni même se mouvoir,
La vue avidement de désespoir fixée
Sur les traits du mourant, dans un ferme vouloir,
D'un geste brusque et prompt de sa main opposée,
A repoussé la main offrant le sacré don
Capable de troubler une âme à l'agonie.
Il paraît ignorer, de Dieu triste abandon,
Que déjà, dès la mort, va commencer la vie,
Cette vie immortelle et que nul n'a dans soi,
Sauf celui qui l'obtient dans le Christ par la foi!

XX

Mais d'un effort suprême enfin Lara soupire
Le râle de la mort! Puis sur son œil voilé
Un nuage vitreux comme un rideau se tire;
Ses membres ont fléchi, son corps a chancelé;
Sur les genoux tremblants cette tête s'affaisse,
Leur suprême soutien; et de sa main il presse
Avec amour la main qu'il tenait sur son cœur.
Il ne bat plus! Kaled, dans un désir trompeur,
N'abandonnera pas la douce et froide étreinte
Qu'il touche, touche en vain. Palpitation feinte
Qui ne répondra plus. Il bat!... Ah, fol rêveur,
C'en est fait! Il n'est plus ton seul consolateur!

XXI

Il contemple Lara, comme si l'humble argile
Gardait son esprit fier et sa flamme subtile.
On arrache Kaled au délire des sens.
Son œil fixe d'ici ne saurait se distraire ;
Et, lorsqu'on l'a levé de ces lieux saisissants
Où ses bras ont pressé l'insensible matière,
Il a vu cette tête en vain qu'il veut porter
Rouler comme la terre à la terre rendue :
Personne en fol transport ne l'a vu s'exalter,
Ni souiller ses cheveux d'un jais brillant; sa vue
S'est rattachée alors en un dernier regard
Qu'il jette encor debout sur lui fixe et hagard.
Puis il se pâme et tombe ; à peine s'il soupire
Dans ce filet de vie; il reste inanimé
Comme celui qu'il pleure et qu'il a tant aimé.
Ah, dans le cœur de l'homme, ah, jamais ne respire
Un si fidèle amour! La crise a révélé
Un secret bien longtemps quoiqu'à demi scellé :
En découvrant le sein qu'on rappelle à la vie,
Son sexe s'est montré. La douleur est finie,
Kaled reprend ses sens sans honte et sans rougeur;
Que lui font à présent son sexe et son honneur?

XXII

Et Lara ne dort pas où sommeillent ses pères,
Mais sa tombe est creusée où s'affaissa son corps.
D'un sommeil calme il dort sans les saintes prières
Du prêtre, sans le marbre, ami des nobles morts.
Il dort pleuré d'un cœur dont la douleur muette
Des sujets pour leur chef surpasse le chagrin ;
A toute question imprudente, indiscrète,
Il s'est fermé, ce cœur impénétrable airain ;
A la menace même il résiste impassible.
On ne savait ni d'où, ni comment elle avait
Tout quitté pour Lara qui semblait insensible.
Mais pourquoi l'aima-t-elle ? Ah, trêve à ce sujet,
Curiosité folle, inutile demande !
L'amour est-il le fruit du cœur qui le commande ?
Lara put être bon pour elle. Le cœur dur
A des replis profonds cachés pour le vulgaire.
Lorsqu'on voit deux esprits s'aimant d'un amour sûr,
S'unissant l'un à l'autre en confiance entière,
Les rieurs insensés ne savent pas combien
Le cœur bat quand le moins la bouche le confesse.
Oh ! non, ce n'était pas un fragile lien,
La chaîne qui serrait d'une intime tendresse
Deux âmes ; ce secret qu'elle eût pu révéler,
Sur ses lèvres un sceau de plomb vient le sceller.

XXIII

Mais le chef redouté gît couché sous la terre.
Outre le coup mortel, cause de son repos,
D'autres qu'il a reçus bien avant cette guerre
Se montrent sur son corps, signes de ses travaux
Aux lieux où s'écoula le printemps de sa vie.
Il le passa, ce semble, en labeur, en combat.
Inconnus sont ces faits de gloire ou d'infamie
Ces blessures ont dit, en témoins pleins d'éclat,
Que le sang a souillé jadis plus d'une scène.
Ezzelin qui pouvait raconter le passé
N'est jamais revenu ; toute recherche est vaine,
Dans la dernière nuit tout s'enfuit effacé.

XXIV

Cette nuit (ainsi parle un homme du village)
Dans la vallée un serf solitaire passant,
Quand la lune cédait au matin l'avantage,
Et qu'un brouillard voilait presque entier son croissant ;
Un serf déjà debout, et dès l'aube première,
Dans la forêt voisine allait gagner son pain
Par la coupe du bois. Le long de la rivière,
Songeant à sa famille, avançait le vilain.

Ce fleuve séparait au milieu de la plaine
Le domaine d'Othon de l'immense domaine
Du puissant chef Lara. Le sol a retenti.
Avec son cavalier un cheval est sorti
En s'élançant du bois. Il semblerait qu'il porte
A l'entour devant lui, sur sa selle, au pommeau,
Un corps enveloppé dans un vaste manteau
Que son rapide essor furtivement emporte.
Sa tête est abaissée et son front est caché :
Le serf à cet aspect tout interdit demeure.
A supposer un crime il a bientôt penché
En voyant se passer un tel acte à cette heure ;
Et comme à son insu suit de l'œil l'étranger,
Qu'il voit gagner la rive et qui met pied à terre,
Soulevant le fardeau ; puis pour s'en alléger,
Du bord qu'il a gravi le lance en la rivière,
Et s'arrête, se tourne, épiant du regard
Les objets d'alentour, promène à sa surface,
Sur le courant qu'il suit un long coup d'œil hagard,
En craignant qu'à fleur d'eau ne parût quelque trace ;
S'arrête encore au pied des cailloux amassés,
Par les torrents d'hiver en ces lieux entassés ;
Assemble les plus lourds et de nouveau s'efforce
De les précipiter avec le plus de force.
Alors le serf se glisse, où sans être aperçu
Il peut tout observer, épiant le mystère.
Il a cru remarquer flottant un corps vêtu,

Où l'étoile d'honneur darde au loin la lumière.
Mais avant que le corps se distingue à l'œil nu,
Sous un fragment de roc cette masse enfoncée
Plonge, remonte; on voit un point noir inconnu;
Puis de pourpre au dessus une couleur foncée
Flotte, à la fin s'efface. Et l'homme en croupe attend
Que la teinte reflue et disparaisse entière;
Puis se tournant, se tient sur son coursier ardent,
Que l'éperon tranchant fait voler ventre à terre.
Un masque déguisait les traits de l'inconnu.
Le serf, du mort, s'il l'est, méconnaît le visage,
Mais, si sur la poitrine un signe est apparu,
De la chevalerie une étoile est le gage.
Sire Ezzelin, l'on sait, la portait sur son sein
Dans cette nuit qui touche à ce matin terrible.
Le ciel prenne en pitié son âme, en cette fin!
L'océan voit rouler sa dépouille invisible.
Espère, ah, charité, que le sire Ezzelin
Non, n'a point succombé de Lara par la main.

XXV

D'Ezzelin, de Lara, de Kaled la carrière
Est finie, et tous trois gisent sans une pierre.
On ne put arracher le dernier à ces lieux
Où coula d'un ami le sang si précieux.

Le chagrin seul dompta cette âme noble et fière !
Son œil demeura sec. Sourde était sa douleur.
Voulait-on l'éloigner du sol où sa chimère
Crut cet ami vivant, éclatait sa fureur.
Son œil dardait le feu qui pousse la tigresse
A qui vient le chasseur d'enlever ses petits.
Mais laissez-la nourrir sa peine et sa tendresse ;
Elle parle dans l'air aux vaporeux esprits
Tels qu'au cerveau troublé la douleur vient les peindre
Et se plaît en leur sein tendrement à se plaindre.
Sous l'arbre où se posa la tête d'un ami,
Sur ses genoux penchée, elle s'assied aussi,
Et dans cette posture où le cœur si fidèle
Le vit tomber alors, sa mémoire rappelle
Ses languissants regards, ses accents expirants,
De sa mourante main les derniers pressements.
Les ciseaux ont tranché sa noire chevelure ;
Mais elle a recueilli ce gage dans son sein,
L'en retire, le plie, et l'étend de sa main
Comme pour étancher le sang de la blessure
De quelque vain fantôme à qui parle sa voix,
L'interrogeant, pour lui s'empressant de répondre ;
Se levant en sursaut, la folle fait parfois
Signe de fuir un spectre affreux qui semble fondre.
Tantôt sur un tronc d'arbre on la voit se poser,
De sa main sèche et maigre en cachant son visage ;
Sur le sable tantôt de cette main tracer

De vains signes confus un mélange sauvage...
Ceci ne put durer. Elle est couchée et dort
Près de l'objet aimé sans avoir dit sa vie.
L'énigme par sa fin est assez éclaircie :
La triste vérité parle assez dans sa mort.

FIN DE LARA

NOTES

1. Au vaillant et indomptable Conrad a succédé le sombre Lara; le dévastateur des mers est redevenu, dans son pays natal, en Dalmatie peut-être, le despote de nombreux vassaux qui ne l'ont pas connu pendant sa vie vagabonde.

2. Le poëte a cru devoir rappeler ici, en les exagérant, les principaux traits de sa propre jeunesse, se figurant ainsi, dans l'avenir, son retour au milieu des siens.

3. Lara est accompagné d'un seul page qui parle une langue étrangère et possède seul ses secrets. Qui ne reconnaîtrait dans Kaled, dans ce confident mystérieux, la coupable mais fidèle Gulnare, rachetant son crime fatal par un dévouement à toute épreuve?

4. Cette transe effrayante de Lara, à la vue des portraits de ses aïeux, peut s'expliquer par le remords de sa vie passée comparée à leur noble et paisible carrière.

5. Il voudrait oublier et faire oublier ses excès. Peine inutile ; un témoin importun vient l'atteindre au milieu d'une fête féodale. Mais pourquoi ne pas lui proposer un combat en champ clos, d'après l'usage de la chevalerie? Pourquoi Lara qui, dans le poëme précédent, a épargné le pacha au péril de sa vie, au péril des plus affreuses tortures, deviendra-t-il ici un vil assassin pour défendre son prétendu honneur?

6. Après cet avilissement de caractère, Lara prépare une révolte dont il veut être le chef; et, malgré toute sa bravoure guerrière, il n'a plus aucun droit à la sympathie du lecteur.

7. C'est Othon, le vengeur d'Ezzelin, qui assume le beau rôle en défendant l'ordre et les lois. En face de lui, dans le camp opposé, c'est Kaled ou Gulnare, le page fidèle, dont le poëte a tracé un si touchant portrait.

8. Rien de plus pathétique, de plus admirablement triste que les derniers moments de Lara, soutenu, consolé par celle qui l'aime jusqu'à la mort et qui ne pourra lui survivre. C'est ici que le génie de Byron, un moment obscurci, se réveille pour briller d'un magnifique éclat.

MAZEPPA

NOUVELLE POLONAISE [1]

I

Or, c'était après Pultawa,
Après la fatale journée,
Quand la fortune abandonna
Le roi de Suède. Exterminée,
L'armée, hommes et chefs, gisant,
Ne luttant plus pour la victoire,
N'avaient plus à verser de sang.
La guerre en sa force et sa gloire,
Et les peuples suivant son char,
Comme elles traîtres, infidèles,
Étaient passés à l'heureux czar.
Moscou gardait ses citadelles,
Jusqu'au jour plus sombre d'horreur
Et jusqu'à l'an plus mémorable

Qui fit au meurtre, à la terreur,
Un déploiement plus formidable,
A la honte un plus haut renom,
Un choc, un tremblement de terre;
Pour un homme, abîme profond,
Et pour tous un coup de tonnerre.

II

Ce fut le sort des dés : la nuit,
Le jour, Charles, sans prendre haleine,
Blessé, sur l'onde et sur la plaine,
Couvert du sang des siens, s'enfuit.
Qu'on le sauve, aux dépens de mille !
Pourtant nulle imprécation,
Nulle voix, nul murmure hostile
N'accuse son ambition,
Lorsqu'en sa chute, sans contrainte,
La vérité n'a plus de crainte.
Son cheval était mort. Gieta[2]
Lui donna le sien, puis tomba
Mourant, le captif et l'esclave
Des Russes qu'alors même il brave.
L'autre coursier succombe aussi,
Mais non pas sans avoir fourni
Une longue et vaine carrière

Par les forêts, à la lumière
Des feux du guet des ennemis,
Des signaux scintillants des nuits.
Il faut qu'un monarque repose
A la fin son corps harassé.
Sont-ce là les lauriers qu'arrose
De son sang maint peuple épuisé ?
Au pied d'un arbre, à l'agonie,
Charle est couché, presque sans vie ;
Par ses blessures engourdis,
Ses membres sont endoloris.
Dans sa souffrance si cuisante,
L'heure était critique et pesante.
La fièvre en ses veines bouillant
Empêche un sommeil bienfaisant.
Pourtant à sa détresse égale,
Cette âme superbe et royale
Supporte sa chute et ses maux.
Il les fait céder en vassaux
A sa volonté qui les dompte
Avec l'obéissance prompte
De ses sujets silencieux
Cédant au maître impérieux.

III

Quelques chefs l'escortent. Leur nombre,
Hélas! s'éclipse avec le jour;
Mais ce débris qui n'est qu'une ombre
Chevaleresque est plein d'amour.
Chacun dans un morne silence,
Près du monarque et son cheval
S'est assis avec déférence,
Sympathique au soldat royal;
Car le danger partout nivelle
A la fois l'homme et l'animal.
Dans une crise mutuelle,
Le besoin rend chacun égal.

Debout à l'ombre d'un vieux chêne[2],
Mazeppa, non moins vieux guerrier,
Calme et hardi chef de l'Ukraine,
A disposé son oreiller.
Il fait avant une litière
A son coursier las et poudreux,
Flatte son fanon, sa crinière,
Le dessangle et débride, heureux
De lui voir sa belle encolure,
Car le cosaque avait eu peur
Qu'il ne refusât sa pâture,
Des nuits sous l'humide fraîcheur.

Mais endurci comme son maître,
N'importe son lit, son repas,
Obéissant comme il doit l'être,
Il règle sa fougue et son pas.
Rude, prompt, vigoureux, agile,
De race tartare, il portait
Son seigneur, à sa voix docile,
Et dans la foule il le sentait.
Car entre mille en la nuit sombre,
Sans une étoile dans son cours,
Jusqu'à l'aube il suivait son ombre
Comme un faon des bois aux détours.

IV

Ceci fait, le chef en silence
Sous le chêne étend son manteau,
Soigneusement place sa lance,
Et, s'allégeant de tout fardeau,
Après tant de travaux, d'alarmes
Hors de la guerre et du combat,
Voit, tâte, examine ses armes,
Comment elles sont en état;
Après une marche forcée,
Si la poudre est au bassinet,
La pierre au fusil bien fixée,

Et si le sabre est propre et net,
Si le fourreau, si la poignée,
En ce voyage rude et long,
Dans la désastreuse journée,
N'ont point gâté le ceinturon.
Alors le guerrier vénérable
De son havre-sac a tiré
Et mis sur la frugale table
Tout son repas non préparé.
Il offre au monarque, à sa suite,
Ce repas simple et sans apprêt,
De meilleur cœur et bien plus vite,
Que le courtisan ne ferait
Avec politesse inquiète
En un banquet, dans une fête.
Charles lui-même prend sa part
De l'humble chère avec sourire,
Dissimulant d'un gai regard
Le mal poignant qui le déchire.
« De ces braves, dit-il alors,
Fermes de cœur, aux bras si forts,
En marche, escarmouche ou fourrage,
Nul n'a plus fait, nul n'a moins dit
Que toi, Mazeppa. Depuis l'âge
D'Alexandre le Grand jusqu'ici
On n'a point vu de paire égale
A toi-même, à ton Bucéphale;

Le Scythe, fameux écuyer,
Sur les torrents et dans la plaine
Habile à lancer son coursier,
Te céderait ici l'arène. »
Mazeppa répliqua : « Maudit
Soit le maître ainsi que l'école,
Où j'appris. » Et Charles poursuit :
« Vieux chef, pourquoi cette parole
Contre un art qu'on t'apprit si bien? » —
« L'histoire est trop longue à redire;
Nous avons à marcher si loin,
Et maint combat à livrer, Sire;
Et puis dix contre un, l'ennemi
Qui nous talonne et nous poursuit,
Avant que sur une autre scène,
Par delà les rapides eaux
Du grand fleuve du Borysthène
Nos coursiers paissent en repos.
Que Votre Majesté sommeille
Pendant que moi-même je veille
Sur votre troupe, ayez ma foi. » —
« Non dès à présent, sans attendre
Répond le monarque suédois,
Je voudrais de ta bouche entendre,
Ton histoire; c'est mon désir.
Plus tard, et même je l'espère,
J'en pourrai peut-être obtenir

Le sommeil qui fuit ma paupière. » —
« Eh bien! pour hâter ces moments,
Sire, de soixante-et-dix ans
Je vais retracer en arrière
Le souvenir de ma carrière.
C'était à la fleur de mes ans,
Je crois, au vingtième printemps
Pendant six étés de mon âge,
De Casimir je fus le page,
Jean Casimir, ce docte roi
Bien différent de vous, ma foi.
Car il ne faisait point la guerre,
En tout ne vous ressemblait guère
D'états n'étant point conquérant,
Pour les laisser perdre à l'instant.
Sauf les débats de Varsovie
A la Diète sans travaux,
Son règne heureux, sa douce vie
Coulaient en paix, dans le repos.
Non qu'il fût sans soins domestiques,
Des Muses, du sexe l'amant!
Ils sont parfois si tyranniques
Qu'il aurait désiré vraiment
Chez l'étranger partir en guerre.
Mais passé l'accès de colère,
Il reprenait tout aussitôt
Et maîtresse, et livre nouveau,

Donnant mainte fête magique.
Varsovie affluait autour
Admirant la brillante cour
De ce prince si magnifique
Des Polonais le Salomon,
Où régnait le noble et haut ton.
Ainsi chantaient tous les poëtes
Au sein de l'éclat de ces fêtes ;
Mais pourtant à l'exception
D'un troubadour sans pension,
Qui fit un jour une satire
Qu'avec son fiel il sut écrire,
En osant même se vanter
Qu'il ne voudrait jamais flatter.
Dans cette cour de jeux, de mimes
Où maint seigneur tentait ses rimes.
Je signai même et produisis
Mes odes : « Sans espoir Thyrsis ».

   D'une ancienne et noble origine
Là, certain comte palatin
De sel possédait mainte mine[3],
Riche de souche, aussi hautain,
Chacun aisément le devine.
Ce potentat de si haut rang
Par le métal et par le sang,
En s'arrogeant une Éminence
Avec le titre d'Excellence

Fier se paradait en son or;
Et dans la généalogie
De ses aïeux, double trésor.
Il s'était fait une manie
De revendiquer par erreur
Comme sien mérite, le leur.

C'était peu l'avis de sa femme
Plus jeune que lui de trente ans.
Lasse d'un joug trop long, la dame,
Après avoir douté longtemps,
Après espoir, souhaits, alarmes,
Après un rêve ou plutôt deux,
Non sans avoir versé des larmes
A la vertu fit ses adieux;
La vertu qu'elle sacrifie,
Après œillade, à Varsovie,
Décochée à maints jeunes gens.
Après les chants, après les danses
Elle attendait toutes les chances,
Tous les dangers, les accidents.

V

J'étais alors, je puis le dire,
Avec mes soixante et dix ans,
Un vert galant, et non le pire,

Il en était peu de mon temps,
Soit jeunes gens, soit hommes d'âge,
Nobles, vassaux, sans vanité,
M'osant disputer l'avantage.
Car j'avais vigueur et gaîté,
Une taille non comme celle,
Sire, que vous voyez ici,
Haute et droite, flexible et belle,
Et non courbe comme aujourd'hui.
Le temps, les soucis et la guerre
M'ont labouré l'âme et le front,
Nul ne me reconnaîtra guère
Des amis qui me reverront.
Si quelqu'un d'eux ici compare
Mon jour d'hier à mon présent,
Ce changement étrange et rare
S'était fait bien longtemps avant
Que la maturité de l'âge
M'eût enlevé les traits du page.
Mais par les ans n'ont décliné
En moi force, esprit ni courage,
Car s'ils m'avaient abandonné
Je ne tiendrais pas ce langage,
Juste à cette heure de la nuit,
Vous faisant, Sire, un vieux récit
Sous un arbre, ici, sous le voile
Du dôme d'un ciel sans étoile.

Mais je poursuis. De Théréza
La forme devant mes yeux glisse
Entre ce chêne et moi, là-bas !
Forme charmante, unie et lisse.
Ce souvenir est palpitant ;
Je n'ai pourtant nulle parole
Pour peindre ce que j'aimais tant
Dans sa vision qui s'envole.
Je la revois avec les yeux
Des belles filles de l'Asie,
Noirs comme là-haut les cieux,
Tels que nos voisins de Turquie
Se mêlant au sang polonais ;
De minuit doux reflet lunaire.
Leur tendre rayon en ses jets
Sombre, nageait dans la lumière
Qui se fondait en son rayon
Et semblait s'absorber au fond.
C'était un amour moitié flamme,
Moitié langueur, amour de saints,
De martyrs qui tournent leur âme
Et leur extase aux séraphins,
De mourir savourant la joie.
Son front était un lac d'été
Où le soleil plonge et se noie,
Miroir transparent, enchanté,
Où le flot n'ose un seul murmure

Et le ciel voit sa face pure.
Une joue, une bouche ! Alors
Je l'aimai, quoi ! Je l'aime encore,
Tel que je suis, vraiment je l'aime;
En bien, en mal, en tout extrême,
Toujours on aime en insensé;
Jusqu'à la fin l'âme est suivie
Des ombres vaines du passé.
Tel Mazeppa clora sa vie.

VI

Nous nous rencontrâmes : nos yeux
Croisèrent un choc magnétique.
Je soupirai : silencieux
Fut son regard, non sans réplique.
Il est cent signes, mille tons
Que l'on sait voir, qu'on sait entendre
Dans tous leurs symphoniques sons,
Qui sans les mots se font comprendre;
De la pensée éclairs brillants
Du cœur oppressé jaillissants
Et formant une intelligence
Mystérieuse, étrange, intense,
Resserrant la chaîne de feux
Entre jeunes cœurs amoureux;

A leur insu fil électrique
Conduisant la flamme magique.
Je vis, sentis et soupirai
Puis en silence je pleurai.
En dépit de ma répugnance
D'elle je me tins à distance,
Avant que j'en fusse connu
Et d'être à ses pieds parvenu
En savourant déjà le charme
De converser sans nulle alarme.
De ce désir j'osai brûler,
Maintes fois tenté de parler;
Mais sur mes lèvres vacillantes
Les paroles mouraient tremblantes.
L'heure sonna pourtant. Il est
Un jeu frivole en sa folie,
Mais un passe-temps plein d'attrait.
Son nom, ma mémoire, l'oublie
Je ne sais quel hasard heureux
Vint nous y réunir tous deux.
Le jeu lui-même en cette affaire
Ne me préoccupait en rien,
Et je ne m'intéressais guère
Aux chances de perte ou de gain.
Content de voir, content d'entendre
L'objet de l'amour le plus tendre
Auprès de cet être chéri

Je veillai, bonne sentinelle.
Puisse aussi cette sombre nuit
Veiller pour nous non moins fidèle !
Je vis à la fin qu'elle aussi
Était rêveuse, était pensive,
De son jeu sans aucun souci,
Gagnant, perdant quoi qu'il arrive,
Et sans aucune anxiété.
Du jeu non plus sans être lasse
On eût dit que sa volonté
L'avait fixée à cette place
Non par le gain ni l'intérêt,
Mais bien par un charme secret;
Lorsque tout à coup ma pensée,
Scintillant d'un rapide éclair,
Dans mon esprit fut traversée.
Elle eut quelque chose en son air
Qui m'invitait à l'espérance,
Et je rompis ce long silence.
Puis sur ma lèvre ont éclaté
Des mots confus, au son heurté.
Sans mérite, mon éloquence
N'était que trouble, incohérence;
Mais elle écouta toutefois :
Écouter une, c'est deux fois.
Une, même c'est une grâce;
D'ailleurs essuyer des refus

Ce n'est pas avoir des rebuts,
Car un cœur n'est pas fait de glace.

VII

Enfin j'aimai, puis par l'amour
Fus payé d'un tendre retour.
Sire, votre cœur sans mollesse
Ne connut point cette faiblesse.
Si c'est le fait, comme on le dit,
J'abrégerai ce long récit,
Car de ma joie et de ma peine
L'histoire serait folle et vaine.
Mais sur leur cœur, leurs passions,
Tous n'ont pas eu le même empire,
Comme vous l'exercez, vous, Sire,
Sur vous-même et les nations.
Je suis, je fus un chef suprême
De troupes, suivant mon désir,
Prêtes à marcher, à périr.
Je ne sus régner sur moi-même.
Pour résumer, j'aimai ; l'amour
Me paya d'un tendre retour.
C'est une heureuse destinée ;
Mais dans la peine et la douleur
Toujours on la voit terminée.

A l'aurore de mon bonheur,
Du doux rendez-vous le mystère,
Fut au bocage solitaire.
L'heure d'attente de mes vœux
Pour moi fut un siècle fiévreux.
Mes jours, mes nuits, près de cette heure,
Tous à la fois, non, n'étaient rien :
C'est elle seule qui demeure,
Marquant dans ma vie un seul bien.
De mes ans à travers la chaîne,
Pour revoir cette heure une fois,
J'aurais donné toute l'Ukraine,
Pour être l'heureux page, moi,
D'un cœur et d'un glaive le maître,
Heureux un instant de renaître ;
Moi du reste déshérité,
N'ayant d'autre perle et richesse
Que le trésor de la santé
Et le trésor de la jeunesse.
Je rencontrais dans le secret
Double attrait, dit-on, mon amie.
Mais moi, j'ignorais cet attrait,
Car j'aurais bien donné ma vie,
Pour la contempler et l'aimer
Ouvertement et sans mystère,
Comme épouse la proclamer
Haut devant le ciel et la terre ;

J'avais repentir et regret
De ne la joindre qu'en secret.

VIII

Aux amants cent yeux font la guerre,
Nous eûmes sur nous cent regards;
Le diable alors, certes, n'eut guère
De politesse ni d'égards.
Je ne lui veux aucun dommage,
Il peut être un saint personnage,
Mais bien fâcheux, impatient,
Donnant carrière à son faux zèle.
Quelques argus nous épiant
Par une nuit perfide et belle,
Tous les deux nous avaient surpris
Et tous deux nous avaient saisis.
Le comte était bouillant de rage
Contre son trop fortuné page.
J'étais sans arme. Cuirassé,
Même et d'acier tout hérissé
De pied en cap, moi seul que faire?
Contre tous c'était téméraire.
Sans aucune aide, aucun secours,
Près du castel, soin inutile,
Faible, isolé, loin de la ville,

Et presque à la pointe du jour
(Un autre ne devait plus luire
Pour moi). Mes bien rares moments
A fort peu semblaient se réduire ;
Et dans ces suprêmes instants,
Avec ma dernière prière
A Marie, à la Vierge-mère,
Peut-être un ou deux saints du ciel,
Et l'âme humblement résignée
A ma fatale destinée,
Je fus conduit vers le castel,
Au seuil, sans que je me lamente ;
Et je n'ai pu savoir après
Ce que devint ma triste amante,
Théréza, ravie à jamais.
Vous imaginez la colère
De ce fier comte palatin,
Non sans sujet et sans matière :
Car il craignait qu'un beau matin
Un accident de triste augure
Ne vînt tacher sa race pure ;
Et redoutait, à son blason
Et sur son illustre écusson
De trouver un stigmate indigne,
Étant le plus haut de sa ligne.
A ses yeux il était vraiment
Des hommes le plus important ;

Aux yeux d'autrui croyant bien l'être,
Surtout aux miens voulant paraître.
Fi donc! ah, l'on doit s'indigner;
Avec un page forligner!
Peut-être un roi, c'est autre chose,
Aurait mieux fait passer la dose.
Un pauvre page, ah, quelle horreur!
C'est tout. J'éprouvai sa fureur,
Que je ne saurais point décrire
Tant elle approchait du délire!

IX

Qu'on amène ici le cheval!
Le voici. Quel noble animal!
Tartare de race d'Ukraine
Il porte le feu dans sa veine,
La pensée ailée en ses flancs,
Mais sauvage dans ses élans,
Comme l'enfant de la nature
Et comme l'indocile daim,
A la fougueuse et libre allure;
Le mors, l'éperon ni la main
Ne l'ont flétri de leur entrave;
Depuis un jour il est esclave.
Rétif, frémissant, sous le frein

Il a hérissé sa crinière;
Fier, il se débat, mais en vain,
Écumant d'effroi, de colère,
Le fils du désert est mené
Jusqu'à moi ; je suis enchaîné
Sur son dos par chaque main vile
De toute la troupe servile,
D'un indissoluble lien,
De mainte courroie.... Et soudain
On le lâche; un coup de lanière,
Il part, il part. En la carrière
Il m'emporte dans son élan,
Moins abrupte est le noir torrent.

X

Il vole. J'ai perdu l'haleine⁴,
Le jour venait de poindre à peine.
Je ne puis voir où va le vol
Du ravisseur écumant, fol.
Les derniers sons de voix humaine,
Déjà loin, accents ennemis,
Sont le rire et d'atroces cris
De la meute, des cris de haine
Dont le rauque mugissement
Me fut apporté par le vent.

Saisi d'un accès de colère,
Je tordis ma tête, et froissai
Le nœud qui fixe à la crinière
Mon col fortement enlacé
En guise de bride et de rêne.
Ma rage convulsive et vaine
Se consumant en mille efforts,
A moitié je tournai mon corps,
Et je leur lançai par derrière
Ma haineuse imprécation.
Mais de ma malédiction,
Dans le vol égal au tonnerre
De mon coursier et de ses bonds,
Ils n'ont pas entendu les sons,
Ou se sont moqués de ma rage.
J'en fus, d'honneur, mortifié,
Car j'eusse rendu volontiers
A leur insulte mon outrage.
Je le fis payer cher plus tard :
Il n'est plus demeuré de porte
Ni du castel, ni du rempart,
Pont-levis, herse, nulle sorte,
Nul débris de pont ou fossé ;
Aux champs nul brin d'herbe laissé,
Sauf ce qui croît au mur grisâtre
Où brillait le foyer de l'âtre.
Cent fois vous pourrez y passer,

Mais jamais une sans penser
Que là même une citadelle
S'élevait menaçante aux cieux.
J'ai vu de mes yeux la tourelle
Avec ses bastions en feux,
Craquant, croulant ; toute bouillante
Du plomb la pluie étincelante
Couler du toit dont l'épaisseur
N'arrêta pas le feu vengeur.
Dans mon supplice et ma souffrance,
Quand, tel que la foudre lancé
Je devais périr tout brisé,
Et du retour sans l'espérance,
L'on pensait peu qu'après ces maux,
Suivi de dix mille chevaux,
J'aurais un jour le privilége
De remercier mon seigneur
De cette leçon de manége
Sans courtoisie et sans honneur.
On me jouait un tour pendable
Quand on me donnait un cheval
Pour guide, sauvage, indomptable ;
En m'attachant d'un nœud fatal
Au large flanc, d'écume blanche
Qui ruisselait tout palpitant.
Mais je pris enfin ma revanche
Et leur en fis plus tard autant :

Avec les ans tout se compense,
Si nous épions le moment.
Il n'est point d'humaine puissance
Qui soit injuste impunément,
Et se dérobe, à moins de grâce,
Au patient et long effort,
A cette infatigable chasse
De l'homme se vengeant d'un tort.

XI

Cheval et moi, dans la carrière
Nous volons sur l'aile du vent
Comme l'éclair, laissant derrière
Ce qui n'apparut qu'un instant,
Toute habitation humaine;
Car notre course sur l'arène,
C'était la course dans les cieux
Du météore lumineux,
Lorsqu'à la voûte pommelée
Du nord la nuit prend la clarté.
Rien sur notre trace affolée,
Ville, hameau, rien n'est resté,
Sauf une aride et vaste plaine
Que ferment de noires forêts,
Quelques bastions vus à peine

Sur des hauteurs d'un âpre accès,
Sauf quelques créneaux vieux et rares
Elevés contre les Tartares,
L'humain vestige est effacé.
Des Turcs l'an dernier une armée
Sur ces lieux même avait passé
Toute verdure est consumée ;
Du spahi sous le pied brûlant
L'herbe fuit le sabot sanglant,
Et calciné le germe fume.
C'était un ciel de sombre brume
Et l'air tout bas semblait gémir.
J'eusse répondu d'un soupir.
Mais nous dévorions la carrière ;
Point de soupir, point de prière.
Les flots de ma froide sueur
Du coursier baignaient la crinière,
Mais il frémissait de colère,
Aiguillonné par la terreur.
Parfois il me vint la pensée
Qu'il ralentirait son ardeur,
Mais ma maigre forme enlacée
A la sienne, pour sa vigueur
Qu'elle ranime et multiplie,
N'était qu'un point, un éperon
Et pour sa rage un aiguillon.
Chaque fois qu'en mon agonie

Je faisais quelque mouvement
Pour calmer l'horrible tourment
De ma personne endolorie ;
Et de chaque membre gonflé,
Le contact doublait sa furie
Et son essor échevelé.
J'essayai ma voix faible, éteinte.
Mais soudain il a tressailli
Comme d'un choc sentant l'atteinte.
Dès que chaque son est parti,
Il s'élance dressant la tête,
Comme à l'éclat de la trompette.
Cependant tout mon sang coulait
De mes membres et ruisselait
Sur mes cordes et ma courroie.
La soif en mon palais fiévreux
A laquelle j'étais en proie
Faisait un cratère de feux.

XII

Nous effleurions le bois sauvage
Dans tous les sens illimité.
Je n'en pus voir à mon passage
La lisière. Il était planté
D'arbres massifs que la furie

Des vents ne saurait ébranler;
Aux froids déserts de Sibérie,
Lorsqu'ils accourent pour hurler,
Couvrant les forêts de ravage.
Ces bois étaient rares, mêlés
De taillis au tendre feuillage,
Luxuriants, verts, émaillés
De cette parure annuelle,
Avant que d'automne le soir
Flétrisse leur robe nouvelle,
Des forêts linceul sombre et noir,
Nuancé d'un rouge sans vie,
Semblable à la couche de sang
Qui, dès la bataille finie,
Sur les morts se fige et s'étend;
Et quand, dans l'affreuse hécatombe,
La nuit des hivers vient glacer,
A tel point, les têtes sans tombe,
Que le corbeau ne peut percer,
En becquetant dans son ravage,
Des durs cadavres le visage.

C'était un désert spacieux,
De marronniers une clairière,
De pins, de chênes vigoureux,
Mais parsemés sur ma carrière,
Rares, épars, heureusement,
Où mon sort était différent.

Les rameaux à notre passage
Cédèrent sans me déchirer,
Et je trouvai force et courage
Assez pour me faire endurer
Mainte douloureuse blessure
Que le froid vint cicatriser.
Mes nœuds rendaient l'attache sûre,
Et nous pûmes ainsi glisser
Comme le vent sous le feuillage,
Laissant derrière arbres, buissons,
De loups une troupe sauvage [5]
Dont j'entendis la nuit les sons,
Lorsqu'après nous vive, acharnée,
Leur course rapide, obstinée,
En long galop eut retenti,
Lassant le chien, âpre ennemi,
Et du chasseur la vaine balle.
En tous sens ils nous ont suivis
Jusques à l'aube matinale;
A quelques pas enfin je vis
Au point du jour la meute intense,
Sinueuse à travers les bois.
Puis j'entendis dans le silence
Leur pas, en me frôlant cent fois,
Qui se dérobe et qui se glisse:
Ah! que n'ai-je eu ma lance, un fer,
Afin du moins que je périsse

Au sein de la horde d'enfer,
S'il faut ainsi, moi, que je meure,
Acculé, de morts entouré !
D'abord, et dès la première heure,
A mon début, je désirai
La fin même de ma carrière,
Et je doutai de la vigueur
Du cheval; doute téméraire !
Sa vive, sa fougueuse ardeur
Est celle du daim des montagnes.
Avec moins de rapidité
La neige, au milieu des campagnes,
Tombe en flocon précipité,
Du villageois murant la porte,
Le seuil qu'il ne peut plus franchir,
Le cachot qui vient l'enfouir.
Le même élan excite, emporte
En son essor impétueux
Par tous les sentiers tortueux
Mon compagnon infatigable,
Irrité, rebelle, indomptable;
Comme l'enfant mutin, gâté,
Qui dans ses vœux est rebuté,
Ou bien plutôt comme la femme
Avec sa volonté de flamme.

XIII

Déjà le bois fuit éclipsé,
Il est plus que la douzième heure.
Même en juin l'air paraît glacé.
C'est plutôt que mon sang demeure
Dans mes veines comme figé;
Car un tourment trop prolongé
Dompte une âme forte, inflexible.
Je ne sais plus ce que j'étais.
Comme un torrent fougueux, terrible,
Je montrais ce que je sentais;
J'en aurais pu dire les causes.
De dépit, de crainte et fureur
Les luttes, les métamorphoses
Pleines d'angoisses et d'horreur;
Le froid, la faim, honte et misère
Dans ma hideuse nudité.
Issu d'un sang dans sa colère
Qui, sortant du calme, irrité
Quand on le presse et foule, est comme
Le noir serpent prêt à blesser.
Quoi d'étonnant que moi, tronc d'homme
J'ai sous mes maux dû m'affaisser?
   La terre autour cède et s'écroule
Le ciel avec sa voûte roule

Et sous moi semble fuir le sol.
Je m'égarais, car dans mon vol
Ma chaîne était forte et serrée.
Je me sentis tourner le cœur.
Ma tête malade, ulcérée,
Battit quelque temps de douleur.
Tout battement ensuite cesse.
Une roue immense est dans l'air,
L'arbre vacille en mon ivresse;
Puis je vois un rapide éclair
Luire et briller sur ma paupière,
Privée aussitôt de lumière.
Celui qui meurt ne peut mourir
Plus que je ne mourus moi-même
Dans l'atroce course à cheval.
Sentant errer au point extrême
La nuit, paroxysme du mal,
Sombre tourbillon qui me tue,
A m'éveiller je m'évertue
Sans pouvoir remonter mes sens;
Semblable à la planche qui flotte
Lorsque la vague en tous les sens,
En haut, en bas, pousse et ballotte
Le naufragé vers des déserts.
Ma vie alors même était l'onde
Avec de fugitifs éclairs,
Scintillant dans la nuit profonde.

La fièvre commence au cerveau,
Elle se calme de nouveau,
Avec une douleur légère
Qui cède et s'enfuit passagère.
Puis à cette sensation
Succède une confusion
Pire que tout. Cette torture,
De l'endurer je tremblerais
Deux fois encor, si je mourais;
Et pourtant c'est ma conjecture
Que nous devons bien plus souffrir
Avant de retomber poussière.
N'importe, je puis découvrir
Cette poitrine tout entière
Devant la mort, avec audace
Aujourd'hui, comme hier, en face.

XIV

Mes pensers revinrent à moi
En quels lieux, comment me trouvai-je
Étourdi, frisonnant de froid,
Puis la vie a repris son siége
Avec le pouls, plus fort, plus vif
Dans l'artère vibrante, émue
Jusqu'au choc nerveux, convulsif,

Mon sang épais, glacé, reflue,
Mon oreille vient à tinter
D'un bruit étrange et d'un son double,
Mon cœur commence à palpiter.
La vue encor renaît, mais trouble
Sur mon œil obscurci, vitreux.
J'entends des eaux le clapotage
Et je crois voir aussi des cieux
La miroitante et claire image
Dôme émaillé de diamant.
Ce n'est point un songe vraiment.
Le cheval emporté, sauvage [6]
Passe un vaste fleuve à la nage,
Plus que lui-même impétueux.
La vague au loin précipitée
En des méandres tortueux
S'étend, nappe large, argentée.
Nous, à mi-chemin vers le bord,
Plage solitaire, inconnue,
Nous tendons d'un suprême effort :
Par l'eau mon extase est rompue.
D'une fugitive vigueur,
Au sortir de la crise extrême,
Mes membres roidis de douleur
Reçoivent un nouveau baptême.
Le fort coursier brave en fendant,
Orgueilleux, la vague qui monte,

Que son large poitrail surmonte,
Et droit nous allons en avant.
Nous touchons enfin le rivage.
Je fis peu de cas de ce port :
Tout derrière, étaient le naufrage,
La nuit, la terreur et la mort.
Dans l'agonie et le délire,
Que d'heures de jour et de nuit
Je passai sans pouvoir le dire,
Comme en ma tombe enseveli !
Je pouvais reconnaître à peine
Si j'avais même une âme humaine !

XV

La peau luisante, avec les flancs
Baignés par l'onde, la crinière,
Les membres trempés, ruisselants
Comme égaré dans sa carrière,
Le fol coursier déploie encor
Toute sa force musculaire
Afin d'escalader le bord
Qui le repousse en sens contraire.
Nous en atteignons la hauteur.
Immense èt sans borne, une plaine,
De la nuit dans la profondeur,

Étend, étend sa vaste arène,
En avant dessine à mes yeux,
Ainsi que dans un songe creux,
Loin, sur une terre inconnue,
Maint abîme à perte de vue,
Semé quelquefois d'un point blanc
Ou d'une teinte verte et sombre,
Qui surgit en reflet brillant
Massif et compacte dans l'ombre,
Quand la lune à droite paraît.
Mais rien dans cet obscur mirage
En ce vaste désert, nul trait
N'annonce le moindre ermitage.
Point de lueur dans le chalet,
Pour moi l'étoile hospitalière.
Je n'eus pas même un feu follet
Pour me railler de ma misère.
Cette simple déception
Eût au moins réjoui ma vue;
Découverte, l'illusion
Aurait été la bienvenue,
Me rappelant dans tous mes maux
Le toit de l'homme et ses fléaux.

XVI

Nous poussons en avant. Plus lente
Toutefois et plus haletante
Est la course de mon cheval
Dont la vigueur est épuisée.
Du fier et sauvage animal
La fougue enfin est apaisée,
Son élan tombe et s'affaiblit.
La sueur par tous ses pores fume.
Son feu s'éteint et s'allanguit
Sous des torrents de blanche écume.
De sa main débile un enfant
Alors eût conduit en avant
La brute adoucie et docile.
A moi, de liens enchaîné,
Sans force, sans bras, entraîné,
Cette douceur est inutile,
Peut-être, alors même ces bras
Libres, ne serviraient-ils pas.
Luttant pourtant contre ma chaîne
Je mefforçai d'un faible effort
De rompre ce lien si fort.
Mais la tentative fut vaine;
Mon corps n'en fut que torturé,
Et je laissai dans l'impuissance

La lutte qui n'a pas duré
Et qui prolongeait ma souffrance.
La course semblait à sa fin
Sans toutefois un but atteint.
Des signes annoncent l'aurore
Ah! comme il tarde ce soleil!
Verrai-je, moi, jamais éclore
Dans ce brouillard le jour vermeil?
En sa carrière matinale
Pour moi comme il se roule lent,
Avant qu'en flamme orientale,
En cramoisi rouge et sanglant
Il ait dispersé les étoiles,
Et, qu'absorbant leur incarnat,
Il ait chassé les sombres voiles,
Illuminant de son éclat
La terre, et du haut de son trône
Ait fait resplendir sa couronne.

XVII

Il s'est levé sur l'univers.
Les brouillards se roulent derrière,
Autour, loin des mondes déserts,
Devant des torrents de lumière,
A moi qu'importe? C'est égal

D'avoir franchi bois, fleuve, plaine.
Nul signe humain ou d'animal
Sur la riche et splendide scène,
Nul pied de bête ou d'homme empreint ;
Du travail ici nulle trace ;
Nul voyageur ici ne passe.
L'air même était muet, d'airain.
De l'insecte la voix aiguë,
En leurs nids, des petits oiseaux
La mélodie est inconnue,
Dans l'herbe et dans les arbrisseaux.
Pendant des werstes, haletante,
La brute peut courir encor
Mais affaiblie et chancelante,
Aux abois d'un suprême effort.
Tout reste à l'entour solitaire,
Tout semble ainsi, dans la carrière
Où nous errons comme avinés,
Égarés, fols, abandonnés,
Lorsqu'à mon oreille, je pense
Du fond d'un bois de noir sapin
Un hennissement sonne intense.
Est-ce du vent que le bruit vient?
Est-ce de la branche agitée?
Non ! J'entends la terre heurtée
Du choc d'une troupe au pas lourd.
Pour moi, ce n'est plus un bruit sourd.

Je la vois qui court et s'avance [7]
En vaste escadron qui s'élance.
Je veux crier, je suis sans voix
Les coursiers plongent jusqu'à moi
Avec fierté. Mais sur l'arène
Pour les guider avec la rêne
Quel était donc leur écuyer?
Mille chevaux, nul cavalier.
La queue au vent et la crinière
Flottante, éparse, libre, altière,
Aux larges naseaux, non tendus
Par la douleur jamais fendus,
La bouche, de sang jamais teinte,
De bride ou mors sans nulle empreinte,
Le pied solide et non ferré;
Le flanc que n'ont point déchiré
Ni l'éperon qui l'aiguillonne
Ni le fouet qui le sillonne.
Farouches, fiers, mille chevaux
Accourent tous comme des flots
Drus, successifs coups de tonnerre,
Ils semblent vouloir approcher.
Ce choc ravive la carrière
De mon coursier prêt à broncher,
Qui tremble en effet et chancelle
En réveillant une étincelle
De cette ardeur d'un court moment.

D'un rauque et sourd hennissement
Mon cheval répond, mais succombe;
Mourant enfin, enfin il tombe.
Il gît convulsif; l'œil vitreux,
Éteint, sur le sol immobile,
Les membres fumants, douloureux.
Ainsi de cette course agile
Le premier tour était fourni
Et le deuxième était fini.
Toute la troupe en masse, à terre
Vient de voir son frère abattu.
Objet étrange! Elle m'a vu
Attaché par mainte lanière
Tout ensanglantée à son dos.
Fixe, elle s'arrête au repos,
D'un bond repart, s'élance, aspire
Et hume l'air, et tour à tour
Galope, approche, se retire,
Fait et refait cent fois le tour,
Part d'un nouveau bond, en arrière,
A la suite d'un coursier pur sang
A l'encolure forte et fière,
Son patriarche et chef puissant,
Sans un seul poil ou tache blanche
Sur ses membres velus qui tranche.
Tous dans une sauvage horreur
En écumant, soufflent, frémissent

Comme égarés par la terreur
Font un long écart, et hennissent,
En fuyant le regard humain,
Au fond des forêts, par instinct.
Ils m'ont laissé dans l'agonie,
A mon cheval mort accouplé,
De ses membres roidis, sans vie
Le dernier souffle est exhalé,
Sous moi, je les sentis s'étendre ;
Soulagé de l'étrange poids
Dont je ne saurais prétendre
Alléger mon cheval ni moi.
Et nous restâmes sur la terre
Gisants, le mourant sur le mort.
Alors je n'imaginais guère
Qu'un autre jour verrait encor
Ma tête sans toit, sans demeures.
Depuis l'aurore jusqu'au soir,
Je traînai dans ces lentes heures
Un fil de vie assez pour voir
Décliner ma triste journée
Dans ce désespoir trop certain.
Qui rend notre âme résignée
Au pire, au plus affreux destin ;
A ce que l'avenir présage
Et nous offre comme signal
Dans le crépuscule de l'âge

Du pire et du suprême mal,
Inévitable, un bienfait même
Qui le plus proche est le meilleur.
Pourtant avec un soin extrême
On craint, on fuit l'objet d'horreur
Comme si ce n'était qu'un piége
Que la prudence éluderait.
Et tantôt c'est un privilége
Que l'on implore, plein d'attrait.
Tantôt le fer le cherche, avide
Avec la main du suicide.
Remède, hélas! sombre, hideux
Au sein de maux intolérables;
Jamais bien venu, gracieux
Même pour les plus misérables.
Contraste étrange! Du plaisir
Les fils, esclaves de l'orgie
Des femmes, de l'or, vont mourir
Tranquilles et sans l'agonie
De l'homme héritier du malheur.
Car celui-là, qui dans la joie,
Le beau, le nouveau, le bonheur
Passa des jours filés de soie,
Pour espérer n'a vraiment rien,
N'a plus rien à laisser derrière.
Et sauf un avenir lointain
Qui s'estime et se considère,

Non, d'après la seule valeur
Des justes ou des méchants hommes,
Mais plutôt selon que nous sommes
Plus ou moins fermes dans le cœur,
Lui n'a rien à pleurer peut-être.
Le malheureux espère au port
Voir la fin de ses maux paraître;
A ses yeux malades, la mort
Qu'il devrait attendre en amie,
Vient dérober son juste prix,
Sa prime brusquement ravie.
L'arbre d'un nouveau paradis,
Demain lui donnait la richesse
Et venait guérir tous ses maux;
Demain relevait sa faiblesse
Dans sa ruine et ses fléaux;
Demain était pour lui l'aurore
De jours cessant d'être maudits;
Demain pour lui faisait éclore
Des temps fortunés et bénis,
Vus dans un nuage de larmes,
Radieux, après tant d'alarmes.
Demain lui donnait le pouvoir
De briller et régner en maître,
De punir, sauver... Doit-il voir
Sur sa tombe ce beau jour naître?

XVIII

Le soleil allait s'abaissant
Et moi, j'étais toujours gisant,
Lié d'une chaîne invincible
Au cadavre roide, insensible,
Aux siens mêlant déjà mes os.
Mes yeux troublés cherchaient d'avance
D'un calme trépas le repos,
Mais sans espoir de délivrance.
Je trouve encor le ciel; je voi
Imminent, le corbeau vorace
Juste entre le soleil et moi.
Déjà je l'entends qui croasse
Avide, et qui n'attendra pas
La mort de cette double proie
Avant d'entamer son repas.
Il plane, se perche et déploie
Ses ailes, part, et chaque fois,
Il se rapproche et vient descendre
Encor, encor, plus près de moi.
Au crépuscule faible et tendre
Je vis son aile me frôler,
Tout contre moi fondre et voler;
Et, si j'en avais eu la force,

J'aurais pu même le toucher.
De le frapper ma main s'efforce.
Ce mouvement pour l'approcher,
Le léger grattement du sable,
Du fond de ma gorge, étranglé,
Un son rauque, comme fêlé,
Sans voix, un râle lamentable,
Tout à la fois tient éloigné
L'oiseau menaçant, acharné.
Mais je n'en sais pas davantage :
Mon dernier rêve est vaporeux.
C'est une étoile au loin qui nage
Charmante à la voûte des cieux,
Où sa douce clarté flottante
Et vagabonde, scintillante
Attire, fixe mes regards
Obscurcis, ternes et hagards.
Du froid, du brouillard vague et sombre
Me revient la sensation,
Puis de la mort le frisson, l'ombre ;
Puis de la respiration
Encor le souffle, un peu d'haleine,
Puis un léger frémissement,
Un court arrêt qui dure à peine ;
Du cœur glacé l'engorgement ;
D'étincelles un feu rapide
Qui traversent mon cerveau vide ;

Un sanglot, de crise un accès;
Un faible soupir... Rien après.

XIX

Je m'éveille... ou plutôt rêvé-je[8]?
Où donc, en quels lieux me trouvé-je?
Est-ce qu'en vérité je voi
Des traits humains penchés sur moi?
Quoi? dans une demeure close,
Est-ce que mon être repose
Sous un autre toit que le ciel?
Dans une chambre? Un œil mortel
Avec son doux jet de lumière
Veille-t-il sur moi bienfaisant?
Mais je refermai ma paupière,
Car je doutais même à présent
Si ma délirante pensée
N'était pas encore effacée.
   Une jeune fille veillait
Dans la cabane, son chalet,
A la taille svelte, effilée,
Grande, en chevelure bouclée.
Je recueillis de ses beaux yeux.
Dès le retour de ma pensée,
Le premier jet si gracieux

Et la chaste œillade lancée
De cet œil fier, sauvage et noir,
Que la vierge suave, angélique
Me laissait tomber sympathique.
Fixe, j'observe et puis savoir
Que je ne suis pas en délire,
Et qu'enfin je suis délivré
De ce vautour, affreux vampire,
Dont j'étais le mets préparé.
Et quand du cosaque la fille
Voit mon regard qui se dessille,
Elle sourit... Moi, j'essayai
De parler, mais je bégayai.
Elle s'approcha de ma couche
Avec mystère ; elle me fit,
De son doigt fixé sur sa bouche,
Un signe éloquent qui me dit
Qu'il ne faut point que je m'efforce
De rompre le silence encor,
Avant le retour de ma force
Et de ma voix en son essor.
Puis sur ma main sa main se pose,
Puis elle amollit l'oreiller
Pour ma tête qui s'y repose.
Mais elle a cessé de veiller
Et sur la pointe du pied glisse,
Ouvre la porte doucement.

Est-il une voix qui frémisse
Comme la sienne, écho charmant?
Tant ce moment est sympathique!
Son pas lui-même a sa musique.
Mais ceux qu'elle avait appelés
N'étaient pas encore éveillés.
Elle part; avant qu'elle passe
De son pied léger sur le seuil,
Elle laisse une douce trace
Et me jette un autre coup d'œil,
Un autre signe pour me dire
Que je n'ai rien à craindre, rien;
Que ce que j'ordonne ou désire
M'attend, disposé pour mon bien;
Que dans péu, près de son malade
Ma garde sera de retour.
Mais en son absence, à mon tour,
Je me sentis seul et maussade.

XX

Avec ses parents elle vint,
Son seigneur et maître et sa mère.
Que dire encor? Je ne veux point
A mon récit donner carrière.
Depuis que je suis devenu

L'hôte et commensal bienvenu
Des Cosaques qui sur la plaine
Me trouvèrent inanimé,
A la hutte la plus prochaine
Me portant, ils m'ont ranimé,
Moi, futur chef de leur empire!
Ainsi le mortel insensé
En proie à sa rage en délire,
Le cruel qui s'est efforcé
D'y raffiner dans son étude,
M'envoya vers la solitude,
Moi seul, nu, saignant, enchaîné,
Pour passer d'un désert au trône.
A quel sort est-on destiné!
Qui le sait? Que nul ne raisonne,
Nul ne peut deviner, prévoir,
Gardant le courage et l'espoir.
Le Borysthène peut voir paître
Dès demain nos coursiers en paix
Sur la rive turque. Et jamais
Un fleuve pour moi ne peut être
Plus hospitalier que ses bords;
Une rive aussi bienvenue
Que sa verdure et ses trésors
Qu'ici de mes vœux je salue.
Mais camarades, bonne nuit! »

Le chef là-dessus s'étendit
Sur la terre en long mesurée
Et sur sa couche préparée
Sous le chêne, agreste berceau;
Lit non incommode ou nouveau
Pour un homme qui prenait l'heure
Au vol du repos savoureux
N'importe, dans quelle demeure.
Un prompt sommeil ferma ses yeux.
Et, si le roi de Suède oublie,
A votre étonnement, lecteur,
De remercier son conteur,
Après que l'histoire est finie,
Pour lui le conteur Mazeppa
De l'oubli ne s'étonna pas :
Cette Majesté dans sa vie
Une heure s'était endormie.

FIN DE MAZEPPA

NOTES

1. L'histoire de Mazeppa est connue par Voltaire. Il a raconté comment ce jeune Polonais, d'abord page du roi Jean-Casimir (vers 1660), puis entré au service d'un comte palatin, avait souffert, par suite d'une intrigue amoureuse, le supplice affreux, exceptionnel, d'être attaché au dos d'un cheval indompté qui le transporta mourant en Ukraine; et comment, recueilli par les Cosaques, il devint plus tard leur hetman; puis, ligué contre le czar avec Charles XII (en 1709), il subit avec lui la défaite de Pultawa.

2. Byron résume habilement cette histoire en plaçant le récit dans la bouche même de Mazeppa, réduit, dans sa vieillesse à partager, au milieu d'une forêt sauvage, la retraite précaire de l'indomptable roi suédois.

3. Les mines de sel sont une des principales richesses de la Pologne. Qui ne connaît entre autres le nom de Bielitza?

4. Le départ du cheval, son élan, sa course échevelée, sont décrits avec une verve admirable.

5. La poursuite acharnée des loups, dont l'allure régulière et constante égale les bonds impétueux du cheval, forme un tableau frappant qu'a reproduit le pinceau énergique d'Horace Vernet.

6. Le passage à la nage du Dnieper, ancienne frontière de la Pologne, est parfaitement dans le sujet.

7. L'invasion subite, les tours et les retours des coursiers sauvages de l'Ukraine, à la fois sympathiques et effrayés à la vue de leur compagnon mourant, forme un autre tableau puisé dans la nature et reproduit au vif par Vernet.

8. Enfin la chaste apparition de la jeune fille hospitalière devant le jeune homme qu'elle sauve de la mort, respire autant de délicatesse que les scènes précédentes ont d'énergie. Ce petit poëme, improvisé à Ravenne en 1818, est un des mieux réussis de Byron.

LE
PRISONNIER DE CHILLON

NOUVELLE GÉNEVOISE[1]

I

Mes cheveux sont blanchis, mais non pas par les ans,
Et ce n'est point d'un coup qu'ils ont pris cette teinte,
Ainsi qu'on en a vu dans de mortels instants,
Blanchir en une nuit par le choc d'une crainte[2].
Mes membres sont courbés, non point par les travaux,
    Mais ils portent la rouille
    D'un ignoble repos;
    Car des affreux cachots
  Ils sont la proie et la dépouille;
    Et mon sort fut celui
    De ces hommes à qui
    Les bienfaits de la terre,
    De l'air, de la lumière

Furent enviés, interdits,
Comme à de vils êtres maudits.
Entre le monde et moi montait une barrière.
Et tout ceci, c'est pour mon père
Que d'un cœur fort j'ai su souffrir
Et mes chaînes et l'injustice.
J'ai cherché la mort. Lui, martyr
Pour sa foi souffrit le supplice,
Et, comme lui persécutés,
Tous les descendants de sa race,
Dans les cachots furent jetés,
Marchant fidèles sur sa trace.
Nous étions sept. Ces sept au nombre un sont réduits,
Six jeunes, vigoureux, un avancé dans l'âge,
De même qu'ils avaient commencé, tous finis,
De leurs persécuteurs fiers d'exciter la rage.
L'un dans le feu, deux au combat,
Scellant de leur sang leur croyance,
En professant avec éclat
A Dieu leur sainte obéissance
Contre des tyrans détestés.
Puis trois furent précipités
Au fond d'un ténébreux abîme;
Je survis le dernier et débris et victime.

II

Dans le profond et noir donjon
Du vieux château gothique de Chillon[3],
Sous les arceaux et les ogives,
Il est sept antiques piliers
Appuis de ces sombres foyers;
Il est sept colonnes massives,
Avec leurs grisâtres couleurs,
Emprisonnant quelques lueurs
D'un rayon qui perdit sa voie,
Bien loin du jour triste et sans joie.
Par surprise il s'était glissé
Par la crevasse et par la fente
D'un mur épais ainsi laissé;
Rampant avec sa marche lente
Sur le sol tout ruisselant d'eau,
Comme la lampe météore,
Que les marais ont fait éclore.
Chaque colonne a son anneau,
Et chaque anneau porte une chaîne,
Et de chaque chaîne le fer,
Rongé de rouille, en est couvert,
Corrosive et rousse gangrène;
Car tous mes membres au dedans
De mes fers indiquent les dents,

Avec les marques des blessures
Que m'imprimèrent leurs morsures,
Stigmates livides, profonds,
Longs, ineffaçables sillons,
Que je ne laisserai derrière
Qu'avec la vie et la lumière.
Celle-ci pèse sur mes yeux
De tout son poids lourd, odieux,
Oubliée et presque inconnue,
N'ayant jamais frappé ma vue
Dans ces cachots où dès longtemps
Je cessais de compter les ans,
Dans leur douloureuse série
Depuis qu'un frère agonisant
Tomba sur sa paille pourrie,
Le dernier près de moi gisant.

III

Nous fûmes enchaînés à trois piliers de pierre,
Tous trois, mais l'un de l'autre isolé, solitaire.
Sans pouvoir rapprocher nos membres d'un seul pas,
Sans même la faveur de nous voir face à face.
Dans ce sombre séjour, nous ne le pouvions pas,
A la clarté blafarde et pâle dans l'espace
Qui nous rendait tous trois l'un à l'autre étrangers.

Ensemble aussi tous trois rangés,
Cette lueur livide et rare,
Côte à côte, hélas ! nous sépare.
Les fers aux mains, le cœur saignant,
C'était toutefois, en l'absence
De chaque terrestre élément,
Nous soulager dans la souffrance,
Que de nous entendre parler,
Et de savoir nous consoler
En notre espoir et nos chimères,
Par des récits et de vieux lais,
Maints beaux exploits, chants légendaires,
Chevaleresques et hauts faits
Récités même avec audace ;
Mais dans ces demeures de glace,
Nos chants, qui devinrent plus froids,
Avaient pris un ton funéraire ;
Et les échos de notre voix
Furent ceux des cachots de pierre.
C'était un son bref, rauque, éteint,
Qui n'était plus libre ni plein,
Non, comme avant, ferme et sonore,
Quand il vibrait dans l'air encore.
Ce peut être une illusion,
Même une hallucination ;
Cette intonation nouvelle
Et pour mon oreille et pour moi,

Étrange et si peu naturelle,
N'était pas notre son de voix.

IV

De nous trois j'avais le plus d'âge,
Et des autres pour soutenir
Le cœur, la force et le courage,
En frère je dus accomplir
Ma tâche et tout mon ministère.
Son devoir, chacun sut le faire
A son degré. Le favori
De tous les enfants de mon père
Était le benjamin chéri.
Il avait les traits de ma mère ;
L'ange reflétait dans ses yeux
L'azur le plus suave des cieux.
Aussi dans mon âme attendrie
Lorsque ce noir donjon m'offrit
Un tel oiseau dans un tel nid,
Ce frère eut-il ma sympathie.
Il était beau comme le jour,
Quand j'avais le jour, la lumière,
La liberté, l'air et l'amour
Des tendres aiglons ; jour polaire,
Cet enfant brillant du soleil

Que couvre un blanc habit de neige,
Jour sans coucher et sans sommeil
Où l'été trône sur son siége,
Mon frère avait sa pureté
Et petillait de sa gaîté.
Ses pleurs n'étaient que pour les autres
Et ses malheurs étaient les nôtres,
Il en répandait un torrent,
Comme le ruisseau des montagnes
Coule en inondant les campagnes,
Et n'avait de soulagement
Qu'en calmant des maux dont la vue
Faisait saigner son âme émue.

V

Mon autre frère, aussi bien né,
De trempe fort, déterminé,
Mûr pour la lutte, aurait pu faire,
Intrépide, au monde la guerre,
Prêt à verser, soldat joyeux,
Le sang qui bouillait dans ses veines,
Mais non à languir dans les chaînes,
Dans leur choc sans fin, odieux;
Il dépérissait en silence.
Peut-être ai-je aussi décliné

Dans mes malheurs, en ma constance;
Contre eux je me suis mutiné,
Gardien de reliques si chères.
Des monts intrépide chasseur,
Il suivait, dans sa fougueuse ardeur,
Les loups et les biches légères.
Il eut l'abîme en ces cachots,
Dans ces fers, le pire des maux.

VI

Du château de Chillon un lac bat les murailles,
A mille pieds dessous, le Léman de ses flots
Consume avec les ans le fond de ses entrailles,
Où vient s'entre-choquer cette masse des eaux.
    C'est la mesure que la sonde,
    Plongeant en la gorge profonde,
    Constate des tours du château.
La neige en a couvert l'éblouissant créneau
Que le lac en tous sens de sa vague couronne,
L'inaccessible mur, le flot qui l'emprisonne,
Ont par ces deux remparts fait un double cachot,
De l'antique Chillon autre et vivant tombeau.
    Ici du lac sous la surface
    Et sous la voûte où nous gisons,
    Dans ses horreurs nous entendons

Le fracas de l'énorme masse
De l'eau qui vagit, clapotant
La nuit, le jour, à chaque instant,
Faisant retentir sur nos têtes
Le bruit de ses sourdes tempêtes.
L'hiver souvent me fit sentir
L'onde qui venait rejaillir
Par les barreaux de notre cage,
Lorsque les vents impétueux
Montaient en leur folâtre rage,
S'ébattant dans le ciel joyeux.
Sous le poids immense écrasée,
La roche même était brisée ;
Calme je la sentais mouvoir,
Car j'eusse ri, dans ma souffrance,
Dans l'excès de mes maux, de voir
La mort causer ma délivrance.

VII

J'ai déjà parlé du déclin
De mon frère ainsi que du mien.
Vainqueur du cri de la nature,
Il rejetait la nourriture,
Non parce que nos aliments
Étaient grossiers ou repoussants.

Du chasseur à la rude chère
Depuis longtemps nous étions faits;
Vraiment ils ne nous touchaient guère
Ces plats destinés aux gourmets;
Le lait des chèvres des collines
S'était changé pour nous en eau
Puisée aux fanges des sentines,
Des fossés infects du château.
Nous avions le pain que trempait
Le triste captif de ses pleurs,
Depuis des siècles qu'il rampait
Dans l'antre humide des douleurs
Où l'homme enferma ses semblables
Comme des brutes misérables.
Mais à nous, à lui la rigueur
De la prison n'importait guère :
Elle n'abattait ni son cœur,
Ses forces, ni son caractère.
Mon frère même en un palais
Aurait perdu son énergie
S'il avait perdu les bienfaits
Et de l'air libre et de la vie,
Des monts le sommet argenté.
Mais déclarons la vérité,
Sans que ma langue ici s'arrête.
Mon frère à la fin dut mourir;
Je le vis, sans pouvoir tenir,

LE PRISONNIER DE CHILLON

Quand il agonisait, sa tête,
Ni de ma main toucher sa main
Mourante, après bientôt glacée.
Épuisant mes efforts en vain,
Pour que ma chaîne fût brisée,
Je la mordais en furieux,
Espérant la couper en deux.
Il mourut. J'entendis défaire
Celle de mon malheureux frère ;
On lui creusa même un tombeau
Dans le sol glacé du caveau.
Je leur adressai ma prière,
En grâce, d'inhumer le corps
Dans un coin où vient la lumière ;
Fol penser que j'avais encor,
Qui fermenta dans ma cervelle,
Qu'éteint, cet esprit libre et fier,
A son passé toujours fidèle,
Ne pourrait souffrir cet enfer.
Je m'eusse épargné ma prière :
Elle fit rire mes bourreaux.
On déposa le corps en terre
Dans cet endroit des noirs cachots.
Sans gazon, la plate surface,
Sur cet enfant de notre race,
Couvrit l'être qu'on aima tant,
Et par-dessus, sa chaîne vide

Pendit, de l'affreux homicide
Ignoble et digne monument.

VIII

Mais lui, la fleur, mon jeune frère[5],
L'enfant chéri dès le berceau
Et l'image en tout de sa mère,
Tant dans ses traits il était beau;
Cette perle de notre race,
Tout l'espoir d'un père martyr,
Que sa pensée entière embrasse,
Dernier souci, dernier plaisir,
Pour qui je réservais ma vie,
En soulageant son agonie,
Pour qu'il redevînt libre un jour,
De temps plus heureux au retour;
Lui-même aussi, nature vive,
Tout plein de sa séve native,
Jamais las, toujours sémillant,
Et dans sa gaîté pétillant,
Lui-même aussi frappé succombe;
Et, sur sa tige languissant,
Il dépérit en s'affaissant.
Fleur sèche, étiolée, il tombe.
C'est un spectacle douloureux

De voir partir une âme humaine,
N'importe comment à nos yeux,
S'évanouir de notre scène.
Je la vis s'enfuir dans le sang,
Et je la vis par l'océan,
Sur l'abîme entr'ouvert, plaintive,
Se tordre et lutter convulsive;
Je vis le moribond pécheur,
De l'agonie en la sueur,
En proie à son poignant délire,
A tout l'enfer qui le déchire,
Avec ses remords, ses terreurs.
C'étaient sans doute des horreurs.
Mon frère, sans cette torture,
Mourut d'une mort lente et sûre.
Il s'affaissa plein de douceur
Par les degrés de sa langueur,
Dans la grâce de sa faiblesse,
Sans larmes et plein de tendresse,
En regrettant ceux qu'il laissait.
Sur sa joue, hélas! fleurissait
Une fraîcheur épanouie,
De la tombe, amère ironie!
La rose et le lis altérés
S'effaçaient de son doux visage,
Comme les teintes, par degrés,
De l'arc-en-ciel après l'orage.

Son bel œil clair et transparent,
Rendait jusqu'au cachot brillant.
Il n'exprimait aucune plainte,
Pour sa vie avant l'âge éteinte.
Nuls murmures, nulles douleurs,
Sur son existence, non, même
Un mot dans la crise suprême,
Et nul regret de jours meilleurs.
Pour ranimer mon espérance,
Il m'en donnait quelque lueur.
J'étais plongé dans le silence,
Car sa perte absorbait mon cœur,
La dernière et la plus poignante.
Puis, chaque pénible soupir
De la nature défaillante,
Étouffé, vint se ralentir.
J'écoutais sans pouvoir entendre
L'angoisse de ce cœur si tendre.
J'appelle, saisi de terreur,
Et pourtant, chez moi la frayeur,
Tout en sentant qu'elle est bien vaine,
Ne veut pas suivre la raison.
J'appelle et crois entendre un son.
D'un bond puissant je romps ma chaîne,
Et vers lui je prends mon élan.
Je ne trouvai que le néant.
Dès lors, isolé, de mon gîte

Dans les ténèbres je m'agite.
Moi seul vivant, aspirant l'air
Et les miasmes de l'abîme.
Des anneaux le seul, le plus cher
Entre le gouffre et la victime,
A ma race, dernier lien,
S'est brisé, ne laissant plus rien.
Ainsi, dans la place fatale
De la caverne sépulcrale,
De respirer avaient cessé
Près de moi, l'un et l'autre frère,
L'un au-dessus, l'autre sous terre,
Et je saisis son bras glacé.
Dans cet état, roide, immobile,
Non moins glacé, gisait mon bras,
Comme du frisson du trépas.
Tout effort était inutile;
Sans force alors pour me mouvoir
Et lutter dans mon désespoir,
Je me sentais encore en vie,
Vrai sentiment de frénésie,
A l'instant même où nous savons
Que tout ce que nous chérissons,
Ne pourra plus pour nous revivre.
Ah! j'aurais bien voulu les suivre.
Comment j'évitai le trépas,
Non, vraiment, je ne le sais pas.

En perdant l'espoir de la terre,
La foi me soutenait encor,
Et cette espérance dernière,
Prévint une égoïste mort.

IX

Ce qui vint après, je l'ignore,
Et je ne le sais pas encore
Depuis, j'éprouvai tour à tour
La perte de l'air et du jour,
Et je perdis jusqu'au son même
De l'infernale obscurité,
Et dans cette crise suprême
Je contractai la dureté
De la pierre au milieu de pierres,
Sans un sentiment ni penser,
Sans conscience et n'ayant guères
De volonté pour me pousser,
Rocher stérile, inerte et nu,
Dans les brouillards, plongé, perdu.
Car tout était froid, incolore,
Sans crépuscule et sans aurore,
Sans nuit, sans jour; même à mes yeux
L'antre du cachot odieux
Perd sa lueur et toute trace.

C'est le vide absorbant l'espace.
La fixité lourde gisant
Sans lieu, sans blanc, sans noir, néant.
Pas d'étoiles dans cet abîme,
Point de terre, de fond, de temps,
Pas d'arrêt, pas de changements,
Pas de mal, de bien, pas de crime,
Point de contrastes où n'est rien.
Un silence opaque, d'airain,
Un souffle, mais souffle immobile,
Sans être la vie ou la mort,
Une mer stagnante et tranquille
D'éternelle torpeur qui dort,
D'aveugle et muette inertie,
Sans un mouvement, infinie!

X

Soudain il vint à mon cerveau [6]
Une lueur, un chant d'oiseau,
Chant de Noël et d'allégresse,
Son imprévu qui me caresse.
Ce chant interrompu cessa,
Puis il reprit, recommença.
Oh! non, jamais note pareille
Plus suave ne flatta l'oreille.

Surpris, joyeux, reconnaissant,
Je recueillis ce doux accent,
Et je sentis mes yeux se fondre
En pleurs, comme pour y répondre.
Alors ils ne pouvaient pas voir
Ni mes malheurs ni ma misère.
Bientôt mes sens du désespoir
Reprirent le cours ordinaire,
Par les degrés de tous mes maux.
Je vis les murs épais et sombres
Et le pavé de mes cachots
Fermer sur moi leurs vieilles ombres ;
Je vis le soleil comme avant
M'apporter un rayon rampant.
Mais par la crevasse et la fente
Où la lueur avait glissé,
Je vois perché l'oiseau qui chante
Plus doux et plus apprivoisé
Que sur un arbre s'il repose,
Là, bien qu'exilé sur un mur,
Agitant ses ailes d'azur,
Gazouillant mainte et mainte chose
Qu'il semblait, de sa belle voix,
Gazouiller, roucouler pour moi.
Je n'avais rien vu de semblable,
Ni ne verrai le chantre aimable
Désirant comme un compagnon

Pour vivre ensemble à l'unisson.
Il n'était pas si solitaire;
Il était venu compatir
Au pauvre délaissé sur terre
Et m'apprendre encore à sentir,
A penser, et, par sympathie,
A me rattacher à la vie,
Au tendre amour par sa chanson.
Je ne sais si c'était naguère
Que l'oisillon avait goûté
Cet air pur de la liberté,
S'il avait rompu sa barrière,
Et s'il vint exprès s'attacher
A ma cage pour y percher;
Mais connaissant trop l'esclavage,
Je ne t'aurais pas souhaité
Doux oiseau, de ma propre cage
La cruelle captivité.
Ou dans ma prison désolée
Me venait-il du paradis
Un visiteur en forme ailée?
Ah! que le ciel à mes esprits
Pardonne un penser téméraire,
Joyeux et pénible à la fois,
Que peut-être c'était d'un frère
L'ombre qui descendait sur moi.
Mais cet être qui me console,

A la fin loin de moi s'envole;
Je sais alors qu'il est mortel
Et qu'il n'appartient pas au ciel,
Car il n'eût pas voulu se taire,
Me laissant deux fois solitaire,
Abandonné, glacé, tout seul,
Comme un cadavre en son linceul,
C'est, comme au sein de l'atmosphère
La plus sereine et la plus claire,
Un nuage, du soleil pur
Offusque tout à coup l'azur;
Quand, tranchant sur sa pleine face
A la terre gaie, au ciel bleu,
Par un impitoyable jeu
Il jette une sombre grimace.

XI

Mais une révolution
Dans mes destins fut opérée;
La tendre compassion
A mes gardiens fut inspirée.
Je ne sais qui toucha leur cœur
Endurci longtemps au malheur,
Mais il en fut ainsi : brisée,
Ma chaîne lâche fut laissée

Sans anneaux ; j'eus la liberté
De parcourir de tout côté
Ma prison en avant, derrière,
En chaque sens et tout entière,
Et des sept piliers chaque jour
Je pus ainsi faire le tour.
Je reprenais aussi ma trace
Sur le sol où j'avais marché,
Craignant toujours d'avoir touché
Les saintes tombes dont la place
Au-dessus ne se voyait pas ;
Et s'il arrivait que mon pas
Vint profaner leur sépulture
Humble sous cette couche dure,
Je sentais en moi s'allourdir
L'haleine pénible et pressée,
Et, dans ma poitrine oppressée
Mon cœur tout près de défaillir.

XII

Je fis dans le mur une échelle,
Un marchepied, non pour m'aider
De ma prison à m'évader,
Car sous une forme mortelle,
Tout ce que j'avais chéri

Pour moi s'était évanoui
Et reposait sous cette terre.
La terre d'ailleurs tout entière
N'eût fait qu'élargir mes cachots,
Sans un compagnon de mes maux,
Sans un enfant et sans un père,
Rien pour partager ma misère.
Le penser vint me soulager,
Étant presque fou de songer
A la perte, hélas! de chaque être
A moi ravi. Je veux monter
Aux seuls barreaux de ma fenêtre,
Encore une fois reporter
Avec amour, de mon abîme
Mes yeux vers les monts et leur cîme.

XIII

Je vis ces monts tels qu'autrefois[7],
Qui n'ont pas changé comme moi,
Sans être altérés dans leur forme.
Je vis de neiges, de frimas
Vingt siècles sur leur masse énorme,
Leur long et large lac en bas ;
Du Rhône bleu l'onde écumeuse
S'y jeter pleine et furieuse.

J'ouïs le torrent élancé
Bondir sur le roc qu'il sillonne,
Sur le buisson épars, brisé
Par son flot qui rugit et tonne.
Des villes je vis les toits blancs,
Plus blanches les voiles mouvantes
Descendant tout le long des flancs
Des collines environnantes.
Un îlot d'aspect gracieux
Vint sourire ensuite à mes yeux
Par sa scène animée et vive;
C'était le seul en perspective,
Un pittoresque et vert îlot
De la largeur de mon cachot.
De trois grands arbres le feuillage
Y recevait sous leur ombrage
Des montagnes l'air vif et pur.
Auprès coulaient des eaux d'azur.
La jeune plante printanière
Émaillait un brillant parterre,
Au sein d'un frais bouquet de fleurs
Aux suaves parfums et couleurs.
Sous le castel le poisson brille,
Nage, et partout joyeux, frétille;
Et l'aigle monte sur le vent
Qui l'emporte en l'air s'élançant;
Il ne vola jamais plus vite,

Vers moi comme s'il eût volé.
De nouveaux pleurs viennent ensuite
Mouiller mes yeux. Je suis troublé,
Et je sens redoubler ma peine.
En ce moment j'eusse voulu
N'avoir jamais laissé ma chaîne.
Et quand je suis redescendu,
La nuit de mon séjour retombe
Sur le captif de tout son poids,
Et je crois qu'une nouvelle tombe
S'est creusée encor devant moi,
Se fermant sur la tête amie
Dont on voulait sauver la vie.
Et pourtant au fond des cachots,
Lasse du jour, de la lumière
Qui l'oppressaient, cette paupière
Eut besoin de quelque repos.

XIV

Ce put bien être des années,
Ou des mois seuls, ou des journées,
Je ne les ai jamais comptés,
Jamais je ne les ai notés,
Privé d'espoir sur ma paupière
De voir tirer ces noirs rideaux

Et de la rendre à la lumière.
Je sors enfin de ces cachots
Dont mes geôliers m'ouvrent la porte
Sans que je leur demande pourquoi,
Pour aller où? car peu m'importe,
C'était de même alors pour moi.
L'apathie après la souffrance
M'avait donné l'indifférence
D'avoir ma chaîne, ou non l'avoir,
Vivant avec mon désespoir,
Et lorsque l'on vint me surprendre,
Que tous mes fers furent rompus,
Ces murs si lourds, mais devenus
Pour le captif un ermitage,
Furent mon bien et mon partage.
Mes libérateurs imprévus
Me semblaient à peine venus
Pour m'arracher à ma demeure,
Ma seule en ce monde à cette heure.
L'araignée et moi dans ces nids,
Ces antres, nous étions amis.
J'avais épié la fileuse
Faisant sa toile ténébreuse,
Vu les souris jouer, courir
Au clair de lune, en tout l'espace,
Pourquoi donc moins qu'elles sentir?
Nous habitions la même place,

Et moi de chaque essaim le roi,
De tuer j'avais bien le droit,
Le pouvoir au moins et l'empire.
Eh bien, non! chose étrange à dire!
Nous apprîmes à vivre en paix.
Ma chaîne et moi nous étions faits
Comme à fraterniser ensemble,
Tant l'habitude qui rassemble
Et nous étreint de ses forts nœuds,
Nous commensaux des mêmes lieux,
Dans la société des hommes
Sait nous faire ce que nous sommes.
Libre enfin, quand je dois sortir
De Chillon, je pousse un soupir [8] !

FIN DU PRISONNIER DE CHILLON

NOTES

1. Cette nouvelle est fondée sur l'histoire. François de Bonnivard naquit à Seyssel en 1496, à l'époque des conflits entre le duc de Savoie et la ville de Genève, dont il épousa ardemment la cause. Deux fois prisonnier du duc de Savoie, il fut enfin détenu dans le château de Chillon, où il resta six ans, jusqu'à l'époque où les Bernois vinrent le délivrer et le rendre à Genève, sa patrie adoptive, qu'il ne cessa de servir jusqu'à sa mort, en 1570. Byron déplorant les malheurs du noble prisonnier dans ce beau poëme improvisé en 1816, a lui-même regretté ensuite de n'avoir pas assez connu ni fait ressortir ses qualités éminentes.

2. L'exemple des cheveux blanchis subitement, à la suite d'une vive douleur s'est trouvé confirmé entre autres dans l'infortunée reine Marie-Antoinette.

3. Le château de Chillon, qui s'élève sur une île du lac de Genève, fut construit au XIIe siècle par les comtes de Savoie, et servit longtemps de prison d'État contre les dissidents politiques ou religieux. Construit en pierres blanches, en face des eaux azurées du Rhône à son entrée dans le lac, il offre au voyageur un aspect gracieux qui dissimule la triste austérité de ses voûtes intérieures.

4. Les sept piliers que l'on voit encore dans cette obscure prison, et auxquels étaient enchaînés les malheureux captifs, ont suggéré au poëte l'émouvante peinture des frères de Bonnivard qui meurent sous ses yeux.

5. Le contraste des caractères est admirablement tracé. Bonnivard, sage et réfléchi quoique profondément sensible; son second frère, vif, ardent, et périssant par l'inaction forcée qui le consume; le troisième, doux et résigné, se fanant graduellement et sans plainte, comme une fleur sur sa tige desséchée.

6. L'apparition de cet oiseau est d'un effet charmant qui relève heureusement la tristesse du récit.

7. La description du château, que Bonnivard aperçoit pour la première fois dans son ensemble, est d'une vérité saisissante qui doit frapper tous les lecteurs.

8. Bonnivard, après sa délivrance, fut reçu en triomphe dans la ville de Genève, devenue, sous sa forme républicaine, le boulevard de la réforme. Il lui consacra tout le reste de sa vie, la guida par ses lumières, la calma par sa tolérance, l'enrichit de son érudition, et finit par lui léguer en mourant une bibliothèque considérable et un nom encore respecté de nos jours.

PARISINA

NOUVELLE ITALIENNE [1]

I

C'est l'heure où du fond du bocage
Le rossignol charme les bois;
C'est l'heure où dans son vif langage
L'amant a sa plus douce voix.
Les vents légers, l'onde voisine
Ont une harmonie argentine;
En s'humectant, toutes les fleurs
De la rosée ont bu les pleurs.
Au firmament les voûtes brillent
De feux étoilés qui scintillent;
Les flots sont d'un bleu plus foncé;
Les feuilles d'un vert nuancé

Ont pris une teinte plus sombre.
Dans les cieux dont s'épaissit l'ombre
S'étend au loin le clair-obscur,
Suave et sévère et grave et pur
Qui suit le jour quand il décline ;
Et sous la lune qui chemine
Le doux crépuscule pâlit,
S'efface, enfin s'évanouit.

II

Mais non, ce n'est pas pour entendre
La cascade, qu'on voit descendre
Parisina de son palais,
Et quitter ses réduits secrets ;
Ni pour contempler chaque étoile
Que va la dame sous son voile,
Ou d'Este voir les parcs fleuris,
Qu'elle s'assied sur leurs tapis.
Elle écoute bien attentive,
Mais non Philomèle plaintive,
Et son oreille cependant
Avec impatience attend
Un son non moins doux ni moins tendre.
Voici qu'un pas s'est fait entendre,
Glissant dans le feuillage épais,

Du bocage troublant la paix.
Parisina pâlit; plus vite
Son cœur ému bat et palpite.
D'accents connus bientôt le son
A murmuré dans le buisson;
Et son visage se colore,
Et son sein se soulève. Encore
Un moment; c'est le rendez-vous,
Et l'amant est à ses genoux.

III

Que leur importent dans le monde
Le vol du temps, la terre et l'onde,
Les êtres vivant dans les cieux?
Tout l'univers n'est rien pour eux.
C'est comme une nature morte,
Autour, dessus, dessous, n'importe.
C'est comme si tout est passé.
Un cœur contre l'autre pressé
Sent, existe, vit et respire.
Cet aspect seul cause un délire
Profond, pénétrant; s'il durait,
Son excès même détruirait
Le cœur à ce délire en proie,
A force de charme et de joie.

Peuvent-ils, au crime, au danger
Dans l'excès de l'amour, songer?
Quiconque a senti sa puissance
A-t-il craint dans la jouissance
Et, modérant sa passion,
Compté dans la réflexion,
Pesé ce moment de délice?
Mais il faut déja qu'il finisse
Avant de savoir au réveil
Qu'on n'aura plus ce doux sommeil.

IV

Enfin le couple illégitime
Quitte, en y reportant ses yeux,
Le lieu du bonheur et du crime,
Et ce sont leurs derniers adieux.
Fréquent soupir, baiser suprême
Où la bouche se colle à jamais,
Pendant qu'on voit éclater même
De Parisina sur les traits
Le ciel dont un jour la vengeance
La menace, comme si de loin
De chaque étoile la présence
De sa faute était le témoin.
Fréquent soupir, baiser de flamme

Les fixe encore au rendez-vous.
Dans leur âme s'épanche l'âme.
Il faut rompre ces nœuds si doux ;
Et bientôt leur cœur plein de crainte
Va, saisi d'un frisson glacial,
Emporter d'une même étreinte
L'âpre remords qui suit le mal.

V

Hugo vers son lit solitaire
S'est retiré ; mais il rêvait
Une couche, amour adultère.
Son amante doit au chevet
De son époux poser sa tête,
Sur son cœur confiant dormir.
Mais de la fièvre la tempête
Dans son propre sein vient sévir.
Le visage rouge, enflammé,
Dans ses rêves elle murmure
Un nom en secret trop aimé,
Sans l'oser dire à la nature,
Pressant son époux sur ce sein,
Qui s'agite, bat et soupire
Pour un autre laissé trop loin.
L'époux déçu dans son délire

S'éveille en cet embrassement ;
Prend pour lui-même en sa pensée
Ce soupir qui sort en dormant,
D'une âme brûlante, oppressée.
Il savoure dans son bonheur
Le délire d'une caresse
Inconnue, hélas ! à son cœur,
Et paierait même une tendresse
Due au sommeil, à ses erreurs,
Dans son transport, avec ses pleurs.

VI

Ivre, pendant qu'elle sommeille [2],
Il la serre contre son sein
En buvant avec son oreille
Chacun des mots coupés sans fin.
Mais pourquoi ce langage étrange,
Abrupte, obscur, l'a-t-il saisi,
Comme si des voix de l'archange
Tout son être avait tressailli ?
Non sans sujet ! Un son résonne,
Non moins terrible et poignant, sort
De sa bouche quand elle dort,
Que lorsqu'un jour devant le trône
De ce Dieu qui réveillera

Le prince Azo du cercueil même
Sa voix terrible tonnera
Annonçant le juge suprême.
Non sans raison! De lui la paix
Dans un son s'enfuit à jamais.
Le perfide et secret murmure
Trahit une épouse parjure,
Et d'Azo la honte en un son.
Mais quel est donc enfin ce nom?
Ah! ce nom pour lui n'est plus vague;
Résonnant sur son oreiller,
C'est le coup, le coup de la vague
Qui pousse et qui vient balayer
La planche aux brisants du rivage.
Le malheureux qui fait naufrage,
Fixé sur les pointes du roc,
Plonge, abattu du rude choc.
Ainsi d'Azo l'âme est brisée.
Et quel nom? Hugo.... sa pensée
Certes ne l'avait point prévu,
Hugo lui-même! Ah, qui l'eût cru?
L'enfant d'une femme chérie,
Le fils de sa propre folie
Et fruit de jeunes ans d'erreur,
Alors que son parjure cœur
Séduisait la fille innocente,
Cette Bianca confiante

En celui qui put abuser
La vierge et non pas l'épouser.

VII

Le prince Azo dans sa colère
Porte la main sur son poignard,
Sans le mettre à nu ; mais plus tard...
Quoique indigne de la lumière,
Ah! pouvait-il donner la mort
A cet objet si beau qui dort,
Sur sa bouche avec le sourire ?
Bien plus, il ne l'éveille pas ;
Mais sa pitié tardive est pire.
Son regard sera le trépas,
En la glaçant, s'il la réveille
De ses doux songes en sursaut,
Pour qu'à jamais elle sommeille.
La lampe alors au front d'Azo
Montre les gouttes de rosée.
Mais elle sommeillait encor,
Pendant que lui dans sa pensée
De ses jours comptait le trésor.

VIII

Et le matin il cherche, il trouve
Dans maint rapport tout ce qui prouve,
Hélas! ce qu'il craint de savoir :
Leur crime et son ignominie
Qu'il faut que chacun d'eux expie,
Et son malheur qu'il doit prévoir
Et de sa honte pour complice
Des femmes le long artifice
Qui, pour se blanchir à ses yeux,
Jette sur elle l'odieux.
Désormais nulle circonstance,
Rien ne peut plus se déguiser.
Chacune venant l'accuser,
Des faits confirme la croyance ;
Et l'oreille et le cœur d'Azo,
Dans l'excès du mal qu'il endure,
Ne demandent plus un seul mot
Pour ajouter à sa torture.

IX

D'Este et de son ancien pouvoir[3]
L'héritier, plein d'impatience,

Vient, pour mieux hâter sa vengeance,
En chambre du Conseil s'asseoir.
Du jugement il siége au trône;
Sa garde, sa cour l'environne.
Le couple criminel paraît,
Jeune, gracieux, plein d'attrait.
L'une surtout qu'elle a de charmes!
Hugo fut amené sans armes,
Un lien enchaîne sa main.
Faut-il qu'un fils, Jésus divin!
Se tienne ainsi devant son père!
Hugo pourtant de sa colère
Doit écouter le triste arrêt,
Peine terrible de l'outrage;
Mais l'accusé, quoique muet,
Soutient le choc avec courage.

X

Parisina, tremblante, attend,
Pâle et muette, sa sentence.
Quel changement depuis l'instant
Où son regard plein d'éloquence
Répandait la vie à l'entour,
Quand hauts barons à la princesse
Avec orgueil faisaient leur cour,

Quand les belles de leur maîtresse
Imitaient la voix et le port,
Affectant par un même effort
L'air et les grâces de leur reine!
Et si l'œil de la souveraine
De douleur alors eût pleuré,
De mille guerriers tous ensemble,
Qu'un seul cœur, un seul vœu rassemble,
A l'envi l'essaim eût tiré
Leurs glaives nus levés pour elle,
Jaloux d'épouser sa querelle.
Que sont-ils, qu'est-elle à présent?
Peut-elle ordonner comme avant,
Eux obéir? Tous en silence
Aujourd'hui dans l'insouciance,
Le front plissé, les yeux baissés,
D'un air glacial, les bras croisés,
De mépris la lèvre crispée,
Dames, chevaliers sont ici,
Et lui, fort de sa brave épée,
Lui Hugo, l'heureux favori,
Lui dont l'obéissante lame,
Le glaive, serait en arrêt
Avant le coup d'œil de la dame.
Ah! pour un si cher intérêt
Qu'un moment son bras se délie,
Il eût, au péril de sa vie

Déjà conquis sa liberté.
Mais le fils rival de son père,
Captif lui-même à son côté,
Ne peut la secourir en frère.
Il voit ses yeux gonflés de pleurs,
Bien moins pour ses propres alarmes
Que pour lui, que pour ses douleurs,
Et nager et se fondre en larmes ;
Sa paupière où d'un filet pur
La veine en son léger azur
Tranchait la blancheur de l'albâtre,
Appelant la bouche idolâtre,
Rouge à présent et tout en feux,
Sans les voiler charge ces yeux
Dont l'éclat sinistre et livide
Noyé de larmes se ternit,
Quand tour à tour l'orbite humide
De pleurs goutte à goutte s'emplit.

XI

Lui-même il eût pleuré sur elle,
Sans les regards fixés sur lui.
Il étouffe un chagrin rebelle,
Si son cœur l'a du moins senti.
Quoi qu'il éprouve au fond de l'âme,

Son front reste calme et serein
Comme s'il fût moulé d'airain.
Il n'ose regarder sa dame,
Il aurait honte de rougir
Devant la foule et s'attendrir.
Il pense à son passé, son crime,
A son amour illégitime,
Puis à son père, à son courroux,
A la haine des bons, de tous;
A l'état présent de sa vie,
A son sort futur, éternel,
Surtout à celui d'une amie.
Il craint de voir le froid mortel
Sur ce front que la terreur glace
Sous la conjugale menace,
Sinon des maux qu'il fit, son cœur
Trahirait le remords vengeur.

XII

Azo parla : « J'avais ma gloire
Hier même en ma femme et mon fils;
Ces rêves de courte mémoire
Ce matin sont évanouis.
Avant la fin de la journée
Azo n'en aura plus aucun.

Vivre seul est ma destinée,
Soit; de vous il n'en est pas un
Qui comme moi ne voudrait faire.
Ces liens sont brisés, non par moi,
C'en est fait, tu trahis ton père !...
Hugo, le prêtre est là pour toi,
Puis ton crime a sa récompense.
Va faire ta prière au ciel;
Des astres avant la présence;
Apprends là-haut si l'Éternel
Peut quelque jour te faire grâce.
Pour nous contenir ici-bas
Tous les deux dans son vaste espace,
Non, la terre n'existe pas,
Pour y rester ensemble une heure.
Je ne veux point te voir mourir;
Elle, je veux qu'elle demeure.
Toi, frêle objet, vois-le périr,
Et regarde tomber sa tête.
Adieu, je ne puis plus parler.
Va, cœur volage, va, coquette;
C'est toi, non moi qui fais couler
Son sang..... Si tu soutiens sa vue,
Vis joyeuse et la bienvenue. »

XIII

Le farouche Azo cependant
Se cache à ces mots le visage.
Sur son front l'artère battant
De son cœur exprime la rage,
Montrant son sang qu'on voit bouillir,
Et qui vers son cerveau reflue
Et sans règle paraît courir.
Il se baisse et sa main émue
Passe en frémissant sur ses yeux,
Voilant le trouble de son âme
Au peuple avide et curieux
Du dénoûment d'un pareil drame.
Hugo, pendant ce court récit,
Élevait sa main enchaînée :
Il demandait quelque répit,
D'un père à l'oreille indignée;
Lui, d'un silencieux aveu,
Lui permet, ainsi qu'il désire,
De satisfaire un dernier vœu
Où son juge a daigné souscrire :
— « Non, je n'ai pas peur de la mort[1],
Tu m'as vu dans mainte bataille,
Et d'un cœur ferme et d'un bras fort
Combattre d'estoc et de taille,

Et le glaive plus d'une fois
A ta cause longtemps utile,
Que m'enleva ta gent servile,
A versé plus de sang pour toi,
Avant qu'à ma main on l'arrache,
Que le mien ne teindra la hache.
Tu m'as donné, reprends le jour,
C'est un don qui ne m'a plu guère ;
Mais les torts qu'a soufferts ma mère,
Son déshonneur et son amour,
Quand tu l'as perdue et trahie,
Ne crois pas que je les oublie.
La honte est pour son rejeton ;
C'est l'héritage de mon nom.
Mais ma mère dort dans la tombe
Où sera son fils, ton rival.
Ma tête tranchée et qui tombe,
Son cœur brisé d'un sort égal,
De chez les morts viendront apprendre
Combien fidèle et combien tendre
De ta jeunesse fut l'amour,
Pour son fils quel fut ton retour.
J'avoue envers toi mon offense,
Mais tort pour tort, et mal pour mal,
Celle qui fut tienne, l'on pense,
Victime d'un orgueil fatal,
M'était dès longtemps destinée.

Tu la vis, tu la convoitas ;
Moi de naissance infortunée,
Ton crime, ah! tu me rejetas.
Indigne par cette naissance,
Au-dessous de noble alliance
Et pour jamais déshérité
De ton nom et de ta couronne.
Car mon illégitimité
D'Este me repoussait du trône.
Si j'avais eu maint jour plus long,
Comme Este, j'aurais vu mon nom
Paré d'un éclat qui l'élève.
Pour combattre j'avais un glaive,
Et j'ai toujours le même cœur,
Bien fait pour conquérir l'honneur
D'une armoirie et haute et fière
Flottant le long de la bannière
De tous ces puissants souverains
De la noble race des tiens.
L'éperon des fils de famille
N'est point celui qui le plus brille ;
Le mien a lancé mon coursier
Devant les chefs d'un rang princier,
Lorsqu'il chargeait au cri de gloire,
Au cri d'Este, au cri de victoire.
Je dédaigne de protester
En ma faveur, ou racheter

Du temps, le jour, l'heure dernière
Qui doit passer sur ma poussière.
Ces jours cruels d'affreux tourments
Ne purent durer. Ce délire
Que j'éprouvai dans ces moments,
Cet accès, il faut qu'il expire.
Mon sang est vil, vil est mon nom,
Ma naissance est abjecte et basse.
Cependant l'orgueil de ta race
Me chasse enfin de ton blason.
De toi j'ai les traits, le courage.
Tout vient de toi; c'est ton ouvrage :
Ce cœur qui ne peut s'attendrir,
C'est le tien... Pourquoi tressaillir?
Tout vient de toi, la vigueur d'âme,
Un bras d'acier, un cœur de flamme;
Naître n'est pas ton seul bienfait,
Pour moi bien plus mon père a fait,
Vois le fruit d'un amour coupable
A toi devenant tout semblable.
Je ne suis point d'âme un bâtard;
Le joug, comme toi, je l'abhorre.
Ces jours donnés, repris encore,
En peu d'instants, sans nul retard
Je n'ai pas pour eux plus d'estime
Qu'alors que de ton front la cime
Voyait mon casque altier surgir;

Quand tous deux de front dans la plaine
Nous faisions sur les monts courir
Nos légers chevaux hors d'haleine.
Le passé n'est plus. L'avenir,
Est passé, j'aurais dû mourir.
Tu fis le malheur de ma mère,
Et ma fiancée est à toi,
Je le sens, tu restes mon père,
Et toute dure qu'est ta loi,
De toi-même elle est juste encore.
Le mal qui vit mes jours éclore,
Dans la honte les voit finir.
Je vins de même et dois partir.
Le fils pécha comme le père,
Dans un il faut punir les deux.
Mon crime est pire sur la terre,
Mais Dieu devra juger entre eux ! »

XIV

Il finit agitant sa chaîne
En croisant sur son sein les bras.
Les chefs témoins de cette scène
Ont tous frémi de son fracas,
Lorsque se choquant et heurtée
Elle résonne avec éclat.

L'attention s'est reportée
Sur la belle Parisina[5].
Tous les yeux sont tournés vers elle.
Ah! pourrait-elle entendre ainsi
Calme la sentence mortelle?
Debout elle n'a que pâli,
Elle, du mal vivante cause,
D'une statue elle a la pose.
Droit, immobile son regard
Demeure ouvert, fixe, hagard.
Pas une fois cette paupière
Par le plus faible mouvement
Ne clignota sous la lumière,
Ne l'ombragea légèrement;
Son œil vitreux béant demeure,
Sous l'orbite d'azur foncé
Un cercle blanc s'était tracé;
Comme si son sang à cette heure
Dans ses veines s'était glacé.
Mais parfois une larme y roule
Lentement la goutte a glissé,
Le long du cil noir elle coule.
C'était chose à voir, sans l'ouïr,
Et quiconque a vu cette scène
S'étonne, d'une forme humaine
Que de tels pleurs aient pu sortir.
Pour parler, dans sa gorge enflée

Sa voix reste et meurt étranglée
En un son creux, elle gémit
Dans un ton seul son cœur jaillit.
Elle a cessé, puis recommence,
Et sa voix éclate et s'élance
Dans un cri perçant, prolongé,
Puis s'affaissant, elle a plongé
Inerte, inanimée à terre,
Tombant comme une lourde pierre,
Une statue au choc fatal
S'écroulant de son piédestal,
Comme un objet qui n'eut point d'âme
Plus vrai monument de la femme
D'Azo, que cet être vivant,
De passions tout palpitant,
Poussé par l'aiguillon au crime,
Élan fougueux, mais sans pouvoir
De son instinct illégitime
Souffrir l'affront, le désespoir.
Parisina pourtant respire,
Trop tôt, hélas! remise encor
De son choc et de son délire
Pareil à l'état de la mort;
Mais sa raison, c'est la démence,
Tant fut atroce sa souffrance!
Son cerveau s'ébranlant, battu
Dans chaque fibre frêle et lâche,

Comme sur un arc détendu
La flèche en languissant se lâche,
Lançait aussi sans percevoir
Au hasard, sa folle pensée,
Le passé blanc, le futur noir,
Sans règle et sans ligne tracée
En des lueurs au sol désert,
Dans le sentier, soudain éclair,
Quand à minuit l'affreux orage
Déchaîne au ciel toute sa rage.
Elle a craint, senti quelque mal
Sur son cœur comme un poids fatal,
Qui la pénètre et qui la tue,
Du péché la honte connue.
Oui, quelqu'un doit mourir... Mais qui?
Ceci pour elle est dans l'oubli.
Respire-t-elle? Est-ce la terre
Qu'elle foule encor sous ses pas?
Voit-elle en haut du ciel la sphère,
Des hommes autour? N'est-ce pas
Maint démon dont l'aspect la glace,
Au front sourcilleux de menace,
Sur celle à qui chacun ici
Si sympathique avait souri?
C'est comme un confus labyrinthe
Pour son esprit, vague, égaré
Dans un chaos d'espoir, de crainte

PARISINA

Se combattant et déchiré.
Tantôt dans les pleurs, dans le rire
La folle, extrême dans les deux,
Lutte en vain contre son délire
Et convulsif et douloureux.
A son angoisse, point de trêve
Point de réveil d'un affreux rêve.

XV

Bientôt la cloche du couvent
Dans la tour grise se balance,
Mais tristement et lentement,
A droite, à gauche, avec cadence.
Au fond du cœur vont ses accords
Et cette lugubre harmonie.
Écoutez! L'hymne pour les morts
Ou les vivants bientôt sans vie,
Pour l'âme d'un homme au trépas
Qui va mourir. L'hymne s'entonne
Et la cloche en tintement sonne
De la mort le funeste glas.
Hugo dans la prison fatale
Devant un moine agenouillé,
Sur le sol nu, la froide dalle,
Sans vêtement et dépouillé;

Chose pitoyable à la vue!
La garde à l'entour, le billot.
En avant, le bras, la main nue,
Se tient droit, tout prêt, le bourreau
Pour frapper un coup sûr, rapide,
Tâtant si la hache est solide,
Depuis qu'il aiguisa le fil
De son lourd et terrible outil,
Pendant que la foule en silence
S'assemble à l'entour en long rang,
Pour voir du fils avec vaillance
Par le père couler le sang.

XVI

C'est cette heure charmante encore
Avant le coucher du soleil,
D'un jour tragique qu'il va clore
Quand son rayon sourit vermeil
Sur une tête condamnée,
Des feux du soir illuminée.
Cependant Hugo dans le sein
Du moine pieux qui le plaint
Épanche en toute révérence
Ses péchés et sa pénitence
Et se baisse pour écouter

La sainte parole de grâce
Du prêtre qui peut acquitter
Nos fautes qu'elle absout, efface.
Et le soleil darde d'aplomb
Droit sur la tête et sur le front
Qu'agenouillé l'accusé baisse
Sur ses cheveux en noire tresse
Flottant moitié sur son col nu ;
Mais le rayon plus ardent brille
D'un sinistre éclat qui scintille
Sur la hache et son fil aigu.
Que l'heure d'adieux est amère !
Même le fort en est saisi,
Le crime est grand, la loi sévère,
Juste, mais qui n'en a frémi ?

XVII

Hugo termine sa prière,
Fils perfide, amant téméraire,
Son chapelet est répété.
Chacun des grains est bien compté.
Chacun des péchés se suppute
Avec sa vie à la minute.
On l'a dépouillé du manteau.
Des noirs cheveux, sous le ciseau

La tresse longue et lisse tombe.
L'écharpe que Parisina,
Doux gage d'amour lui donna
Ne l'ornera point dans la tombe.
Cet objet doit même être ôté,
Un bandeau voiler sa paupière !
Ah ! jamais cette indignité
N'approchera sa vue altière,
Tout sentiment en lui dompté,
Moitié revit dans sa colère,
Quand le bourreau s'est apprêté
A lui dérober la lumière,
Comme s'il craint de voir la mort.
« Non, tu dois m'ôter tout à l'heure
Mon sang, le jour, tel est mon sort.
Je suis enchaîné ; que je meure
Au moins les yeux sans un bandeau.
Frappe. » Et juste à cette parole,
La dernière, sur le billot
Il penche sa tête qui vole
Sous le coup de l'acier grinçant
Et qui roule rebondissant
En plusieurs bonds au loin derrière.
Le tronc souillé tout pantelant
Dans chaque veine ruisselant
Inonde et rougit la poussière.
Ses yeux, ses lèvres, un moment

Dans la convulsion s'agitent
Et comme s'ils vibrent, palpitent,
Bientôt fixés sans sentiment.
Comme il faut que tout homme meure
Qui pécha, Hugo sut mourir
Sans parade, à la suprême heure,
En priant et sachant souffrir.
Du prêtre acceptant l'assistance
Et du ciel sans perdre l'espoir,
Quand à genoux en pénitence
Il va de la terre émigrer.
Son père irrité, son amante,
Que lui sont-ils en ce moment?
Plus de reproche ni tourment,
Ni désespoir qui se lamente.
Point d'autre penser que le ciel,
Ni d'autre mot que la prière
Avant le silence éternel,
Sauf une parole dernière,
Quand sous la hache du bourreau
Il demandait pour toute grâce,
Seul adieu, du monde à la face,
D'être frappé sans un bandeau.

XVIII

Calme comme la bouche close
Où de la mort le sceau se pose,
La foule, immobile, d'airain,
Retient son haleine en son sein.
Pourtant chacun autour frissonne,
Un froid électrique a couru,
Quand à l'oreille au loin résonne,
Lourd, le coup mortel descendu
Sur le malheureux dont la vie
Avec son amour est finie;
Et comprimé, vient de sortir
De tous les cœurs un long soupir.
Mais nul bruit perçant ne s'élève
Que l'aigu grincement du glaive,
Étincelant comme l'éclair,
Hormis un seul qui perce l'air :
Quel est ce cri qui le déchire?
Le cri sauvage du délire
D'une mère sur son enfant [6]
Qu'un choc soudain tue et foudroie,
Jusqu'au ciel monte cet accent
D'une âme à la douleur en proie.
Au dedans du palais d'Azo
L'horrible voix est parvenue,

Tous les yeux regardent en haut,
Mais sont perdus le son, la vue.
C'était un cri de femme, hélas!
Le désespoir dans sa folie
N'eut jamais de pareils éclats.
Ce cri d'horreur et d'agonie,
Qui l'entendit dans sa pitié
Voulut que ce fût le dernier.

XIX

Hugo n'est plus. Depuis cette heure,
Nul dans la ducale demeure,
Dans le bocage ou le palais,
N'entendit, ne revit jamais
Parisina que l'on oublie,
Dans le silence ensevelie,
Comme n'ayant pas existé.
Son nom partout est rejeté
Comme sinistre ou comme infâme.
Et sur l'ordre du prince Azo
Nul n'articule ou fils ou femme.
Sans monument et sans tombeau
Leur terre n'est point consacrée,
Celle du moins du dernier mort.
Mais de son amante ignorée

Enfoui demeure le sort
Comme du cercueil la poussière.
Qu'elle ait au ciel dans un couvent
Frayé sa pénible carrière
Par le remords du pénitent,
Dans ces éternelles années
Aux pleurs, aux veilles condamnées;
Soit que le poison ou l'acier
Soient venus dans l'ombre expier
Sa passion illégitime,
Sombre amour qu'elle osa sentir;
Soit peut-être que la victime
D'un choc soudain ait pu périr,
Dans une moins lente agonie,
Comme celui, sur le billot,
Dont elle a vu trancher la vie,
Atteinte du même couteau,
D'un brisement subit de l'âme,
Déchirant dans un cœur de femme :
Nul ne peut savoir, nul ne sut
Comment l'infortunée est morte
Dans le malheur (sa fin n'importe).
Parisina naquit, mourut.

XX

Le prince Azo prit autre femme[6],
Et d'autres fils auprès de lui
Grandirent, mais moins nobles d'âme
Que le fils brave, enseveli
Et déjà séché dans la tombe,
Ou s'ils l'étaient, son air froid tombe
Et sur leur croissance a passé
Comme le plomb lourd et glacé.
Ce père en les voyant soupire,
Mais ce soupir est refoulé.
Jamais sur sa bouche un sourire;
De son cœur nuls pleurs n'ont coulé.
Sur ce front beau, large, est tracée
En profonds sillons, sa pensée,
Sillons que les secrets volcans
Du chagrin font avant le temps,
Ces cicatrices qu'en arrière
De l'âme en nous laisse la guerre.
En lui, joie et douleur, en lui
Tout est passé, tout est fini,
Sauf l'âme morte et calcinée
A la louange, au dur mépris,
Sauf sans sommeil de longues nuits,
Et sans soleil chaque journée;

Un cœur qui se fuit, sans plier
Pourtant, ni pouvoir oublier;
Qui, sous un air froid, souffre et pense,
Sent le tourment le plus intense.
L'onde qui se tourne au glaçon,
Le plus épais, le plus profond,
Ne se clora qu'à sa surface.
Au-dessous l'eau vive qui passe
Circulant sans cesse a coulé.
Le sein d'Azo qui s'est scellé
Renferme et roule des pensées
Qu'en lui la nature a fixées,
Trop fortes pour s'évanouir.
En vain nous cherchons à bannir
Les pleurs refoulés dans leur course
Lorsque luttant ils vont jaillir
En abondance de leur source.
Ces eaux du cœur qu'on croit tarir,
Les arrêter est chose vaine.
Non répandus, mais non séchés,
Ces pleurs refluent à leur fontaine,
Et plus vifs demeurent cachés
Dans leur plus secret sanctuaire,
Invisibles, mais non glacés
Dans leur source la plus amère,
Avec les accès élancés
D'une douleur sombre, infinie,

Vers les émigrés de la vie.
Azo se priva du pouvoir
De combler le vide et l'abîme
Que lui-même, bourreau victime,
Se fit, sans espérer revoir
Ces objets aux lieux où la joie
Attend tous les cœurs réunis.
Certain, mais aux regrets en proie,
Qu'un juste arrêt les a punis,
Que leur malheur fut leur ouvrage,
Il traîna pourtant son vieil âge
Misérable jusqu'au tombeau.
De l'arbre le mauvais rameau
Émondé lui rendra la vie ;
Sa séve par le fer guérie
Le fera bientôt reverdir,
Revivre entier et rajeunir
Dans toute sa vigueur sauvage.
Mais, si la foudre dans sa rage
D'un choc mortel vient à flétrir
Les verts rameaux qu'elle calcine,
Le tronc massif tombe en ruine ;
La feuille ne doit plus fleurir.

FIN DE PARISINA

NOTES

1. L'histoire tragique de Nicolas III, surnommé Azo, seigneur de Ferrare dans le xve siècle, qui découvrit la liaison coupable de Parisina, sa seconde femme, avec Hugo, son fils naturel, a fourni à Byron les couleurs d'un tableau dans lequel la grâce s'unit à la terreur.

2. L'ivresse passagère des amants, et le réveil terrible du père frappé comme au jour de la résurrection, sont peints avec une rare énergie.

3. Il est constant qu'Azo, sourd à toutes les supplications de ses amis, aima mieux exposer publiquement sa honte afin d'assouvir sa vengeance. Ce sentiment d'orgueil inflexible s'est manifesté chez plusieurs descendants de cette famille si favorisée du sort, tels qu'Alphonse II, persécuteur du Tasse.

4. La défense du jeune Hugo, que rien ne saurait justifier complétement, offre quelques rapports avec celle de don Carlos, accusé d'avoir aspiré à l'amour d'Élisabeth sa belle-mère, qui lui avait été promise pour épouse; et, quoique ce soupçon ne fût nullement fondé, il ne lui attira pas moins la fatale inimitié de Philippe II, son père.

5. L'attitude de la malheureuse princesse, son douloureux mutisme, qui n'est interrompu que par le cri déchirant qui résonne au moment où la hache tranche la vie de Hugo, sont admirablement décrits.

6. L'histoire raconte qu'Azo se remaria, qu'il eut des fils, mais que jusqu'à la tombe il fut en proie à une sombre tristesse ; juste punition de sa vengeance sanguinaire. L'acte qu'il commit avait déjà été flétri par Dante, le sévère justicier, quand il reléguait l'époux cruel de Françoise de Rimini dans le cercle de Caïn, séjour des meurtriers :

> Caina attende ch'in vita ci spense.

Malheur à ceux qui, de nos jours, voudraient prêcher ou suivre cet exemple !

BEPPO

CONTE VÉNITIEN [1]

I

C'est chose bien connue, ou du moins qui doit l'être,
Que la gent catholique, en toute nation,
Longtemps avant de voir mardi gras apparaître,
De force amusements fait sa provision,
Avant d'être dévote achète pénitence ;
De tout rang, grands, petits, n'importe la distance,
En jouant, festoyant, dansant à l'Opéra,
Se masquant, intriguant et mille *et cœtera*.

II

Quand la nuit a couvert les cieux d'un voile sombre
(Et plus du soir le voile est épais, plus il sied),

Au temps où maris moins qu'amants recherchent l'ombre,
La pruderie en cage ose lever le pied;
La sournoise gaîté, sans respirer, scintille,
Riant sous cape avec maint galant et maint drille,
On entend chantonner, crier et fredonner,
Guitariser, beugler, tempêter, bourdonner.

III

Cent costumes sont là, brillants, mais fantastiques,
Masques de tous pays, de tout âge, arlequins,
Paillasses et pierrots aux cent tours gymnastiques,
Grecs, Romains, Turcs et Juifs, Indous, Américains,
La soutane exceptée. Alors on se déguise
Sous vingt habits divers et chacun à sa guise;
Mais singer le clergé dans son rôle est un tort.
Nul n'ose; avis à toi, prends donc garde, esprit fort.

IV

Il vaudrait mieux, ma foi, marcher vêtu d'épine,
Sans un seul caleçon ou le plus léger frac,
Que du moine lancer un seul trait sur la mine;
On aurait beau jurer que l'on badine, crac!
On jette au Phlégéton, au fond de la chaudière,
En attisant le feu, l'enfant avec sa mère,

Sans messe pour tiédir le chaudron rouge, ardent,
Prêt à vous cuire, à moins d'avoir payé comptant.

V

Mais excepté ceci, mettez, veuillez m'en croire,
Ce qu'il vous plaît, pourpoint, pèlerine ou manteaux;
Ainsi que Monmouth street, des chiffonniers la foire [2],
Vous habillent à Londre en marquis, en pierrots.
En Italie aussi les fripiers ont leurs rues,
Mais de plus jolis noms elles sont revêtues,
Car, sauf Covent-Garden, on ne voit comme ça,
Dans le Royaume-Uni, pas une Piazza.

VI

On nomme cette fête, ou bien cette folie,
Carnaval; à la chair car on fait ses adieux,
Et le nom à la chose heureusement s'allie :
De poisson frais, salé, l'on vit à qui mieux mieux.
D'où vient qu'on fête ainsi l'approche du carême
Par des jeux? On ne sait; peut-être est-ce de même
Que lorsque deux amis vident en se quittant
Le coup de l'étrier et partent en trinquant.

VII

Adieu donc aux bons plats, à la table charnelle,
A maints solides mets, à l'épice, au ragoût,
Pour quarante longs jours d'abstinence mortelle,
Pour de maigres poissons et sans sauce et sans goût,
Qui causent maint fi donc ! et cris de répugnance,
Et maint vilain juron dont ma muse s'offense,
Au voyageur dressé, dès l'âge de garçon,
Au moins avec sa sauce à manger son poisson.

VIII

Ainsi, vous, connaisseurs en ce point culinaire,
Je vous conseille, avant de traverser la mer,
De dire à votre femme, amie ou cuisinière,
D'aller se promener au Strand pour acheter ;
Envoyer, si déjà l'on s'est mis en voyage,
Par moyens de transports moins sujets à dommage,
Vinaigre de Chili, soy et ketchup, ou bien,
Ciel ! durant un carême on peut mourir de faim [3].

IX

C'est-à-dire si vous, suivant la foi de Rome
Et l'usage, vouliez vivre à Rome en Romain,

Selon le vieux proverbe (en effet, là nul homme,
Dès qu'il est étranger, ne jeûne ou meurt de faim).
Et si vous, protestant, ou malade, ou bien femme,
Pour manger un ragoût voulez perdre votre âme,
Libre à vous, damnez-vous; point de mot trivial, fi!
Mais c'est le châtiment, pour ne pas dire pis.

X

Entre tous les pays où, dans le temps antique,
Le brillant carnaval était le plus joyeux,
En sérénade, bal, danse et chanson comique,
En masques, singerie, en mystère ou bien mieux,
Abondant en gaîté plus que je ne puis dire,
C'est Venise des fous qui savait le plus rire,
Et mon conte se passe alors que la cité
Fille des eaux était dans sa fleur de beauté.

XI

La dame vénitienne est encore jolie,
Œil noir, sourcils arqués et douce expression,
Telle qu'on voit des Grecs mainte exacte copie,
Mais de leurs arts anciens pâle imitation.
Aux nombreuses Vénus du Titien semblable,
(A Florence allez voir un chef-d'œuvre admirable),

Ces brillantes Vénus regardent du balcon,
Sortant comme en relief d'un tableau de Giorgion;

XII

Car sa teinte est le vrai, le beau dans son élite.
Et lorsque vous irez au palais de Manfrin,
Ce tableau, quel que soit des autres le mérite,
Est le plus précieux des bijoux de l'écrin.
Mon goût pourra répondre à votre fantaisie,
C'est ce qui de rimer pique aussi mon envie;
Il s'est peint et lui-même, et sa femme et son fils.
Quelle femme! Ah! vraiment, en elle, amour, tu vis!

XIII

Non l'amour idéal dont le peintre s'inspire
Dans ses rêves légers d'idéale beauté,
C'est bien plus : c'est l'amour, la beauté qui respire,
Qui vit et qui palpite en sa réalité;
Qu'on voudrait acheter, implorer, ravir même,
Si sans honte on pouvait le faire, tant on l'aime;
Ce visage rappelle avec douleur des traits
Que l'on vit une fois, sans les revoir jamais;

XIV

Une de ces beautés, en leurs formes légères,
Qui fixent en courant nos regards de vingt ans,
Voltigeant à l'entour. Parmi ces éphémères,
Souvent nous regrettons les parfums du printemps,
Ce charme de fraîcheur, cette grâce native
Que nous offre en passant la nymphe fugitive,
Je ne sais quoi sans nom, vagabond, inconnu,
Et comme la Pléiade en l'horizon perdu.

XV

On dit que Giorgion nous offre en sa peinture
Le type pur et vrai du sexe vénitien,
Surtout quand au balcon une femme figure
(Car parfois la beauté ressort bien mieux de loin),
Et là, de Goldoni lorsque mainte héroïne
Sort d'entre les barreaux comme une mouche fine,
Et ces minois, d'honneur, sont presque tous jolis,
Mais ils veulent surtout le montrer, c'est tant pis !

XVI

Car l'œil provoque l'œil, et d'un regard attise
Le désir, qui soudain hasarde le soupir ;

Un mot naît du soupir, et le mot autorise
La lettre qu'un mercure ose bientôt offrir.
Alors Dieu sait quel mal l'amour un jour amène,
Pour deux cœurs innocents que d'un nœud il enchaîne;
Coupables rendez-vous, avec enlèvements,
Vœux trahis, et de cœurs, de têtes brisements.

XVII

Notre Shakspeare a peint le sexe en Desdemone,
Aussi beau, mais pourtant dans sa vertu suspect,
Et de nos jours encor, de Venise à Vérone,
Les choses ont sans doute à peu près même aspect;
Excepté que, depuis, dans sa jalouse flamme,
Nul mari n'étouffa sur un soupçon sa femme,
Sa femme de vingt ans, pour avoir eu, suivant
L'usage du pays, un « cavalier servant ».

XVIII

S'ils sont toujours jaloux, leur jalousie est douce,
Et n'a point l'acabit du sang noir africain,
Du démon d'Othello que sa colère pousse
A suffoquer sa femme en un moelleux coussin;
Plus facile aujourd'hui, le bon mari, sans gêne,
Saura mieux alléger la conjugale chaîne,

Et d'une telle femme au lieu d'avoir l'ennui,
En prend bientôt une autre, ou la femme d'autrui.

XIX

Lecteur, avez-vous vu jamais une gondole⁴?
De peur que non, pour vous je vais la peindre ici.
C'est un bateau couvert fait pour la barcarolle,
Ciselé sur sa proue, épais, léger aussi,
Qui par deux gondoliers ramant sur l'onde lisse,
Et gouverné sans bruit, noir et funèbre glisse,
Véritable cercueil posé dans un canot,
Et retraite où se perd chaque fait, chaque mot.

XX

Là, le long du canal, vous les voyez par mille
Se croiser, sous le pont du Rialto passer
Nuit et jour, à tout vent, modéré, lent, agile,
Autour de maint théâtre en noir essaim glisser
Immobiles, attendre en leur funèbre pompe.
Mais tout sombres qu'ils sont, leur apparence trompe,
Elles portent plutôt les rires que l'effroi,
Comme les chars de deuil revenant d'un convoi.

XXI

Revenons à mon conte. Il est quelques années,
Trente, quarante ou plus ou moins, c'est incertain,
Le carnaval était dans son plus fort. Journées
Folles, masques, bouffons; maint démon, maint lutin.
Certaine dame alla voir la farce et la fête,
J'ignore son vrai nom ni ne m'en inquiète;
Laure nous la nommons, si ce nom-là vous plaît.
Car dans mon vers il entre et se trouve tout fait.

XXII

Elle n'était pas jeune, elle n'était pas vieille,
Ni de l'âge incertain qu'on dénomme certain,
Quoiqu'il ne soit au monde une énigme pareille,
Et je ne pus jamais par aucun art malin,
Par promesse ou par don, par larme ou par prière,
Obtenir sur ce point la plus faible lumière.
De bouche ou par écrit, nul ne voudrait donner
Un chiffre à certain âge, et c'est à se damner.

XXIII

Laure encor fraîche avait fait du temps bon usage,
Et le temps à son tour lui rendait compliment,

Et daignait la traiter avec tant d'avantage,
Qu'elle brillait partout sous son ajustement.
Une femme jolie est toujours bienvenue;
Un pli sur ce front pur était chose inconnue;
Elle était tout sourire, et son œil agaçant
Payait chaque regard d'un regard caressant.

XXIV

Laure était mariée, état vraiment commode,
L'on est plus tolérant et l'on a plus d'égard
Pour les petits faux pas; des chrétiens c'est la mode.
Mais dans le célibat une faute, un écart
(A moins qu'un bon hymen tout à propos n'arrive
Pour calmer le scandale en saison tempestive)
A l'argus aux cent yeux pourront-ils échapper?
Il faut ou l'endormir ou savoir le tromper.

XXV

Son mari naviguait soit sur l'Adriatique,
Soit sur toute autre mer, où l'on vogue en long cours,
Et puis, lorsqu'il faisait quarantaine pratique,
Sage précaution, durant quarante jours,
L'épouse gravissait le toit de son empire,
Pour de là contempler à l'aise le navire.

Il faisait le trafic avec Alep. Joseph,
Nom du marchand, devint Beppo, pour être bref.

XXVI

De l'Espagnol ayant la face basanée
Et brûlée en voyage, un port non sans grandeur,
Beppo faisait valoir sa figure tannée;
Éminemment doué de sens et de vigueur,
C'était l'homme de mer, simple et sans politesse.
Elle, de cet état sans avoir la rudesse,
D'une stricte vertu passait pour un dragon,
Forte en principe, même invincible au démon.

XXVII

Des ans s'étaient passés sans le voir reparaître;
Le navire, disaient les uns, s'était perdu,
D'autres disaient tout bas que Beppo devait être
Loin du pays natal pour cause retenu
Par son extravagance et quelques folles dettes.
Sur son retour ou non gageures s'étaient faites.
Car maint quidam souvent opinant d'un pari
De son entêtement n'est qu'en perdant guéri.

XXVIII

Leur séparation fut, dit-on, pathétique,
Comme elles sont toujours ou du moins le devraient,
Et leur pressentiment fut vraiment prophétique,
Que l'un l'autre jamais ils ne se reverraient
(Sentiment maladif, à demi poétique,
Que j'eus une ou deux fois en pareil cas critique);
Quand au bord vénitien cet infidèle époux
Laisse son Ariane, éplorée, à genoux.

XXIX

Elle attendit longtemps et versa quelques larmes,
De la veuve elle put même apprêter le deuil,
Perdit tout appétit; la nuit, en ses alarmes,
Ne dormit plus à l'aise au solitaire seuil.
Elle crut la fenêtre et les volets fragiles,
Tant contre les voleurs que les lutins agiles,
Et jugea donc prudent de se barricader
Avec un vice-époux, rien que pour la garder.

XXX

Elle choisit (et que ne choisirait la femme[5]?
Il suffit une fois de combattre ses vœux)

Jusqu'au temps où Beppo, cher objet de sa flamme,
Rapporterait la joie à ce cœur amoureux;
Elle choisit un homme, ou plutôt femmelette,
Favori du beau sexe et que le sexe traite
Pourtant du nom de sot; riche, de qualité,
Et plein dans ses plaisirs de libéralité.

XXXI

Comte il était; doué de science polie,
Jouant du violon, danseur et musicien,
Parlant français, toscan, point rare en Italie,
Où fort peu, sachez-le, parlent bon italien.
Des opéras aussi possédant la critique,
Du socque il parlait bien, du brodequin tragique;
Nul cercle ne pouvait souffrir un opéra,
Scène, chant, air, s'il eût crié : « *Seccatura?* »

XXXII

Son bravo décisif, arrêt académique,
Commandait à l'entour respect, attention.
Les violons tremblaient sous son œil despotique,
De l'archet épiant quelque distraction.
De la prima donna, l'harmonie elle-même,
Le cœur bondit, d'un bah! redoutant l'anathème;

Les bassi, soprani, même le contralto
Le voulaient à cent pieds voir sous le Rialto.

XXXIII

Des improvisateurs le patron magnanime,
Il pouvait avec art lui-même improviser,
Versifier, rimer, conter, chanter un hymne ;
Connaisseur en tableaux, virtuose à danser,
Autant qu'un Italien, bien que pour cette gloire
La France ait sûrement la palme et la victoire ;
En un mot, il primait entre cavalieros,
Et pour son valet même il semblait un héros.

XXXIV

Aussi bien qu'amoureux on le trouvait fidèle ;
De se plaindre de lui nul cœur n'eut le sujet,
Bien que parfois le sexe aime un peu la querelle,
Il n'affligea jamais un tendre et doux objet.
Son cœur pour captiver était par sa nature
Cire pour recevoir, pour garder pierre dure.
La vieille et bonne école en lui voyait l'amant
Dont les feux plus constants durent en se calmant.

XXXV

Faut-il donc s'étonner qu'une telle excellence
Eût fait tourner la tête et le cœur le plus fort,
Surtout quand d'un époux se prolongeait l'absence,
Au point que pour la loi c'était un homme mort?
Car de lui pas un mot, pas un seul gage tendre,
Depuis qu'à ses foyers il se faisait attendre.
Et certes un mari sur qui l'on ne sait rien,
Pour sûr doit être mort, et de l'être fait bien.

XXXVI

Mais, d'ailleurs, en deçà des Alpes l'on voit comme
Chaque femme (Dieu sait pourtant quel grand péché)
A la permission de posséder double homme;
Même par nulle loi cela n'est empêché.
J'ignore l'inventeur du double mariage,
Mais cavaliers servants sont là-bas en usage.
N'importe, le pire est qu'au moyen du second,
Le premier mariage est nul ou se corrompt.

XXXVII

Cicisbée est le nom qu'on donnait à cet homme;
Ce terme est devenu trivial, même indécent.

Cortejo, c'est ainsi qu'en Espagne on le nomme,
Car il y règne aussi quoique bien plus récent.
Du Pô vers le Tejo son vol qu'on voit s'étendre
Suit par-delà les mers l'essor qu'il semble prendre.
Dans la vieille Angleterre, ah! s'il allait venir,
Divorces, frais, dommage, adieu, que devenir?

XXXVIII

Je pense cependant, en toute déférence
Pour les belles qu'enrôle un chaste célibat,
Que les dames toujours auront la préférence
En conversation, tête-à-tête ou débat;
3 Et ceci je le dis sans nulle réticence.
Car femme mariée en Angleterre, en France,
Connaît à fond le monde et le traite aisément;
Naturelle, elle plaît tout naturellement.

XXXIX

Votre miss, bouton tendre, est, il est vrai charmante.
Timide à son début, roide à son premier pas,
Alarmée à tel point d'être même alarmante,
Souriant, rougissant, boudant, dans l'embarras,
Regardant sa maman, de peur d'une méprise,
Par elle ou vous, par eux, n'importe quoi, commise.

L'école se révèle en elle à chaque instant,
Elle sent la beurrée et respire l'enfant.

XL

Mais cavalier servant, c'est le terme ordinaire
Dans un cercle poli, qui sert communément
Pour nommer le sujet, l'époux surnuméraire,
Qui toujours de sa belle esclave obéissant,
Ne la quitte pas plus qu'un objet de parure.
Ce mignon, croyez-moi, n'a pas de sinécure;
On le charge du gros et du menu détail :
Il appelle les gens et porte l'éventail.

XLI

Avec tous ses défauts, je le dois pourtant dire,
Que pour moi l'Italie est un lieu ravissant;
J'aime à voir le soleil chaque jour me sourire,
La vigne non clouée aux arbres, se berçant
En festons, comme au fond d'un décor de théâtre
Où pour un drame accourt une foule idolâtre,
Lorsque le premier acte est fini par un bal,
Sous la treille empruntée au pays provençal.

XLII

J'aime à sortir le soir à cheval en automne,
Sans demander au groom s'il a pris mon manteau;
Là j'omets un usage absurde et monotone,
A ma securité le ciel offre un rideau.
Si je suis arrêté sur ma route émaillée,
Où m'invite une verte et sinueuse allée,
C'est par un char de fruits qui gémit sous le faix.
A Londres, ce serait du fumier sur haquets.

XLIII

J'aime à voir le becfigue en rôti sur ma table,
Le soleil se coucher, sûr d'un matin brillant;
Non pas dans le brouillard vacillant, pâle, instable,
Comme un œil ivre mort, de larmes ruisselant;
Mais le ciel tout à lui, quand les rayons d'aurore
Nous promettent l'azur du jour qui doit éclore,
Sans une lampe obscure, ignoble fumeron;
Lorsqu'on entend bouillir de Londres le chaudron.

XLIV

J'aime la langue aussi, baiser fondant de femme,
Gracieux nourrisson et bâtard du latin,

Dont la syllabe exhale un léger souffle, une âme,
Comme une note écrite en un fond de satin.
Chaque liquide glisse et comme le miel coule,
Et pas un seul accent péniblement ne roule
Comme les sifflements ou grognements du nord,
Dont le son guttural se tire avec effort.

XLV

J'aime la femme encor (pardonnez ma folie),
Depuis la paysanne au teint frais, rubicond,
Aux yeux larges et noirs, d'où part l'artillerie
En volée éclatante, en éloquent rayon,
Jusqu'à la grande dame au front mélancolique,
Mais clair, au regard tendre, exalté, poétique.
Le cœur parle en leur bouche et l'âme dans leurs yeux,
Doux comme le climat, et chaud comme leurs cieux.

XLVI

Ève de cet Éden, divinité vivante,
Italienne beauté, n'as-tu pas inspiré
Raphaël qui, mourant de ta flamme brûlante,
De tout ce qui du ciel peut être désiré
Ou connu, nous légua pour trésor l'héritage;
Ton passé, ton présent, comment dans le langage

Le peindre, sentant même un souffle inspirateur,
Quand ici Canova sait être créateur?

XLVII

Même avec tes défauts, oui, je t'aime, Angleterre[6],
Je l'ai dit à Calais, le jour de mes adieux.
J'aime à penser sans gêne, à parler sans me taire,
J'aime assez bien tes lois, et j'aime encore mieux
La liberté sans frein de tout dire et d'écrire,
Et l'*habeas corpus*, si nous l'avons sans rire;
J'aime encor tes débats, j'aime ton Parlement,
Si l'on y parle bien et pas trop longuement.

XLVIII

J'aime la taxe aussi, mais quand elle est légère;
J'aime un peu de charbon, s'il est à bon marché;
Une tranche de bœuf ne saurait me déplaire,
D'un pot de bière avec je ne suis pas fâché.
J'aime surtout sans pluie une belle journée,
C'est-à-dire deux mois pendant toute l'année.
Dieu donc sauve le roi, l'Église et le Régent!
Ainsi donc j'aime tout et j'aime chaque gent.

XLIX

L'armée encor sur pied, la marine dissoute,
La dette de l'État, et la mienne et l'impôt,
La réforme, la dîme et quelque banqueroute,
Et, preuve qu'on est libre, un populaire assaut;
Notre ciel nébuleux, nos femmes à la glace;
J'en oublie un grand nombre, aux autres je fais grâce.
J'aimerais nos lauriers, récemment obtenus,
Par d'autres que torys s'ils nous étaient venus.

L

A Laure revenons après ma promenade,
Car la digression, ce péché du conteur,
Par degré pour moi-même ennuyeuse et maussade,
Peut à la fin aussi déplaire à mon lecteur.
Ce lecteur indulgent, qui perdrait patience,
Et, fort peu de l'auteur ménageant l'indolence,
Cherche à savoir le fond de son intention;
Pour un poëte, c'est dure condition.

LI

Oh! que n'ai-je le don d'une plume facile,
D'écrire tout ce qui peut se lire aisément;

De gravir le Parnasse où la muse docile
Dicte de jolis vers sûrs d'applaudissement !
Pour charmer le public ma verve serait prompte
De Grèce ou de Syrie à rimer quelque conte,
Pour rendre d'occident l'exquis sentimental,
Assaisonné du beau, du pur oriental.

LII

Mais je suis un auteur de l'espèce anonyme,
Certain dandy roué, commençant à courir,
Qui, pour forger son vers, prend la première rime
Qu'en feuilletant Walker il peut y découvrir.
Faute de la trouver, j'en emprunte une pire,
Bravant trop (j'ai grand tort) du critique le rire,
De la prose je suis à moitié le pas lourd,
Mais le vers est de mode et le voici qui court.

LIII

Le comte et sa maîtresse arrangèrent leur vie
Et tous leurs plans nouveaux, qui durèrent le temps
Que dure quelquefois, en fort bonne harmonie,
Six ans de vrai bonheur, le bonheur des amants.
Sauf les accès jaloux, accès sans importance,
Car il en est fort peu dans cette circonstance

Qui, pour bouder, n'aient eu quelques légers débats,
Quels que soient les pécheurs, du plus haut au plus bas.

LIV

Au fond leur liaison était assez heureuse,
Comme le sont du moins d'illicites ardeurs,
L'amant était si tendre et la belle amoureuse,
Leurs nœuds légers! Quoi! rompre une chaîne de fleurs!
Le monde les voyait d'un œil si charitable!
Les dévots seulement les envoyaient au diable.
Le diable complaisant ne les emporta pas,
Laissant d'anciens pécheurs aux jeunes pour appâts.

LV

Mais jeunes ils étaient. Pas d'amour sans jeunesse,
Et la jeunesse aussi qu'est-elle sans amour?
Elle prête à l'amour charme, vigueur, liesse,
Cœur, âme, tout ce qui vient du divin séjour!
Mais l'amour languissant avec l'âge à chaque heure
Est chose que le temps jamais ne rend meilleure,
Et peut-être c'est là pourquoi le vieux garçon
Est sûr de devenir si jaloux sans raison.

LVI

C'était le carnaval, je le répète encore,
Trente stances plus haut quoiqu'il ait été dit,
Alors, selon l'usage, on vit s'apprêter Laure,
Comme on fait lorsqu'on va pour passer une nuit
Chez Madame Boehem, à quelque mascarade,
Acteur ou spectateur de la folle parade,
La seule différence est dans les deux pays :
Six semaines chez nous de visages vernis.

LVII

Laure, nous l'avons dit, présentait en toilette,
Autant que toute femme, un minois fort joli,
Frais comme un chérubin d'une enseigne en vedette,
Ou comme une revue, éditée aujourd'hui,
A la dernière mode avec son frontispice
Enrichi de couleurs, papier soyeux et lisse
Entre le titre et lui; car la presse autrement
Froisserait la vignette en gâtant l'ornement.

LVIII

Les voilà donc partis enfin pour la Redoute
Où l'on danse, où l'on soupe, et sans jamais cesser.

Le vrai nom est celui de bal masqué sans doute,
Mais en quoi ce nom-là peut-il intéresser?
C'est un peu le Vauxhall sur une moindre échelle,
Sauf qu'il n'est point gâté par la pluie ou la grêle.
Le monde était mêlé; cette locution
Veut dire : qui n'est pas digne d'attention.

LIX

Le monde mélangé signifie, à la lettre,
Que, hors vous, vos amis, de plus un demi-cent,
Que l'on peut saluer sans trop se compromettre,
Le reste est un amas de la vulgaire gent,
Fléau des lieux publics, et qui brave à la ronde
Effrontément les yeux d'un millier de beau monde
Des gens bien élevés, qu'ainsi l'on nomme, et moi,
Qui les connais pourtant, je ne sais trop pourquoi.

LX

La chose était ainsi, tout au moins sous la race,
Le règne florissant de nos dandys anglais.
A cette dynastie a succédé la classe
D'autres imitateurs, escortés de valets.
Qu'un jour rapidement voit décliner la vogue!
Et de mode tomber l'élégant démagogue.

Ah ! tout passe ici-bas. Le monde tourne au vent
De l'amour, de la guerre et des saisons souvent.

LXI

Napoléon vit Thor sous un marteau de glace
Écraser ses soldats, comme le baleinier
Par les durs éléments arrêté dans sa chasse,
Comme en son rudiment le novice écolier.
Il dut pourtant douter des chances de la guerre,
Et quant à la fortune, il vaut bien mieux me taire,
Que blâmer ; la peser jusqu'à l'infinité,
Me ferait croire plus en sa divinité.

LXII

Présent, passé, futur, sont gouvernés par elle,
En loterie, hymen, elle jette les dés.
Je ne saurais louer en ma faveur son zèle,
Ni décrier pourtant ses libéralités ;
Le compte n'est pas clos, et nous devons attendre
Pour le passé perdu, ce qu'elle veut me rendre.
En faisant mon bonheur, la déesse vraiment
Ne se verra troubler que pour remercîment.

LXIII

Je disais donc plus haut... Diable, ce conte glisse
Et roule incessamment, mobile entre mes doigts.
A la stance asservi, suivant son fol caprice
Je m'arrête en suspens, esclave de ses lois.
Mon vers est commencé, je ne puis trop le rompre,
Comme un chanteur public qui va sans s'interrompre,
Mais sur le ton présent, si je viens à finir,
J'en veux prendre quelque autre à mon premier loisir.

LXIV

Je disais que le couple allait à la Redoute ;
C'est un lieu que demain je compte visiter
Pour faire à mes pensers prendre quelque autre route,
Étant un peu maussade, et j'en veux emprunter
Certain grain de gaîté, devinant sous le masque
Chaque face blottie et visage fantasque.
Si par là mon chagrin un peu s'est ralenti,
Je le laisse derrière, et léger cours sans lui.

LXV

Laure à présent s'ébat dans la foule joyeuse,
Dans les yeux le sourire et le miel dans la voix,

Parle haut ou murmure, aux uns officieuse,
Aux autres des chaleurs elle se plaint parfois ;
Et sa plainte entendue, en cette promenade
Son cavalier servant lui sert la limonade ;
Qu'elle goûte, observant, médisant, critiquant,
Et plaignant mainte amie avec tout son clinquant.

LXVI

Une a de faux cheveux, et cette autre est trop peinte,
Eh ! d'où vient ce turban si terrible et si lourd ?
Cette figure pâle, ah ! se meurt, c'est ma crainte.
Cette autre à l'air commun sent un peu le faubourg.
Voyez, ce satin blanc est jaune. En mousseline,
Oh ! ce septième masque à sa perte chemine.
Un huitième paraît : ciel ! il faut reculer,
Nouveaux rois de Banquo, s'ils allaient pulluler.

LXVII

Pendant qu'elle observait ainsi chaque figure,
Sur elle les regards vinrent se diriger.
Des hommes écoutant l'éloge, doux murmure,
Laure ne voulut point avant la fin bouger.
Les femmes seulement s'étonnaient qu'à son âge,
On vît pareille cour voler sur son passage ;

Mais pour nous, animaux au goût capricieux,
Ces minois effrontés ont toujours de beaux yeux !

LXVIII

Mais moi je n'ai jamais compris pourquoi les femmes,
Ce sexe si malin... Discuterai-je ici
Un sujet qui pourrait scandaliser les dames :
La raison seulement qu'il en doive être ainsi ?
Ah ! si j'avais rabat, robe ecclésiastique,
Pour me donner du poids sur ce point drôlatique,
Je prêcherais jusqu'à forcer au Parlement
Romilly, Wilberforce à ce même argument [8].

LXIX

Ainsi, vue et voyant, Laure en riant badine,
Légère, insouciante, et jase en minaudant,
Pendant qu'avec dépit sa jalouse voisine
Voit ses airs, son triomphe, et rage en regardant.
De nobles cavaliers le cortége défile,
Passe, salue et joint son babil inutile.
Dans la foule un surtout, après elle acharné,
A la chasser de l'œil semble s'être obstiné.

LXX

C'était un Turc couleur de l'acajou rougeâtre,
Laure l'apercevant s'en réjouit d'abord,
Car le Turc est du sexe amateur idolâtre,
Quoique chez lui le sexe ait un bien triste sort.
Pauvres femmes qu'on dit comme des chiens traitées,
Et comme des chevaux aux marchés achetées.
Ils en ont quatre, ainsi par les lois on le peut;
En concubines plus, tout autant que l'on veut.

LXXI

On les clôt, on les voile, on les met sous la garde,
Sans leur laisser à peine entrevoir un cousin;
Aussi leur existence est triste et moins gaillarde
Que n'est celle chez nous du sexe féminin;
Cette reclusion fait pâlir leur visage.
Comme le Turc abhorre un vide bavardage,
Elles passent leurs jours soit à ne faire rien,
Soit à nourrir, aimer, à la toilette, au bain.

LXXII

Sans livre, là le sexe ignore la critique;
Sans plumes pour voler, Pégase musulman;

On ne surprend jamais chez lui le sel attique,
La revue ou le drame, un sermon, un roman;
Le savoir au harem ferait un joli schisme!
Par bonheur le bas bleu fuit le mahométisme,
Là point de fanfarons, pour montrer en rimant
Du poëme nouveau le passage charmant!

LXXIII

De nos vers solennels là point d'antique barde[9],
Qui pour la renommée a soixante ans pêché,
Et n'ayant qu'effleuré le poisson qu'il regarde,
Demeure obstinément à la ligne attaché :
Un triton de gougeons, héros d'un petit rôle,
Lion apprivoisé, pédant maître d'école,
Du bel esprit femelle et du barde au maillot,
Cet écho des échos, bref en un mot, un sot!

LXXIV

Un oracle parlant en phrase solennelle,
Du bien approbateur, en droit nullement bon,
La mouche bourdonnant autour de l'étincelle,
Le plus bleu des bleuets. Tourmentant sans raison,
De son éloge ou blâme, en tout égale peste ;
Se gorgeant du vil grain d'une gloire indigeste,

D'un inconnu langage informe traducteur,
Suant maint drame plat ; mauvais est le meilleur.

LXXV

On hait ces plats auteurs, auteurs, pas autre chose,
En bonnet d'âne noir et d'encre tout crasseux,
Brouillons habiles, vains, jaloux à telle dose,
Qu'on ne sait que leur dire ou bien que penser d'eux,
A moins que de souffler, enfler leur tête creuse.
Des familles de fats la plus malencontreuse
Est encor préférable à ces sots barbouilleurs,
De leurs mèches de suif intraitables moucheurs !

LXXVI

Nous en voyons plusieurs; nous voyons certains autres,
Hommes du monde, esprits sensés, intelligents,
Walter Scott, Rogers, Moore et les meilleurs des nôtres,
Qui plus loin que la plume ont encore du sens.
Mais, quant à ces enfants de la terre où nous sommes,
Ces prétendus esprits, pas même gentilshommes,
Je les laisse à leur thé, soin important du jour,
A leur club élégant, au bas bleu leur amour.

LXXVII

De ces perfections, unique, sans pareille,
La femme turque, hélas! ignore le trésor,
Une seule à ses yeux serait même merveille
Que la cloche, inconnue à la mosquée encor.
Il me semble, ma foi, qu'il serait nécessaire
De payer quelque auteur en vrai missionnaire
(Si les meilleurs projets n'échouaient pas toujours)
Pour prêcher en chrétien les dix points du discours.

LXXVIII

Pour elle la chimie avec ses gaz est nulle,
Pas de métaphysique avec ses discoureurs,
Pas de bibliothèque à l'entour qui circule,
Avec contes moraux, avec roman de mœurs,
Traités sur les devoirs, sur la vie usuelle,
Des modernes tableaux point de vue annuelle;
N'observant pas le ciel d'un œil d'opticien,
Ignorant le calcul mathématicien.

LXXIX

A Dieu si j'en rends grâce à personne il n'importe.
J'ai, vous le supposez, j'ai sans doute un sujet;

Peut-être qu'il serait peu flatteur de la sorte,
Je le réserve en prose et pour quelque autre objet.
J'ai certain goût, d'ailleurs, je crains, pour la satire,
L'âge pourtant nous porte à moins gronder qu'à rire,
Bien que par un retour assez capricieux
Après le rire on soit doublement sérieux !

LXXX

Innocence et gaîté, délectable breuvage !
Lait coupé d'eau, panade ! En ce siècle trop dur,
L'homme abreuvé de crime et nourri de carnage
Ne se contente plus d'un mélange si pur.
N'importe, tous les deux je vous aime, et pour gage,
Vous aurez tous les deux mon vote et mon suffrage !
Ah, de ce vieux Saturne et son règne divin,
Moi, je bois au retour avec du brandevin !

LXXXI

Et ma Laure, le Turc la regardait encore,
Moins en Turc qu'en chrétien il agissait ainsi ;
Comme s'il avait dit : « Madame, on vous honore,
Puisque je vous regarde, alors restez aussi. »
De ce fixe regard Laure eût été séduite,
Au mal si Laure ainsi pouvait être conduite ;

Elle avait soutenu trop bien le feu roulant
Devant cet étranger pour fuir en reculant.

LXXXII

L'aurore allait donc poindre, une heure où je conseille
A mainte dame au bal, qui danse tout le temps,
Ou bien, sans s'arrêter, d'une ardeur sans pareille,
A goûté, savouré d'autres amusements,
De songer à partir de la salle de danse
Avant que le soleil sur l'horizon s'avance,
Car, dès que les flambeaux commencent à faiblir,
Sous ses vives lueurs les beautés vont pâlir.

LXXXIII

J'ai vu maint bal brillant dans un âge prospère.
J'en épuisais la joie, et pour folle raison,
Et puis je regardais (ce n'est pas mal, j'espère),
Pour voir qui des beautés portait mieux la saison.
Et si j'en ai vu mille en leur fleur printanière,
Adorables, gardant bien longtemps l'art de plaire,
Je n'en vis qu'une après le bal qui supportât,
Tous les astres couchés, de l'aube l'incarnat.

LXXXIV

Je ne veux point trahir le nom de cette aurore,
Je pourrais cependant en faire mention,
Car c'est une beauté que tout le monde adore,
Charmant objet, de Dieu noble création.
Mais écrire des noms est trop digne de blâme;
Si l'on veut cependant trouver la belle dame,
On peut voir à Paris, ou Londre, au premier bal,
Sa joue éclipser tout d'un éclat sans égal.

LXXXV

Et Laure sentit bien que ce serait dommage
De voir le jour après sept heures sans repos;
Au milieu de la foule elle trouva fort sage
De tirer son salut et le fit à propos.
Le comte avec son châle accompagnait sa trace.
Tous deux allaient partir quand, fatale disgrâce,
Paraissent tout à coup ces gondoliers maudits,
En ces lieux qui, pour eux, devaient être interdits.

LXXXVI

Ainsi que nos cochers (les causes sont les mêmes),
Ils vont poussant, tirant avec leurs bras de fer,

Se brisant la mâchoire à force de blasphèmes,
Ils font incessamment un tapage d'enfer.
Dans Bow street la police est aux mains du constable ;
On appelle au besoin la force redoutable,
Et ce n'est, en dépit de ces précautions,
Que jurements, haros, vociférations.

LXXXVII

Le comte et Laure enfin trouvèrent leur gondole,
Qui sur le flot tranquille à leur maison glissa,
Discutant chaque danse, et même, à tour de rôle,
Tout danseur ou costume en revue y passa,
Quelque petit scandale aussi ; quand, sur la rive,
Aux marches du palais où la nacelle arrive,
Laure, assise aux côtés du cavalier servant,
Trouva le Musulman ayant pris le devant.

LXXXVIII

« Monsieur, a dit le comte, étouffant sa colère,
Votre présence ici m'impose le devoir
De savoir en ces lieux ce que vous venez faire ;
Peut-être est-ce une erreur ? Et nous allons le voir,
Je l'espère du moins. Sans plus de préambule,
Et pour votre intérêt, et sans vaine formule,

Vous m'entendez, au moins m'entendrez après coup. » —
« Monsieur, répond le Turc, une erreur ? point du tout :

LXXXIX

Cette dame est ma femme ! » En tel cas, une femme
Surprise, au premier coup peut changer de couleur,
Mais quand chez nous souvent une Anglaise se pâme,
L'Italienne bien mieux sait dominer sa peur ;
Elle invoque un moment son saint ou sa patronne,
Qui, dans son embarras jamais ne l'abandonne ;
Elle reprend ses sens sans vinaigre, sans sel,
Sans couper le lacet, comme on fait au castel.

XC

Elle dit... pas un mot. Que pouvait-elle dire ?
Le comte poliment fit entrer l'étranger,
A ce rude argument il n'eut rien à redire.
« De tels sujets dedans peuvent mieux s'arranger,
Dit-il, et n'allons pas, à la salle publique,
Donner, par notre assaut, une scène comique ;
Car tout de prime abord, de notre beau débat,
Les quolibets seraient l'unique résultat. »

XCI

On entra. Le café fut apporté, breuvage
Pris indistinctement par le Turc et chrétien,
Mais fait différemment, quoique du même usage.
« Ah! Beppo! c'est bien toi? Quel est ton nom païen[10]?
Dit Laure en reprenant ses sens et sa parole.
Grands dieux! ta barbe a cru d'une façon bien drôle!
Mais qui t'a retenu si longtemps loin de moi?
Et n'as-tu pas senti que c'était mal à toi?

XCII

T'es-tu fait vraiment Turc d'une façon complète,
As-tu donc épousé d'autres femmes que moi?
Il est vrai que leurs doigts leur servent de fourchette.
Mais que portes-tu là? Le beau châle, ma foi!
Est-ce pour moi? De porc tu fais donc abstinence?
Comment auras-tu fait, pendant ta longue absence,
Pour?... Ciel! vit-on jamais ailleurs un pareil teint?
Jaunir à ce degré! Ton foie est-il atteint?

XCIII

Cette barbe, Beppo, pour toi n'est pas jolie,
Rase-la donc avant d'être plus vieux d'un jour.

Pourquoi la portes-tu? Que dis-je, quoi, j'oublie!
Ne sens-tu pas qu'il fait plus froid en ce séjour?
Comment me trouves-tu sous ce masque comique?
Tu ne bougeras pas, de peur que la critique
Ne raconte l'histoire au public étonné.
Ah! dieux, quels cheveux courts! comme il a grisonné! »

XCIV

A ces cent questions, faites d'humeur si vive,
J'ignore la réponse. En ces lieux où jadis
Troie était florissante (est-il donc rien qui vive?),
Le marchand fait esclave avait eu pour profits
Du pain et le bâton, lorsqu'un brick de corsaire
Ayant touché ces bords sous un astre prospère,
Il entra dans leurs rangs, et, pour changer d'état,
Honnête homme équivoque, il se fit renégat.

XCV

Son métier l'enrichit; puis, avec l'opulence,
De revoir son pays il se sentit l'élan,
D'honneur, il s'en fit même un cas de conscience,
Renonçant au métier d'écumeur d'océan;
Puis, nouveau Crusoé, se trouvant solitaire,
Il nolise un vaisseau venu du peuple ibère,

Et cingle vers Corfou sur son léger tillac,
Avec douze marins et chargé de tabac.

XCVI

Avec tous ses trésors (qu'il gagna Dieu sait comme!),
Au péril de sa vie enfin il s'embarqua;
C'est le ciel, disait-il, qui protége un brave homme.
Là-dessus confiant en mer il se risqua.
Pour moi, je ne dis rien, de peur de dissidence
Dans nos opinions. Le navire, en partance,
Mit la voile et vogua, le vent toujours fort bon,
Sauf trois jours seuls de calme en face du cap Bon.

XCVII

Il aborde dans l'île, et, sans cérémonie,
Transporte marchandise et lui-même et ses fonds,
Se déclarant partout un marchand de Turquie,
Étiquetant ses biens, dont j'oubliai les noms.
Enfin par cette ruse il se tira d'affaire,
Autrement la justice aurait pu s'en défaire;
C'est ainsi qu'à Venise un jour il débarqua,
Où femme, nom, maison, tout il revendiqua.

XCVIII

Par sa femme repris, reblanchi par l'Église,
Qu'il sait concilier par un joli présent,
Il dépouille à la fin l'habit qui le déguise ;
Du comte il emprunta les chausses en passant.
Ses amis encor plus prisèrent son absence,
Puisqu'il les régalait avec magnificence
De dîners où riait à ses frais l'amitié,
De maint conte où je crois à peine la moitié !

XCIX

Tout ce qu'il souffrit jeune, il sut, dans le vieil âge,
Le réparer avec de l'argent, des discours.
Laure eut beau quelquefois faire mauvais ménage,
Le comte et lui, dit-on, furent amis toujours.
Mais ma plume est enfin au bout de ce grimoire ;
Ma page est achevée. Ici finit l'histoire
Qui dut finir plus tôt. Mettez-vous à conter,
Savez-vous où jamais il faut vous arrêter ?

FIN DE BEPPO

NOTES

1. Après l'extrême rigueur vient l'indulgence extrême. Byron, qui vient de signaler la justice inflexible du moyen âge, a voulu peindre en vers badins les folles gaîtés du carnaval et les mœurs faciles de l'Italie moderne, dont il fut témoin à Venise pendant son long séjour depuis 1817.

2. Les divers quartiers de Londres sont trop généralement connus pour qu'il soit nécessaire de les expliquer ici.

3. Le *soy*, sauce japonaise; le *ketchup*, sauce aux champignons.

4. Le poëte, dans sa piquante ironie, observe toujours la vérité des détails.

5. Portrait d'un cicisbée modèle, tel qu'on en rencontre quelquefois.

6. Dans ce spirituel contraste entre l'Italie et l'Angleterre, on doit remarquer le terme anglais *maudlin*, bizarrement employé; car il peint l'homme ivre pleurant, malgré lui, comme une Madeleine.

7. Thor, génie des orages chez les Scandinaves.

8. Orateurs anglais hautement estimés, et défenseurs des bons principes.

9. Le poëte revient ici, par un chemin détourné, à sa première satire contre les poëtes contemporains.

10. Rien de plus ingénieux que ces questions précipitées sous lesquelles l'épouse surprise cache son trouble, et prépare ainsi, comme en se jouant, l'heureux dénouement de l'aventure.

DON JUAN

ÉPISODE DE HAIDÉE[1]

II 103 Enfin du rivage on est près[2];
   Son aspect maintenant varie,
   Et par la cime des forêts
   Cette atmosphère est rafraîchie.
   Par leurs longs rameaux balancés,
   Les airs sont doucement bercés,
   Et, pour leur malade paupière
   Qu'éblouit un ciel dévorant,
   Cet éventail est un écran
   Contre la vague et la lumière.
104 Tout plaît sur ce désert de sel,
   Si vaste, terrible, éternel!
   Apre, inaccessible et sauvage,
   Sans trace humaine est le rivage,

De flots redoutables fermé.
Mais de cette terre, affamé,
Chacun y tend tout droit en face,
Bien que le brisant le menace.
Un récif les en séparait,
Son pic en saillie apparaît
Sous le bouillonnement de l'onde,
Qui d'écume en torrents l'inonde.
Vers ce lieu de débarquement,
Faute d'une meilleure berge,
On a lancé trop brusquement
La chaloupe que l'on submerge.

Dans le Guadalquivir, Juan,
Au flot natal, dès le bas âge,
Avait, baignant ses bras d'enfant,
Fait du nageur l'apprentissage,
Art qu'il mit souvent à profit;
D'après l'usage qu'il en fit,
En sachant bien le rendre utile.
Rarement nageur plus habile
Par un rival fut surpassé,
Et peut-être eût-il traversé
D'Hellespont le détroit classique,
Que nous passâmes, grand exploit
Dont parmi nous chacun se pique,
Léandre, Ekenhead et puis moi[3].

10 Ici, malgré sa défaillance,
   Quoique épuisé, l'adolescent
   A flot se roidit et s'élance,
   Contre la lame bondissant,
   Et de ses bras amaigris nage;
   Il veut, en redoublant d'efforts
   Et, rassemblant tout son courage,
   Avant la nuit gagner le bord,
   Contre lui se dressant en face.
   Le grand danger qui les menace
   Est la présence d'un requin
   Qui vient d'emporter son voisin.
   Des deux autres aucun ne nage,

15 Il atteint donc seul le rivage.
   Il ne l'aurait jamais touché
   Sans l'aviron, que dans sa chance
   Il trouva juste détaché;
   Quand son bras tombait d'impuissance,
   Il allait bientôt s'enfoncer,
   Quand le flot vint le lui pousser;
   Il le saisit, il s'y cramponne,
   Lorsque de l'onde la colonne
   Le bat rudement de ses chocs
   En le foudroyant de ses blocs.
   Sur terre enfin, en vie à peine,
   Hors des eaux il roule et se traîne;

Sans haleine, il s'est accroché
De son ongle au sable, au rocher,
De peur que la vague en furie,
Dont il vient de sauver sa vie,
Ne revienne à lui bondissant
Saisir sa proie en mugissant,
Et le plonger, insatiable,
Au tombeau béant, implacable.
Il gît où le flot l'a jeté,
Comme insensible il est resté
Sous une caverne profonde
Que ronge et bat le choc de l'onde;
De la vie ayant un seul fil,
A peine un souffle assez subtil
Pour sentir la douleur aiguë
De l'existence enfin rendue.

Dans un effort suprême et lent,
Il se relève chancelant;
Mais à cet effort il succombe,
Alors s'affaissant, il retombe
Sur son genou meurtri, saignant,
Et sur son bras faible et tremblant;
Puis vers l'océan il promène
Ses regards, de l'horrible scène
Cherchant autour les survivants,
Les compagnons de ses tourments.

Mais nul n'est là pour qu'il partage
Son sort, hors un seul sur la plage,
L'un des trois qui sont morts de faim
Deux jours avant, cherchant au loin,
Sur le sol nu, terre étrangère,
Pour son cadavre un cimetière.

10 Il est tombé sur le côté,
Et sa main, s'ouvrant, a quitté
L'aviron qui, dans leur détresse,
Servit de mât à leur adresse.
Sur le sol, penché comme un lis,
Il est gisant, les traits pâlis,
Svelte, gracieux et fragile,
Beau comme peut l'être l'argile.

11 Combien de temps il demeura
Dans cette humide léthargie,
Le jeune Juan l'ignora.
Sur une terre évanouie,
Des phases du jour, de la nuit,
Chacune en lui s'est effacée ;
Son sang congelé s'engourdit,
La sensation s'est glacée.
Comment aussi se dissipa
Cette syncope de son être ?
La conscience en échappa

Au sens qui ne la put connaître;
Il ne le sut qu'au battement
Et de son pouls et de sa veine
Qu'affecta douloureusement
Le retour sensible à la peine,
Au mouvement nerveux et vif
D'un frémissement convulsif.

Dans sa personne endolorie,
La mort, en Juan qui livrait,
Vaincue, un combat à la vie,
Non sans lutter se retirait.

Il ouvre et ferme la paupière,
La rouvre encor, car il doutait
En son vertige et sa chimère,
Dans la chaloupe s'il était.
Il s'imagine qu'il s'éveille,
Mais dans son sein la douleur veille
Pour le sommeil, c'est dans la mort
Qu'il désirait trouver le port.
Quand tout à coup s'est ranimée
Son existence accoutumée,
Il voit poindre à ses yeux flottants
Un doux minois de dix-sept ans.

Sur lui sa forme était penchée,
La bouche à la sienne attachée,
Elle essayait de lui souffler

Une vie allant s'exhaler.
La douce main de la jeunesse,
De sa plus tendre friction,
Rappelle avec une caresse,
La vitale animation.
Cette même main empressée
Baigne aussi sa tempe glacée.
Son doigt tremblant et délicat
Palpe et flatte son pouls qui bat.
Au toucher moelleux qui rappelle
La vie allant s'évanouir,
En recueillant son étincelle,
Il répond tout bas d'un soupir.

« Puis le cordial est versé, bu,
Et le manteau s'étend, se jette
Sur tout son corps à demi nu.
Un bras blanc soulève sa tête
Qui par-dessus retombe et pend,
Et l'oreiller sur qui repose
Cette tête pâle est la rose
De sa joue au teint transparent,
Dont la douce chaleur pénètre
En vivifiant tout son être.
Puis elle tord sa chevelure
Que dans l'orage furieux
Le flot inonda de saumure,

L'épiant d'un œil anxieux,
Sent le pouls qu'elle ressucite,
Et le sien aussi qui palpite.

15 Dans la grotte l'aimable enfant
Porte en ses bras l'adolescent
Avec sa suivante, l'aînée
Quoique jeune, à l'air sérieux,
De taille forte et dessinée.
Elles allumèrent les feux;
Et lorsque l'antre inaccessible,
Où jamais n'avait pénétré,
Un trait du soleil invisible,
De la flamme fut éclairé,
La vierge (elle paraissait telle)
Vint se révéler grande et belle.

16 Des médailles d'or à son front,
Où leurs miroitantes facettes
Étincelaient vives paillettes,
Pendaient à l'entour en festons
Et son épaisse chevelure
Derrière en nattes se roulait,
Et de la plus haute stature
De femme, aux talons elle allait.
En son air la fierté respire
Ainsi qu'en son déportement,

Indice du commandement,
Et dans ces lieux de son empire.
Sa chevelure était de l'or,
Ses yeux sont noirs comme la mort,
Ses cils de jais sur son visage
Font projeter un doux ombrage,
Et leur long velours sur ses traits
Forme un de ses puissants attraits,
Quand cet œil décoche à la vue,
Sous sa frange noire un regard,
Comme une flèche inattendue;
Moins vite on voit voler un dard.
Tel le serpent roulé déploie
Ses cent replis dans tout leur long,
Et darde en un trait sur sa proie
Toute sa force et son poison.

Sur son front pur le lis se joue,
Et le crépuscule vermeil
Se peint en rose sur sa joue,
Ainsi qu'au coucher du soleil.
Courte est sa lèvre, de délire
Qui fait qu'à la voir on soupire,
Car elle était formée en cœur
Et vraiment digne du sculpteur :
Engeance et race d'imposture
Qui vient profaner la nature

Après qu'un ouvrage est fini
Et l'idéal même accompli,
J'ai vu mainte beauté vivante
Surpassant en réalité
Du marbre la stupidité,
Bien plus palpable et palpitante.

Voici pourquoi je parle ainsi :
C'est une raisonnable chose
De critiquer pour juste cause.
J'ai connu certaine lady,
Une Irlandaise. L'artifice
Lui refusa toujours justice,
Je ne sais expliquer comment
Quoiqu'elle eût posé fort souvent.
Si quelque jour au temps rigide,
A la nature, à mainte ride,
Elle doit immoler ses traits,
Certe, ils détruiraient des attraits,
Des formes que n'eût méditées
Jamais la pensée en tableau
Ni que jamais n'aurait sculptées
Non moins mortel l'art du ciseau.

Telle est l'hôtesse de la grotte.
Mais sans l'espagnol vêtement,

Sans oripeaux, en simple cotte,
En moins sévère accoutrement.
Car l'Espagnole en promenade
Bannit les couleurs de parade,
Et néanmoins lorsqu'à l'entour,
Et la basquine ou la mantille,
Sur tout son gracieux contour
Flotte en feu follet qui scintille
(Une mode qui doit durer,
J'ose à mon compte l'espérer),
Sous ce costume si magique,
Elle est et folâtre et mystique.

En couleurs différant de ton
La jeune fille était vêtue.
La robe finement tissue ;
Et ses cheveux à l'abandon
Couraient bouclés sur son visage.
A travers, l'or, le diamant,
En ruisselant sur son corsage,
Étincelaient profusément.
Le point le plus fin de dentelle
Fermait son voile, et l'étincelle
A sa menotte miroitait.
Mais un contraste révoltait,
C'est que son pied mignon de neige
D'une pantoufle était chaussé,

Tout nu devant l'œil exposé,
Sans même un bas qui le protége.

12 Sa compagne lui ressemblait
Dans sa mise, non l'égalait
Pour la richesse et la matière.
Elle portait moins d'ornement
Et n'avait mis pour son douaire
Dans ses cheveux que de l'argent.
Son voile ne différait guère
Du sien que par la qualité.
Son air était ferme et sévère,
Mais avait moins de liberté;
Sa chevelure plus épaisse
Était moins longue dans sa tresse;
Tout son geste était plus actif,
Son œil moins grand, noir et plus vif.

13 Et ces deux femmes l'habillèrent
Et le nourrirent à l'envi,
En se faisant comme un défi,
Des plus tendres soins le comblèrent,
Avec mille attentions,
Délicates inventions,
Productions d'une origine
Je dois l'avouer, féminine.
Pour lui le mets assaisonné,

Par les poëtes de la fable
Rarement est mentionné,
Depuis qu'Achille sur sa table,
Dans Homère, avait ordonné,
Pour d'autres hôtes, un dîné.

De ces femmes quelle est la paire?
Je ne voudrais point vous le taire,
Car vous pourriez vous abuser,
Faire un roman, et supposer
Que ce sont deux grandes princesses
Ayant déguisé leurs altesses.
Puis je hais l'air mystérieux;
Coups de théâtre et de surprise,
Que tout auteur moderne prise.
Devant vos regards curieux
Montrons ces jeunes filles telles
Qu'elles sont vraiment, réelles.
Oui, ni plus ni moins elles sont
Et maîtresse et suivante au fond.
La première était fille unique
D'un vieillard à vie aquatique.

Jeune il avait été pêcheur [5]
Et menait encor même vie,
De commerçant spéculateur,
Avec la mer toujours unie.

Le moins honorable métier
De tant soit peu contrebandier,
Et mainte frauduleuse prise
Le firent, d'autres successeur,
Par une chance mal acquise
D'un million le possesseur.

C'était un pêcheur, comme Pierre
L'apôtre, aussi d'hommes vivants,
Et s'il le jugeait nécessaire,
Un pêcheur de vaisseaux marchands.
Il en prenait à son envie,
Des cargaisons avec saisie.
Ajoutez qu'il avait cherché
Un bénéfice véritable,
Des esclaves dans le marché,
Très-lucratif et profitable,
Servant aux Turcs des morceaux fins,
Source abondante de forts gains.

C'était un Grec qui sur son île,
Une Cyclade entre les mille,
Petite, sauvage, bâtit
Une belle maison du produit
De mainte rapine illicite.
Il y vivait en sybarite.
Dieu sait ce qu'il avait d'argent !
Ce qu'il avait versé de sang !

Un fieffé coquin, je confesse.
Mais le seul point que je connaisse,
C'était une vaste maison
A la barbaresque façon,
Pleine de dorure et peinture,
De ciselure et sculpture.

Il n'avait qu'une seule enfant,
Haidée, une riche héritière,
Entre les filles d'Orient,
Perle charmante et la première ;
Car sa dot n'était rien au prix
D'un seul même de ses souris.
Pure en sa fleur d'adolescence
Et n'ayant pas encor vingt ans,
Comme un arbre aux rameaux croissants
Elle grandit, elle s'élance,
Rejetant maint adorateur,
Mais pour en attendre un meilleur.

Une fois que sur le rivage
Et du soleil vers le coucher,
Elle s'était mise à marcher,
Elle avait trouvé sur la plage
Sous la falaise et près du bord,
Insensible, mais non pas mort,
Juan, aux moribonds semblable,
Exténué, demi-noyé,

Et dans un état misérable.
Mais étant nu, tout dépouillé.
Si sa pudeur à cette vue
S'en offensa, son âme émue
De pitié pour un étranger,
Dut l'abriter et le loger
Avec l'hospitalité la plus franche,
Pauvre mourant à la peau blanche.

Mais l'abriter, pour son salut,
Chez son père, manque le but :
C'est faire que la souris tombe
Dans la gueule même du chat.
C'est le porter en cet état
De la léthargie à la tombe.
Le bon vieillard a tant de sens,
Différent de ces braves gens,
Les Arabes, voleurs qui pillent,
Et vous dépouillant vous étrillent;
Lui dans son hospitalité
Il aurait eu le soin de rendre
A cet étranger la santé,
Puis l'ayant guéri, de le vendre.

Haidée alors juge à propos,
De concert avec sa suivante,
L'une en l'autre étant confiante,

De placer en lieu de repos
Dans le refuge de la grotte
Juan demi-mort et leur hôte.
Et, quand il ouvre ses grands yeux,
Leur charité s'accroît bien mieux,
Leur compassion est si vive
Si brûlante, empressée, active,
Qu'elle lève enfin à moitié
Du ciel lui-même la barrière,
Car saint Paul dit que la pitié
Est le péage nécessaire.

32 Elles allument de leur mieux
Un feu de toute la matière
Trouvée en la baie en poussière,
De planches d'avirons poudreux,
De tels débris de proue et poupe
Que c'était comme de l'étoupe,
Tant étaient pourris ces amas.
On voyait même de grands mâts
Réduits à l'état de béquille.
Ici, par la grâce de Dieu,
Ce genre de bois qui fourmille
Pour vingt foyers feraient du feu.
33 Il a pour couche une pelissse,
Une fourrure chaude et lisse,
Haidée ici se dégarnit

Même voulant lui faire un lit
Tendre et moelleux, pour qu'il sommeille.
Si par hasard il se réveille,
Chacune lui donne un jupon,
Promettant sa visite encore,
Et pour déjeuner à l'aurore,
OEufs et café, pain et poisson.

Elles laissent notre jeune homme
Dormir à l'aise tout son somme.
Ainsi comme un sabot il dort,
Ou bien sommeille comme un mort.
Les morts dorment au moins peut-être
Pour un temps, par provision
(Dieu seul le sait, lui le grand Être),
Et pas même une vision
Dans son lourd cerveau ne s'élève
Des maux qu'il avait traversés,
Sous le vain cauchemar d'un rêve,
Qui, quelquefois, des maux passés,
Rappelle la triste chimère,
Jusqu'à ce que dans ses erreurs,
De notre œil leurré la paupière
Se rouvre, hélas, grosse de pleurs !

Don Juan dormit donc sans rêve,
A ses souffrances faisant trève.

Puis la jeune fille avec soin
Sur l'oreiller passe la main.
Et quand elle sort de la grotte,
Regarde en arrière son hôte,
S'arrête debout un moment
En croyant qu'il l'a rappelée :
Il sommeillait profondément.
Pourtant dans son ardeur zélée
Elle s'imagina que non
Et qu'il a proféré son nom.
(Le cœur, léger dans son caprice,
Comme la langue vole et glisse.)
Mais elle oublie en cet instant
Qu'il est ignoré de Juan.

36 Pensive elle alla chez son père,
Enjoignant surtout de se taire
A Zoé, qui comprenait mieux
Que sa maîtresse sa pensée,
Ayant plus qu'elle un an ou deux,
Plus qu'elle donc sage et sensée.
Un an ou deux mis à profit,
Dont Zoé sut tirer parti
(Toute femme aussi le sait faire),
Font un âge qui peut servir
A chose utile et nécessaire
Que nature fait acquérir,

La vieille et la meilleure école
Où l'on apprend si bien son rôle.

7 Le matin vient trouver encor
Juan, dans la grotte qui dort,
Et si profondément sommeille
Que rien au monde ne l'éveille ;
Ni l'onde qui murmure auprès,
Ni le soleil perçant l'accès
De l'hospitalière retraite.
Il peut dormir tout son content,
Sans qu'aucun bruit ne l'inquiète,
Le besoin en était pressant.
Nul n'avait eu plus de misère,
Et ce qu'il avait enduré
Ne pouvait être comparé
Qu'aux vieux récits de mon grand-père [6].

38 Des deux il n'en est pas ainsi ;
Car Haidé moins calme a dormi,
Dans sa couche tout agitée,
S'éveillant vingt fois en sursaut
Et se remuant tourmentée
De cent rêves, et par l'assaut
De toutes sortes de naufrages,
Des naufragés foulant les corps,

Somptueux débris de ces plages
Qui jonchaient à l'entour les bords.
Elle éveille alors sa servante
Dès l'aube, et la fait murmurer
De la trouver si vigilante;
De son père elle fait jurer
Maint vieil esclave en tout langage,
En grec, en turc, en arménien,
Et dire, pendant qu'il enrage,
A cet accès n'entendre rien.

Haidé fait lever avec elle
Tous ses gens, et de leur réveil
Donne mainte raison fort belle,
Maint prétexte sur le soleil
Dont le rayon produit, opère,
En se couchant, en se levant,
De beaux accidents de lumière.
Oui, c'est un spectacle émouvant,
Celui de voir poindre l'aurore
Sur la montagne humide encore
De vapeurs, du jour sur le seuil,
Quand à la fois l'oiseau s'éveille,
La nuit, devant l'aube vermeille
S'en va comme un habit de deuil,
Par une veuve inconsolable
Porté pour un époux chéri,

Ou, si ce n'est pour un mari,
Pour tout autre animal semblable.

C'est un spectacle glorieux
Qu'un soleil plein et radieux ;
Je l'ai vu se lever naguère,
Je l'attendis la nuit entière,
Ce qui, nous dit tout médecin,
Abrége fort notre existence.
Or donc, pour rester fort et sain,
En bonne santé, jouissance,
Pour vous que le jour soit daté
Quand la lumière vient d'éclore.
A cent ans de longévité,
Écrivez : « J'ai vu chaque aurore »
Sur la tombe où sera gravé
Ce mot : « A quatre heures levé. »

Haidé voit le matin en face,
Elle est dans toute sa fraîcheur,
Bien que son teint porte la trace
D'une fiévreuse et vive ardeur
Qui vient, sur sa joue animée,
Par le flux du sang imprimée,
Quand affluant il court du cœur,
Et refluant tourne en rougeur.
Comme un torrent qu'en sa tempête

Une montagne coupe, arrête,
D'alpestres flots domptant l'essor
Et courbe malgré son effort,
En un lac dont les eaux bouillonnent,
En mille cercles tourbillonnent,
Ou c'est la Mer Rouge de nom,
Mais sa couleur l'est-elle? Non.

Et, du pic, la vierge insulaire
Descend, touche à peine la terre,
Puis approche d'un pas léger
La grotte, et semble voltiger;
Tandis que Phébus d'un sourire
Avec ses premiers feux s'y mire,
Et que l'aurore vient poser
Sur ses lèvres un frais baiser,
La prenant pour sa sœur jumelle.
En les voyant toutes les deux,
Vous eussiez fait juste comme elle,
Quoique sensible pour les yeux,
La jeune et palpable mortelle,
Pour nous humains un vrai modèle,
Ait l'avantage sérieux
D'un être, non pas vaporeux.

Timide, à la fois empressée,
Dans la grotte elle s'est glissée

Et reconnut que Don Juan
Dormait encor comme un enfant.
Chut! Elle s'arrête en silence,
Saisie en le voyant dormir
(Le sommeil fait parfois frémir)
Sur la pointe du pied s'avance,
Puis dans son vif empressement
L'enveloppe bien chaudement,
De sa douce main l'emmaillotte
Contre l'air glacé du matin
Dont son sang pourrait être atteint;
Et se penche alors sur son hôte,
Avec le calme de la mort,
Et tandis qu'il respire à peine,
Sur ses lèvres, pendant qu'il dort,
Sa bouche boit sa faible haleine.

44 Comme un ange sur un mourant,
Quand le mourant est un saint homme,
Elle s'appuie, et mollement
Le naufragé faisait son somme
Paisible autant qu'un bienheureux.
Zoé faisait frire des œufs
Pendant ce temps, car sans nul doute
Plus tard le jeune couple enfin
Doit déjeuner en somme toute.
Devançant ses vœux et sa faim,

Elle vide en sa prévoyance
Son panier, corne d'abondance.

Car elle sait qu'il faut nourrir
Des sentiments même à ravir,
Et que l'échappé du naufrage
Va s'éveiller en appétit.
Puis, aimant moins, elle sentit
En bâillant que le voisinage
De la mer avait refroidi
Sa veine et son sang engourdi.
Dans cet état elle fait cuire
Le déjeuner; je ne puis dire
Qu'elle leur fit ici du thé.
N'importe, elle avait apporté
Des œufs, des fruits en abondance,
Café, poisson, forte pitance
Du vin de Scio, miel excellent
Tout par amour, rien pour l'argent.

Déjeuner cuit, Zoé s'apprête
A réveiller son hôte enfin,
Mais, de sa délicate main,
Haidé tout aussitôt l'arrête
Et sur sa bouche met un doigt,
Sans un mot, signe de silence,
Que Zoé tout comme la voix

Comprend avec intelligence.
Le premier déjeuner gâté,
Un nouveau vite est apprêté;
Car de l'intéressant jeune homme,
Son hôtesse, qui veut veiller,
Défend que l'on trouble le somme,
Dût-il ne jamais s'éveiller.

Il dort toujours, et sur sa joue
Maigre, empreinte d'abattement,
Un teint rouge, empourpré se joue,
Comme un rayon de jour mourant
Sur les pics neigeux, à distance,
Des collines à l'horizon.
Son pâle front, de la souffrance
Portait encore le sillon.
Ses veines d'azur effacées
Étaient faiblement accusées.
Les boucles de ses noirs cheveux
Que chargeaient les gouttes salées,
De la grotte aux vapeurs mêlées,
Ruisselaient en flots écumeux.

Elle se penchait tout entière
Sur son sein que son sein pressait,
Comme sur celui de sa mère
L'enfant dort; et lui s'affaissait,
Semblable au saule lorsqu'à peine

Les vents font sentir leur haleine,
Tel que l'océan assoupi,
Quand l'océan est endormi,
Beau comme la fleur qui commande,
La rose, orgueil de la guirlande,
Et doux ainsi que dans son nid
Couve le tendre cygne. En somme
C'était un fort joli jeune homme,
Sauf qu'il était un peu jauni.

Il s'éveille, regarde, encore
Il va bientôt se rendormir,
Mais lorsque ses yeux vont se clore
Un beau minois venant s'offrir
L'empêche de les refermer,
Bien que le mal et la souffrance
L'eussent porté, pour les calmer
A prolonger sa somnolence.
Jamais d'un cœur insouciant
De femme il n'a vu le visage,
Même bien plus, car en priant,
Il se détournait de l'image
Des saints tout renfrognés et laids,
Martyrs à face endolorie,
Pour se fixer sur les portraits
De notre angélique Marie.
Puis sur son coude il s'appuya,

Regardant les traits de la dame,
Mêlés de pâleur et de flamme.
Quand de parler elle essaya,
Ses yeux parlaient un doux langage
Plus éloquent, persuasif
Que même son charmant ramage,
Grec, accent ionien natif,
Disant doucement à l'oreille,
Qu'après une crise pareille,
Faible qu'il est il doit songer
Non à parler, mais à manger.

51 Don Juan ne saurait comprendre,
N'étant pas Grec, le moindre mot,
Mais en retour peut bien entendre
Le gazouillement d'un oiseau.
Non jamais plus simple musique
N'eut un effet plus sympathique,
Écho charmant qui fait pleurer,
Et pourquoi? L'on doit l'ignorer.
La mélodie ici résonne,
En descendant comme d'un trône.
52 Juan regarde fasciné
Et s'imagine qu'il s'éveille
Aux sons de quelque orgue éloigné
Le berçant, pendant qu'il sommeille;
Doutant s'il n'est point un rêveur,

DON JUAN

Jusqu'à ce qu'un rêve enchanteur
Se rompe à la voix infernale
Du veilleur, aux réalités
De quelque autre cause banale,
Aux coups par un valet portés
De trop bonne heure à votre porte
(Peste! que le diable l'emporte).
J'aime le sommeil du matin,
Car la nuit est plus favorable
Pour montrer astres et lutin
Sous leur vrai jour le plus sortable.

Juan de son rêve sortit
Plutôt, s'il vous plaît, de son somme,
N'importe comment on le nomme,
Avec un vorace appétit.
Certes de Zoé la cuisine
Pour lui si délicate et fine
Avait un très-puissant fumet
Qui sur ses sens eut de l'effet,
Et puis la petillante flamme
Dont Zoé sait attiser l'âme,
A genoux pour cuire ses mets,
Avait disposé son palais
A prendre de la nourriture,
Surtout un bifteck en nature.

Mais ce serait un plat fort neuf
Aux îles qui n'ont point de bœuf,
Quand mouton ou chèvre y foisonne.
Qu'une fête leur ait souri,
Ce gros morceau qui l'assaisonne
Au jour solennel est roti
Sur la broche antique et barbare.
Mais cet événement est rare.
Certaines îles sous des rocs
Ayant une cabane à peine,
Et d'autres au sein de ces blocs
Cachent une fertile veine
D'un espace non étendu :
La nôtre avait un riche cru.....

L'Anglais, l'on sait, par caractère,
Du bœuf est un grand amateur;
Je ne parle point de la bière
Oiseuse ici dans sa liqueur.
Il est encor fou de la guerre
Plaisir, comme tous, fort coûteux.
Tels étaient les Crétois. J'infère
Qu'avec le bœuf cet art est né
Tout droit de la Pasiphaé.

Mais à la fable faisons trêve,
Don Juan languissant relève

La tête appuyée à son bras
Et voit à ses regards paraître
Ce que naguère il ne vit pas.
Son dernier repas peu champêtre
Naguère avait été cru, mais
Il voit ici trois, quatre mets
Pour lesquels il dit et rend grâce
A Dieu, sentant sa faim vorace
D'insatiable vautour.
Il mord donc chacun tour à tour
Des plats auxquels on le convie,
Avec la même frénésie
Que met à manger son festin
Prêtre, alderman, brochet, requin.

On le servit en abondance,
Il mangea sous la surveillance
De Haidé le couvant des yeux.
Une mère ne ferait mieux.
Elle l'eût nourri sans mesure,
Riant de voir manger si fort
Un homme qu'elle croyait mort.
Mais Zoé de raison plus mûre
Et d'un âge plus avancé,
Savait par son expérience,
Sans savoir lecture ou passé,
Qu'il faut nourrir avec prudence,

A la cuiller, un affamé,
Autrement il mourrait pâmé.
59   Elle exprime donc par un geste
Et par signe plus que par mots
(Car c'était un art indigeste)
Que notre intéressant héros
Pour qui sa maîtresse à cette heure
A pour descendre sur ce bord
Quitté son lit et sa demeure,
Laisse son assiette d'abord
S'il ne veut expirer sur place;
Car il a mangé pour son mal
Assez pour tuer un cheval.

60   Puis dans son état de nature,
Sauf quelques loques et chiffons
Qui lui font une faible armure
En lui servant de pantalons,
Chacune se met à l'ouvrage,
Brûle son costume indécent
Et lui donne un autre visage
En l'habillant en musulman
Ou Grec (mais il n'importe guère
Quelle en est la forme étrangère),
Omettant turban, pistolets,
Barouche et dirk, autres objets.
On fournit surtout au jeune hôte

Le nécessaire vêtement,
Mais sans couture, une culotte
Dans laquelle il flotte aisément.

La belle alors veut entreprendre
Un dialogue, mais Juan
Essaye en vain de la comprendre
Bien qu'il écoute avidement
A tel point que l'aimable fille
Sans s'arrêter parle et babille,
Et qu'elle n'eût jamais fini
D'entretenir son jeune ami,
Jusqu'à ce que prenant haleine
Elle cesse, et voit avec peine
Qu'il n'a pas compris un seul son
De son romaïque jargon.

    Puis recourant à son sourire,
Au geste, au signe, à l'œil parlant,
Elle lit ce qu'elle sait lire,
Car c'est son seul livre d'enfant,
Dans les lignes d'un beau visage
Et d'un sympathique regard ;
Obtient un éloquent langage,
La réponse, où l'âme d'un dard
Droit par les yeux parle et respire.
C'est ainsi que Haidé se mire
Dans un coup d'œil où mille mots

Sont retracés en vifs tableaux
Que sa finesse féminine
Démêle, interprète et devine.

63 Des doigts, de l'œil ingénieux,
Répétant les mots après elle,
L'élève fait un pas ou deux
Dans cette langue à lui nouvelle.
Moins par la langue que les yeux.
Comme l'observateur des cieux
Lit moins le livre et plus contemple
Les astres dans le firmament,
Ainsi Juan à cet exemple
Apprend les sons du rudiment
D'une langue vive, animée,
Et cent fois mieux son alphabet
Des yeux de Haidé, qu'il n'eût fait
D'une lettre mieux imprimée.

64 C'est un charme qu'une leçon
Que donne une belle étrangère
A son élève ou nourrisson
Avec la bouche ou la paupière;
Je veux dire quand tous les deux
Maîtresse, écolier, au bel âge
S'instruisent à la fois entre eux.
Moi, j'en ai fait l'apprentissage :

Si l'un a raison, l'autre a tort,
Bientôt survient la main qui presse
Une autre main avec tendresse,
Et peut-être un chaste baiser.
65 Là j'appris le peu que je sais,
A bégayer une parole
Ou deux dans la langue espagnole,
En turc, en grec, en italien
N'ayant pas eu de maître, rien.
Pour l'anglais je ne puis prétendre
Que je le parle, pour l'apprendre
N'ayant que les prédicateurs
Barrow, South, Tillotson, docteurs
Tous que j'étudie à grand'peine
Assidûment chaque semaine;
Et Blair, en prose professeurs
En théologie, éloquence.
Car de vers je hais les faiseurs
Et de les lire me dispense.

66 Chut! quant au sexe, ancien lion
Du monde anglais et sa fashion,
Où j'eus mon jour ainsi qu'un autre,
Ma passion comme la vôtre,
Avec le reste elle a passé.
Je pourrais bien de ma férule
Frapper le troupeau ridicule

Des sots, mais il s'est éclipsé.
Amis, ennemis, hommes, femmes,
Tout loin de moi fut emporté,
Débris éteints de vives flammes,
De ce qui lors avait été,
Rêves de ce qu'on vit paraître
Et qui ne doit plus jamais être.

Mais revenons à don Juan.
Il commence en étudiant
Par des mots nouveaux qu'il essaye,
Écoute, répète et bégaye.
Des sentiments, il en est tels,
Comme Phébus universels,
Il ne put en calmer la flamme,
Non plus qu'une nonne en son âme.
Il devint bientôt amoureux
De sa bienfaitrice si chère.
Elle aussi, vous feriez comme eux,
C'est bien là l'histoire ordinaire.
Et chaque jour à son lever,
Pour don Juan de trop bonne heure,
Car il aimait bien à rêver,
Elle arrivait dans sa demeure,
Mais seulement pour qu'elle vît
L'oiseau reposer dans son nid,
Et se bornait en ses caresses

A toucher doucement les tresses
De ses cheveux, et sans troubler
Son hôte en train de sommeiller,
Effleurant sa bouche mi-close,
Son haleine suave de rose,
De fleurs comme sur un tapis
Au souffle embaumé du midi.

Et chaque jour, à son aurore,
Ravive et fait fleurir encore
Le teint frais du convalescent,
Car dans cette humaine structure,
La santé fait tout l'agrément.
De plus, d'amour c'est la nature,
Toute l'essence et l'aliment,
Des passions le nerf et l'âme;
Le stimulant de la santé
Avec la molle oisiveté
Sont huile et poudre sur la flamme.
De Cérès, Bacchus, la leçon
Aussi sera bientôt apprise,
Car Vénus aurait le frisson
Sans eux, et sur nous nulle prise.

Lorsque Vénus remplit le cœur
Sans lui, l'amour, chose fort belle,
N'a pourtant point même valeur.

Cérès nous donne un vermicelle,
L'amour veut être soutenu,
Comme la chair par la vertu
De Bacchus, qui remplit sa coupe,
Ou de gelée offre une soupe;
Huîtres, œufs frais dans l'art d'aimer
Savent aussi nous ranimer.
Le pourvoyeur qui donc peut l'être?
Neptune, Pan, Jupin peut-être.

Mais don Juan, ainsi pourvu
De ce bien-être à lui venu,
Trouve à souhait quand il s'éveille
Prêt et servi tout à merveille :
Bain, déjeuner délicieux,
Pour l'assaisonner deux beaux yeux,
Les plus beaux pour qui puisse battre
Un jeune cœur chaud comme l'âtre.
En outre les yeux plus petits
De la suivante assez jolis.
Je l'ai dit : c'est du remplissage,
Une redite est fort peu sage.
Bref don Juan près de Haidé
Toujours empressé de se rendre,
Au sortir du bain allait prendre
Et le sorbet et le café.

42 Tous deux étaient dans la jeunesse,
L'une innocente en sa simplesse
A ce point même que le bain
A ses yeux ne passait pour rien.
Don Juan était pour Haidée,
L'être que le ciel envoyait
En ses rêves, dans son idée
Depuis deux ans, qu'elle voyait
En lui l'objet le plus aimable,
Une créature capable
De faire en tous points son bonheur
Et digne du choix de son cœur,
Et qu'elle rendrait elle-même
L'objet de ce bonheur suprême.
Partageons-le pour être heureux :
Le vrai bonheur naquit à deux.

43 C'était plaisir et jouissance
D'étendre ainsi son existence,
D'avoir la nature en commun
Et de deux cœurs ne faire qu'un.
Sous son tact léger, frémissante,
De le veiller dans son sommeil,
De l'épier à son réveil,
Tout attentive et caressante,
C'est trop pour elle d'espérer
Sa vie avec Juan passée.

Mais à présent s'en séparer !
Elle tremble à cette pensée.
Car c'est son bien que cet ami,
Épave des mers et relique,
Trésor jeté comme un débri,
Premier amour, dernier, unique.
En ses visites du matin
Haidé passa la lune entière,
Et ce rendez-vous clandestin
Est enfoui dans le mystère,
Et grâce à son extrême soin
Juan est blotti dans son coin.
Son père enfin laissant la plage,
Court à la piste de marchands,
Non pour rajeunir les vieux temps,
Ni pour ravir, comme en cet âge,
La vache de la fable Io,
Mais trois bricks allant à Scio.

Libre alors, n'ayant point de mère,
Son père absent, elle eut ainsi
Sa liberté sans borne, entière,
Autant que femme avec mari,
Ou que toute autre dans le monde
Poussant sa course vagabonde,
Sans embarras et sans avoir
Même son frère ou la famille ;

La plus libre qui du miroir
Fait grand usage, femme ou fille,
Mais dans cette comparaison,
Je ne parle ici que d'épouses
En chrétienté, sans garnison
Et sans verroux et clefs jalouses.

Elle aime à rester et jaser,
La causerie est si peu fade !
Il parle assez pour proposer
A sa belle une promenade,
Car il s'était peu promené
Depuis le jour où du naufrage
Échappant des flots au rivage,
Comme un tendre rameau fané
D'une frêle et flexible plante
Qui fut à sa tige arraché
Restant sur la grève couché.
La promenade fut charmante :
Dans le crépuscule vermeil
Il vit aux plaines de Neptune
Plongeant, se coucher le soleil
Juste vis-à-vis de la lune.

Cette âpre côte de brisants,
De pic hérissée aux versants,
Commandait une vaste plage

Qu'au loin maint bas-fonds entourait,
Et que d'écueils une forêt
Gardait, formidable et sauvage,
Avec une anse, doux foyer,
Aux naufragés hospitalier.
Là, rarement, la vague fière
Cessait son terrible tonnerre,
Sauf au sein des longs jours d'été,
Où l'océan sur sa surface
Présente, grand lac argenté,
D'un miroir la luisante glace.

La ride du flot irisé,
A peine surpassait l'écume
De votre champagne rosé
Pour vous qui petille et qui fume,
Lorsque votre verre à plein bord
Reçoit la liquide étincelle,
Et l'esprit de la mousse d'or
Dont le bouquet brille et ruisselle.
Ah! que de cœurs épanouis!
Oui, du vieux vin grand est le prix.
Prêchez, si vous êtes en veine,
Prêchez toujours, la tâche est vaine.
Rire et gaîté, femmes et le vin.
Sermons, eau de soude, à demain!....

31 La côte, c'est elle, je pense
Qu'en cet instant je décrivais,
La côte avait alors la paix
Du ciel serein et son silence :
Les sables étaient plats, gisants,
Le flot bleu restait immobile.
Sauf la mouette aux cris perçants,
Tout à l'entour était tranquille,
Tout, excepté l'agile bond
Du dauphin vif et vagabond,
Et la vague était traversée
Par quelque roc qui la froissait,
Et faiblement la repoussait
Sur la rive à peine arrosée.

32 Ils s'avancèrent hardiment,
De Haidé sans craindre le père,
Qui, je l'ai dit précédemment,
Était en voyage d'affaire.
Quant à mère, frère, tuteur,
Elle n'avait rien de la sorte,
Hormis Zoé, qui, de tout cœur,
Frappait dès l'aurore à sa porte,
Pensant que du jour pour devoir
La mission était, savoir :
Porter l'eau chaude à sa maîtresse,
De ses cheveux natter la tresse ;

Des effets par elle portés,
Demander ceux qu'elle a jetés.

33 C'était l'heure rafraîchissante
Où le soleil immense en rond
Cache sa tête éblouissante
Derrière la montagne au fond.
On dirait alors que la terre
Et la nature qu'elle enserre
De son cercle d'azur et d'or
Descendant lentement, s'abaissent,
Dans un repos profond s'affaissent,
Que tout fait silence et s'endort.
Au loin, d'un côté la colline,
Forme à l'horizon un croissant,
Et de l'autre la mer dessine
Un demi-disque; au firmament,
Jonché de roses, un point brille
Et l'œil d'une étoile scintille.

34 Ils poursuivaient donc leur chemin
En marchant la main dans la main
Sur le galet, le coquillage.
Ils glissaient sur le sable uni
Qui par le temps s'était durci
Dans chaque creux âpre et sauvage
Que la tempête avait miné

Et semblait avoir façonné
En hautes et profondes salles,
Comme si l'art l'eût travaillé,
Puis tout exprès pavé de dalles
Et d'un lit de spath ciselé
En forme de voûte et cellule.
Ils s'arrêtent dans ce réduit
Sous le charme d'un crépuscule
Dont la pourpre annonçant la nuit.
Pour le repos qui les délasse.
Le couple de ses bras s'enlace,
Spontanément jette les yeux,
Pendant ainsi qu'il se repose,
Au ciel, un océan de rose
Dont l'éclat flotte radieux;
Puis sur la mer, vaste mirage
Où Phœbé monte à l'horizon
Globe enflammé. Le clapotage
De la vague et le vent du soir,
Tout bas à l'oreille frémissent,
Tandis que de leurs yeux jaillissent
Des éclairs en élancement.
Là-dessus s'étant rapprochées,
Dans un étroit embrassement
Leurs bouches se sont attachées

Dans un long, un âcre baiser,
Baiser d'amour, baiser de l'âme,
Que la beauté sait dispenser,
Concentrant ses rayons de flamme
A ce foyer du feu sacré,
Baiser béni du premier âge,
Du cœur et des sens inspiré,
Baiser où tout notre être nage,
Où la lave court dans le sang,
Où le pouls atteste un volcan,
Lorsque chaque baiser fait battre
Le cœur tout ému quatre à quatre,
Car du vrai baiser la vigueur
Je crois consiste en la longueur.

Par longueur j'entends la durée
De cette ivresse savourée.
Quand cessa cet embrassement?
Je l'ignore; le ciel sait quand.
Sans le mesurer, leur tendresse
Se plongea dans cette caresse.
S'ils avaient voulu la compter,
Ils n'auraient pu la constater,
Analyser sa quintescence.
Ils avaient gardé le silence
Dans un intime enchantement,
Dans un muet ravissement,

Comme si quelque anneau magique
Avait d'un seul trait marié
Leur bouche et leur âme, et lié
Leur être en un fil électrique.
Unis l'un à l'autre, deux cœurs
Puisaient en eux seuls leurs délices,
Comme l'abeille unie aux fleurs
Vient tirer du miel les prémices.

Ils étaient seuls, non comme ceux
Qui s'enferment à clé chez eux.
L'on se croit ainsi solitaire.
Mais l'océan qui veut se taire,
Le golfe par l'astre éclairé,
Le doux crépuscule azuré,
Et dont la lueur diminue;
Ces monceaux de sable muets,
La grotte qui dégoutte et sue
Les font se rapprocher plus près,
Comme si sous les cieux leur vie
La seule ne pouvait finir,
Et que dans leur sphère infinie,
Ils ne devaient jamais mourir.

Sur cette plage de mystère,
Ils ne sentaient pas la terreur
De l'oreille ou l'œil téméraire,

Ni de la nuit, aucune peur;
Ils sont pour eux seuls tout un monde,
Et bien que leur discours rompu
En mots indistincts surabonde,
Leurs cœurs l'ont assez entendu.
La langue brûlante et muette
Qui jaillit de la passion,
Trouve en un soupir l'interprète
Le plus puissant en action.
De la nature, cet oracle
Dans l'Éden le premier miracle,
Le naissant et divin amour,
De la mère Ève legs céleste,
Qu'à ses filles au premier jour
A laissé sa chute funeste.

Haidé, sans calcul scrupuleux,
Ne fit ni n'attendit de vœux;
De sa foi n'offrit aucun gage,
N'entendant rien à cet usage,
De tous ces gages échangés.
Ne connaissant point les dangers
Courus par mainte jeune fille.
Donnant son cœur, simple et gentille,
Ignorance, ingénuité,
C'était toute naïveté,
Et sans éclat et sans contrôle

Vers son compagnon elle vole
Comme vole le jeune oiseau
Vers son chéri, le tourtereau.
Ne rêvant jamais de science,
De mensonge et de fausseté,
Elle ne parlait de constance
Non plus que d'infidélité.

Elle aima bien et fut chérie,
Et son tendre cœur adora ;
Suivant sa douce fantaisie,
Un autre cœur l'idolâtra.
Dans une âme coula l'autre âme.
Si les âmes pouvaient mourir,
Les leurs auraient bien dû périr
Au milieu d'un torrent de flamme.
Du couple les sens égarés
Se calment enfin par degrés
Pour éprouver un autre trouble
En un transport plus fort et double,
Et sentant son sein palpiter
Dans cette ardeur si mutuelle,
Haidé ne voulut plus quitter
Un sein qui battait si près d'elle.
Hélas ! avec tant de beauté,
Ce couple seul, jeune, sensible,
Eût avec peine résisté

A cet attrait irrésistible.
Tout combat aurait été vain
A cette heure où le cœur est plein
Et sur soi n'ayant nul empire,
Pousse à ce que l'éternité
Ne saurait même un jour dédire,
Mais paie avec sévérité
Par une grêle déchaînée
De flamme, de soufre sans fin,
Sur quiconque inflige au prochain
Peine ou plaisir, troupe damnée !

Hélas ! pour Haidée et Juan,
Un couple aimable, un couple aimant !
Jusqu'alors une telle paire,
Excepté nos premiers parents,
De Dieu provoquant la colère,
N'avait des graves châtiments
D'une peine, hélas ! éternelle,
Jamais encouru le danger.
L'enfant dévote autant que belle
Avait appris, j'ose gager
La renommée assez notoire
Du Styx, de ce fleuve infernal,
De l'enfer et du purgatoire.
Mais par un hasard trop fatal,

Juste en sa crise, de l'histoire
Elle alla perdre la mémoire.

De la lune sous la clarté
Ils se regardent : leur œil brille.
De la sensible jeune fille
Le bras d'albâtre s'est jeté
Autour de Juan qu'il enlace,
Quand le sien sur sa tête passe
Dérobé dans ses longs cheveux
Que flattent ses doigts amoureux.
Sur ses genoux elle se penche;
Assise, elle boit ses soupirs,
Lui, les siens; l'un en l'autre épanche
Ses fougueux, convulsifs désirs;
Ainsi formant un groupe antique
D'amour mi-nu, grec, artistique[7]!

Et ce brûlant transport passé,
Juan dans ses bras enlacé
S'était endormi, non pas elle,
Qui pressait d'une main fidèle
Sa chère tête sur son sein
Lui servant de moelleux coussin;
Et vers le ciel portait la vue,
Ou sur son visage pâli
Que sait réchauffer aujourd'hui

Et caresser sa gorge nue;
Appui bondissant sous ce cœur,
Qui du bonheur donné palpite,
Et de nouveau promet, invite
A goûter plaisir et bonheur.

Enfant quand il voit la lumière,
Nourrisson au sein de sa mère,
Dévot en prière au moment
Où plane le saint Sacrement,
Arabe au fils de l'étrangère
Offrant sa tente hospitalière,
Allègre au combat le marin
Qui voit la prise et le butin,
L'avare emplissant sa cassette,
Quand il empile sa recette,
Éprouvent un ravissement :
Mais non pas égal au délire
Que nous cause, que nous inspire
L'aspect d'un cher objet dormant.

Car il repose si tranquille
Plongé dans un sommeil si doux,
Sans tressaillir, presque immobile,
Ce qu'il a de vie est en nous.
Il reste là sans conscience
De tout ce qu'il a départi

De bonheur et de jouissance.
Ce qu'il a fait sentir, senti;
Même en son for le plus intime,
Comme enseveli dans l'abîme,
Échappe à l'œil du scrutateur.
Là gît l'objet que l'on adore,
Avec tout son charme enchanteur,
Qu'en ses défauts l'on aime encore,
Oubliant toutes ses erreurs,
Comme la mort sans ses terreurs.

De don Juan la douce amie
L'éveille, l'observe et l'épie.
Cette heure d'amour et de nuit,
Cet océan, désert immense,
Tout émeut, pénètre et saisit
Son âme en proie à leur puissance.
Sur le sable aride et le roc,
Elle et cet enfant que le choc
De la vague abattit, vont faire
Un doux berceau, leur sanctuaire,
Où rien ne trouble leur amour,
Où tous les astres à l'entour
Couronnant la voûte azurée,
N'ont vu sous le dôme des cieux,
Dans l'espace de l'empirée,
Aucun visage plus heureux.

Ah! l'amour des femmes, délice
En même temps qu'amer supplice.
Tout ce qu'elles ont, est jeté
Sur cette chance et sur ce dé.
S'il vient à se perdre, leur vie
Ne leur offre que moquerie,
Que l'ombre pâle du passé.
Leur vengeance sûre est semblable
Même au bond du tigre élancé,
Mortelle, prompte, inexorable.
Le coup qu'elles portent, cruel,
Leur cause un mal non moins réel;
Et leur main, qui fait la blessure,
En sent la douleur, la torture.

Cette vengeance a sa raison,
Car l'homme, aux hommes peu traitable,
Pour les femmes est implacable.
Leur seule arme est la trahison,
Leur seule foi n'est plus qu'en elle.
Instruites à dissimuler,
Leurs cœurs pour l'idole infidèle
Brisés, n'ont qu'à se désoler,
Jusqu'à ce qu'un riche caprice,
En venant acheter leur main,
En mariage les unisse.
Que reste-t-il après l'hymen?

Epoux ingrat, amant volage,
De la toilette l'attirail,
La prière, pas davantage.
Ménage, enfants, un long détail,
Les unes prennent un amant,
Ou boivent un coup en priant,
D'autres s'occupent du ménage,
D'autres en dissipation
Consument le retour de l'âge,
Courant, changeant leur goût volage,
De quelque honnête station
Sacrifiant tout l'avantage.
Car fort peu changent pour le mieux,
Et dans la sociale échelle
Leur place est anti-naturelle,
Depuis le palais ennuyeux
Jusqu'à la sordide chaumière.
L'une fait le diable vraiment;
Et, toujours désertant sa sphère,
Une autre compose un roman.

De la nature fiancée,
Haidée ignorait tout cela;
Elle n'avait qu'une pensée :
La passion. Rien au delà.
Car cette enfant passionnée
Aux climats de flamme était née,

Où le soleil darde ses feux
Sur le baiser tendre, amoureux
De ses filles, quand l'étincelle
Éclate en leurs yeux de gazelle.
Pour l'amour faite, elle sentait
Qu'elle s'était donnée entière.
De son amour au seul objet
Ce qu'il fallait ou dire ou faire
Ailleurs, pour elle n'était rien :
Ici se trouvait tout son bien,
Et son existence suprême;
Sans lui, rien à craindre, espérer,
Pour s'intéresser, désirer,
Son cœur ne battait qu'ici même.

Ah! de ce cœur le battement
Qu'il coûte cher! Son mouvement
Est chaque fois si douce chose,
Si délicieux dans sa cause,
Et dans ses intimes effets,
Que toute sagesse aux aguets,
De la joie austère ennemie,
Pour lui voler son alchimie,
Débite en vain ses vanités,
Même avec toutes ses beautés;
Si douce, que la conscience
S'évertue à nous avertir,

Rude tâche, à faire sentir
Maint beau précepte de prudence,
D'une valeur et d'un tel prix,
Que je suis tout à fait surpris
Que Castlereagh, le grand homme[8],
Ne le taxe pas d'une somme.

204 C'en était fait, c'était fini.
Sur le rivage solitaire
Un double cœur s'était uni.
L'étoile en sa brillante sphère
Était le nuptial flambeau,
A flots sur ce couple si beau
Répandant sa chaste lumière.
Pour témoin il eut l'océan,
Une grotte pour sanctuaire,
Consacrés par leur sentiment
Et par leur cœur ici le maître,
La solitude fut leur prêtre.
Ils étaient mariés, heureux,
C'est assez. Pour leurs jeunes yeux
Chacun fut un ange, et la terre,
Pour ces deux cœurs épanouis,
Couche discrète, hospitalière,
Avait été le paradis.....

Salut, ô Muse, et cætera,
Le reste se sous-entendra.
Nous laissâmes l'heureux jeune homme
Sur le plus moelleux oreiller,
Sur le plus beau sein sommeiller,
Veillé tout le temps de son somme
Par des yeux qui n'ont point connu
Encor l'amertume des larmes,
Aimé par un cœur ingénu,
Ame trop ivre de ces charmes
Pour sentir en soi pénétrer
Le poison qui vient s'infiltrer;
Pour savoir pendant qu'elle veille
Que tout près d'elle en paix sommeille
De son repos un ennemi,
Qui d'un souffle un jour a terni
Le cours de ses tendres années,
Même en leur fleur déjà fanées
Et d'un cœur pur tourné le sang
De pleurs amers en un torrent.....

Nos amants avaient le bonheur
Par l'innocence de leur cœur,
De leurs désirs dans l'indulgence,
Leur entrevue à chaque jour
Augmente aussi leur imprudence.
Haidée oublie en son amour

Que l'île appartient à son père.
Quand nous avons notre chimère
Il est bien dur de s'en passer,
Surtout avant de se blaser.
Sans perdre donc une heure chère,
Elle venait au rendez-vous,
Lorsque son papa, le vieux loup,
Explorait les mers en croisière.
Que cette spéculation
De plumer chaque nation
Ici ne semble pas étrange,
En premier ministre qu'on change
Son titre et ce sera l'impôt.
Mais lui, plus modeste en son lot,
Dans une plus secrète sphère,
Sur les hautes mers voyageur,
En son honnête ministère
Fut maritime procureur.

Par vents et flots, mainte aventure,
Par mainte importante capture,
Le bon vieux monsieur arrêté
Espérant plus, était resté
En mer, bien qu'une ou deux rafales
A ses profits assez fatales
Vinssent en passant amortir
Sa joie en voyant engloutir

Un navire, par ce bon diable
Déclaré de prise valable.

Ayant enchaîné ses captifs,
Chacun par tête et par tarifs
Il les partage et numérote,
Leur met à tous une menotte
Et, leur passe au col un carcan,
Et les destinant à l'encan,
De dix à cent dollars estime
La marchandise humaine infime.

Il en envoie à ses amis,
Au cap Matapan, les Mainottes,
Au correspondant de Tunis,
Il en dépêche sur ses côtes,
Hormis l'un de ces malheureux
Qu'à la mer sans pitié l'on jette
Comme n'étant pas de défaite,
Par la raison qu'il est trop vieux ;
Et sauf quelques captifs d'élite,
Plus riches, de bonne maison
Et d'un intrinsèque mérite
Gardés pour future rançon.
Le reste de naissance basse
Et sans distinction de classe

Est enchaîné confusément.
Le bey de Tripoli d'avance
Ayant pour un fort chargement
Fait notifier l'ordonnance.
Il classe ainsi les lots vivants
Pour divers marchés du Levant,
Sauf du butin quelques parties
Au besoin de femme assorties,
Bagage classique et léger
Tiré surtout de l'étranger;
Étoffes françaises, dentelles,
De l'excellent point de Bruxelles,
Pinces et cure-dents, plateaux
De thé, guitares, castagnettes
D'Alicante; entre tous ces lots
Il fit des portions bien nettes,
Un choix d'articles rassemblés
Avec soin par ce tendre père,
Que pour sa fille et son douaire
Sans scrupule il avait volés.

Un mâtin hollandais, bon drille,
Une guenon, deux perroquets
Doués des plus jolis caquets,
Un chat de Perse et sa famille.
Et, pour les rendre plus complets,
Il prit un terrier qu'un Anglais

Mourant, d'Ithaque sur la côte
Avait laissé. Des paysans
A ce pauvre orphelin, leur hôte,
Avaient donné des aliments.
Puis, pour abri contre l'orage
Il mit le tout dans une cage.

Il régularise avec soin
De la marine ses affaires,
Puis il répartit ses croisières,
Et son navire ayant besoin
Après la mer de se refaire,
Il le dirige du côté
Où sa fille, ange de beauté,
Poursuit sa tâche hospitalière.
Mais comme la côte en ces lieux
Était d'un aspect rocailleux,
Les récifs couvrant plus d'un mille,
Son port fut l'autre point de l'île.

Il aborde là sans arrêt,
Sans aucun agent indiscret
De douane ou de quarantaine
L'importunant de questions
De temps, séjour ou stations,
Puis il fait virer en carène

Son vaisseau que le lendemain
Il laisse. Au signal chaque main
Travaille affairée et s'est mise
A débarquer la marchandise,
Et lest, et trésor, et canon,
Enfin toute la cargaison.

Sur le sommet de la colline
Qui plane d'en haut et domine
Les murs blanchis de son foyer,
Il s'arrête... Ah ! le singulier,
L'étrange flux de la pensée
Dans l'âme émue et traversée
Du voyageur ne sachant rien,
Doutant si tout est mal ou bien.
Avec l'amour, avec la crainte,
Tous les sentiments dont l'étreinte
Nous saisit, franchissant trop tard
De nos longs jours perdus la chaîne,
D'un retour douloureux ramène
Nos cœurs à leur point de départ.

Pour un époux et pour un père
Leur approche de la maison
Après un voyage de terre
Ou maritime est de soupçon

Une cause assez naturelle.
C'est un point grave, sérieux
De retrouver femme fidèle.
Nul plus que moi n'est amoureux
Du sexe en qui j'ai confiance.
(La flatterie est sans accès
Pour lui; je ne flatte jamais.)
De leurs maris pendant l'absence,
Femmes qu'on ne peut surveiller
Deviennent vraiment plus subtiles,
Et des filles non moins fragiles
S'enfuient avec le sommeiller.....

Lambro, le procureur corsaire,
Moins expérimenté sur terre
Et sur le ferme continent,
Qu'il ne l'était sur l'océan,
Voyant fumer sa cheminée
Sentit s'épanouir son cœur.
Mais, dans sa notion bornée
Son ignorance et son erreur
De toute loi métaphysique,
En cette disposition
De toute forte émotion
Il ne connaît ni ne s'explique
La cause. Il aimait son enfant,
Et l'eût pleurée amèrement

Sans savoir de la catastrophe
La raison mieux qu'un philosophe.

Il vit au soleil ses murs blancs
Qui brillaient tout étincelants,
De son jardin l'épais ombrage;
Il entendit dans le bocage
Du ruisseau le glapissement,
Du chien lointain maint aboiement.
Mais bientôt au travers de l'ombre
Des arbres du bois frais et sombre,
Il voit des visages mouvant,
Des éclairs d'armes miroitantes,
(Chacun en porte en Orient)
Et de longues robes flottantes
Aux riches couleurs dont les tons
Jouent comme de gais papillons.

Comme il approche de la place
Où la pantomime se passe,
Tout surpris de la nouveauté
D'une apparente oisiveté,
Il entend, non point la musique
D'une sphère métaphysique,
Mais, hélas! le profane son
Si terrestre du violon,

Une harmonie à son oreille
Qui d'abord confuse a douté,
La cause étant une merveille
Énigme à sa sagacité,
Puis flageolet, tambour sonore,
Bientôt après, mais pis encore,
Rire bachique et de métal,
Mais nullement oriental.

Plus près alors quand il avance
D'un pas rapide en descendant,
Sous la branche qui se balance,
Sur la pelouse en regardant,
Entre autres signes d'évidence
De cette publique gaîté,
Il voit une troupe qui danse,
Pleine de volubilité;
Reconnaît sa gent domestique,
Comme les derviches tournant
Sur pivot, faisant la pyrrhique,
Qu'on aime tant dans le Levant.

Plus loin, des vierges de la Grèce [9]
Un groupe brille de jeunesse.
La première d'un port plus grand
Agite en l'air son mouchoir blanc,

Collier de perles qui s'enlace,
Main dans la main, pleine de grâce.
De ses cheveux d'or et cendrés
Chaque jeune fille folâtre
Laisse les longs flots égarés
Flotter sur son beau col d'albâtre.
Ah ! dix poëtes à la fois
Pour la moindre auraient le délire.
L'une chantait : prompt à sa voix,
Le reste qu'elle sait conduire
S'élance, en essaim virginal,
De la voix et du pas choral.

Autour de leurs plateaux assises,
Croisant les jambes à l'écart,
D'autres bandes s'étaient mises
A prendre leur dîner à part.
Ce qu'un repas parfait comporte,
Pilaus et mets de toute sorte
Venaient ici flatter les yeux,
Vins de Samos couleur vermeille,
Sorbets dans le vase poreux.
Sur eux, leur dessert de la treille,
Oranges, grenades pendaient,
Les fruits dans leurs seins descendaient,
Se détachant, cueillis à peine,
Tout mûrs pour l'abondante scène.

72 Un groupe d'enfants environne
Un fort bélier dont la blancheur
Égale la neige, et couronne
Ses cornes d'un feston de fleur.
Comme le tendre agneau qui tette,
Le patriarche du troupeau,
Le coryphée en ce tableau,
Paisiblement courbe la tête,
Apprivoisé, majestueux,
Mange en une main complaisante
Le morceau qu'elle lui présente,
Et baisse son front orgueilleux,
De frapper comme faisant mine;
Mais à ce jeu docile et doux,
Il recule épargnant ses coups,
Cédant à la main enfantine.

73 Du vif essaim tout sémillant
Le profil si pur et classique,
Et son costume si brillant,
La transparence séraphique
Du chérubin frais et bouffi,
Au teint de rose cramoisi
Comme une grenade fendue,
Ses cheveux en tresse épandue,
Le geste élégant, gracieux,
Et le langage de ses yeux,

Ce charme enfin de l'innocence
Qui bénit une heureuse enfance,
Tout dans ce groupe si nouveau
De petits Grecs forme un tableau.
Aussi tout observateur sage,
D'un cœur sympathique pour eux,
Soupirait qu'en devenant vieux
Ils perdissent la fleur de l'âge.

Plus loin un certain nain bouffon
Se tenait droit sur une estrade,
A des fumeurs rangés en rond
Faisant des contes en parade,
De découvertes de trésor
Caché dans le fond des vallées,
Par un prodige révélées;
De charmes pour faire de l'or
Et pour guérir les maladies
Auparavant jamais guéries;
De répliques mots étonnants
Par des Arabes charlatans;
Et de roches ensorcelées,
Sous un choc s'ouvrant descellées,
De danses magiques, d'un coup
Changeant leurs maris en coucou.

Ici n'était pas l'abstinence
Des jeux permis, jeux innocents
Pour le plaisir surtout des sens.
Musique, vin, chanson et danse,
Contes, histoires de Persans,
Et tous ces jolis passe-temps
Dont la vertu point ne s'offense,
Mais ce fut avec répugnance
Que Lambro vit tous ces abus
Trop flagrants pendant son absence,
Cet énorme excès de dépense;
Des maux humains craignant le plus
L'accroissement, triste misère,
De son budget hebdomadaire!

Qu'est-ce que l'homme? Il est cerné
De cent périls, en sa fortune,
Et durant sa meilleure lune,
Même, dirai-je, après dîné.
Un seul jour d'or, pour tout un âge
De fer, c'est là tout le partage
Que la vie accorde au désir
Du pécheur même qu'elle enchante;
Et la sirène est le plaisir
(Encor si parfois elle chante)
Qui sait inviter, allécher
Le novice et vif l'écorcher.

Lambro reçut dans cette fête
De sa famille qui banquette
Le même accueil, non empressé,
Que le feu fait au drap glacé.

Lui rarement faisant usage
De la parole et du langage,
Voulut surprendre cette fois
Sa fille, en père bon et tendre
(Car c'est du fer, non de la voix,
Qu'il courait aux gens les surprendre).
Il n'envoya nul messager,
Personne ainsi ne dut bouger.
Il s'arrête, assurant sa vue,
Mais plus étonné qu'enchanté
D'une scène aussi peu prévue,
D'un aussi beau monde invité.

Il ignorait, comme les hommes,
Hélas! mentent, tant que nous sommes,
Surtout les Grecs, qu'un faux rapport
L'ayant fait passer, lui, pour mort,
(Bien que tels gens jamais ne meurent),
Avait mis sa maison en deuil
Du bas en haut, depuis le seuil.
Les siens aujourd'hui plus ne pleurent,

Haidée a repris ses couleurs,
A leur source ont tari ses pleurs.
Dès lors la jeune demoiselle
Tenait sa maison personnelle.

De là pilaus, danses, festin,
Changeant l'île en lieu de délice;
De là tous les gens de service
Ou paresseux ou pris de vin,
Vie à leur goût fort agréable.
Du père l'hospitalité
N'était nullement comparable
Avec la libéralité
De sa fille dont les largesses
Employaient si bien ses richesses.
C'est admirable chaque jour
Comme tout va dans sa demeure,
Depuis qu'elle n'a pas une heure,
Une heure à perdre pour l'amour.

Vous supposez bien sa colère
En surprenant tout ce festin,
Peu fait sans doute pour lui plaire;
Vous craignez quelque acte soudain:
Ou le fouet ou la torture,
Ou bien pour le moins la prison;

Pour qu'une leçon assez dure
Rendît à ses gens leur raison,
Leur rappelant leur ministère.
Vous croyez qu'il a procédé
En maître puissant, et cédé
Au royal penchant de corsaire.

41 Vous avez tort. Ce fier marin
Était de la gent flibustière
L'homme de plus douce manière
Pour escoffier son prochain.
Avec autant de politesse
Il savait tout dissimuler,
Courtisan ne sut mieux celer,
Femme en jupon n'eut plus d'adresse.
Quel dommage qu'il ait goûté
Autant la vie aventureuse,
Sa perte fut bien sérieuse
Pour la bonne société !

42 Puis il s'approche d'une table,
Tape l'épaule d'un voisin,
D'un sourire qui ne dit rien
De bon ni de très-favorable,
Il demande l'intention,
L'objet de la présente fête.
Le Grec, que la fumée entête,
Répond à cette question

D'un tel intrus qui vient la faire,
En remplissant de vin son verre.

Le Grec, sans avoir détourné
Sa tête goguenarde et drôle,
D'un air de Bacchus aviné,
Présente par-dessus l'épaule
Le plein rouge bord : « En caquet
Ne perdons pas une heure chère,
Dit-il, trop parler nous altère. »
Puis il pousse un second hoquet.
« Notre vieux maître est mort naguère.
A sa fille, son héritière,
Demandez ce renseignement;
C'est elle ici notre maîtresse
A qui maintenant l'on s'adresse. » —
« Notre maîtresse ! ah bah ! vraiment,
Dit un troisième, c'est pour rire :
A notre maître, tu veux dire !
Non pas le vieux, mais le nouveau. »

Ces marauds, arrivés naguère,
Ne savent pas qu'ils ont affaire
A leur maître et seigneur Lambro.
Celui-ci change de visage,
Et sur son front passe un nuage;
Mais de sa vive émotion

Il réprime l'expression
Et déguise avec politesse
Sous un sourire sa tristesse,
Puis il leur demande les nom
Et qualités de ce patron
Qui, d'après ce qui l'environne,
Fit de Haidée une matrone.

« Je ne sais point, ni ne prends soin,
Répliqua l'effronté coquin,
Ce qu'il est, ce qu'il fait, ni comme,
Ni d'où nous est venu cet homme.
Ce que je sais, c'est que voici
Un excellent chapon rôti,
Ni que jamais bon vin sur terre
N'arrosa plus exquise chère.
Que si mon explication
Ne peut encor vous satisfaire,
Adressez votre question
A ce convive mon compère.
Plus ou moins pour vous contenter,
Nul n'aime plus à s'écouter. »

Dans Lambro quelle patience!
Certes, en cette occasion,
Il montra l'éducation
Qu'à peine même cette France,

La perle des peuples polis,
Voit dans l'élite de ses fils.
Il supporte tout, il endure
Dans le silence sa torture,
Cet indigne ricanement,
L'insulte aux siens, à son enfant,
La longue anxiété, la rage
D'un cœur qui saigne de l'outrage
De chaque servile glouton
Mangeant à la fois son mouton.

Sans doute, dans une personne
Qui tout le jour commande, ordonne
Aux siens d'aller et revenir,
Les voit au seul signe obéir,
Ce mot fût-il la mort, la chaîne,
C'est un contraste curieux
De trouver en semblable scène
Un ton si doux et si mielleux.
Cependant il est tel problème
Que je ne sais pas deviner,
Mais qui se commande à soi-même
En Guelfe est apte à gouverner [10].

Non qu'il n'eût pas son étincelle,
Qu'il ne fût parfois violent,

Mais non dans son humeur réelle.
Calme aussitôt, concentré, lent,
Il demeurait froid et tranquille,
Comme un boa gisant au bois
En ses replis dans son asile,
Épargnant le geste ou la voix.
Passé l'éclat, après l'offense,
Il ne frappait pas, furieux,
La foudre couvait en silence,
Un seul coup suppléait à deux.
Sans questionner davantage,
Il s'est, las d'un tel verbiage,
Vers sa demeure acheminé,
Mais par un chemin détourné.
Son arrivée inattendue
Dans son foyer et dans ce jour
La rendit presque inaperçue.
Si chez lui d'un père l'amour
Dans son sein avait de l'empire,
C'est plus que je ne saurais dire,
Mais pour un revenant cru mort,
Ce deuil en fête était trop fort.

Si les morts du royaume sombre
A la vie allaient retourner
(Puisse le ciel nous l'épargner),
Quelques-uns ou beaucoup en nombre,

Femme, époux, exemple commun,
Ce cas est aussi bon qu'aucun,
Quelle qu'eût été leur querelle
D'autrefois, la saison nouvelle,
Sur le baromètre nouveau,
Plus qu'avant serait pluvieuse.
Aux pleurs versés dans le tombeau
Pour la phase miraculeuse,
Se joindraient dans l'occasion
Ceux de la résurrection.

Il entre enfin dans sa demeure
Qui n'est plus la sienne à cette heure.
Cette épreuve du cœur humain,
Douloureuse, hélas! et sensible,
Si le combat n'est pas en vain,
Peut-être à vaincre est plus pénible
Que les angoisses du trépas.
Du foyer retrouver la pierre,
Au sanctuaire et sous nos pas,
Changée en pierre funéraire,
Autour de l'âtre petillant,
Jadis de joie étincelant,
Retrouver là, froide et gisante
La cendre d'un espoir éteint;
C'est une douleur bien cuisante,
C'est un trop sensible chagrin,

Non compris du cœur solitaire
D'un isolé célibataire.
Il rentre au foyer du malheur,
Car il n'en est plus sans un cœur.
De la solitude glacée,
A sa porte qu'il a passée,
Il sentit le froid sur le seuil
Dans l'absence de tout accueil.
C'est ici qu'était sa demeure,
C'est là que s'écoulait mainte heure
De temps où le calme a glissé.
C'est là que s'était reposé
Ce cœur battu pour se détendre,
Que son œil perçant se fondait
Dans cette innocence si tendre
Du seul enfant qu'il possédait,
D'un tendre amour la châsse pure
Que lui présentait la nature.

D'un étrange tempérament,
Doux au dehors et d'humeur dure,
Modeste en ses goûts et content,
Tempérant dans sa nourriture
Et modéré dans le plaisir,
Prompt à percevoir, à saisir,
Endurant, patient. En somme
La nature avait fait cet homme

Pour quelque chose de meilleur,
Sinon de bon. Mais le malheur,
Les désastres de la patrie,
Le désespoir de la sauver,
Avaient poussé son âme aigrie
Contre l'honneur à s'élever
Et d'un esclave honnête et brave
A se mettre faiseur d'esclave.

54 Soif du pouvoir, du gain, de l'or
Acquis d'un coup et tout d'abord,
Endurcissement d'habitude ;
La vie et périlleuse et rude
Où le corsaire avait vieilli ;
Et maint bienfait payé d'oubli,
La coutume d'étranges vues,
De sauvages mers parcourues,
Ces hommes tout bardés de fer,
Les compagnons de sa croisière
En sa périlleuse carrière
Aux ennemis coûtant si cher,
L'avaient rendu par excellence
Bon ami, mauvaise accointance.

55 Mais quelque chose de l'esprit
De cette Grèce noble, antique,

Avait sur l'âme du bandit
Fait luire un rayon héroïque,
Tel qu'il brilla sur les guerriers
De la Toison d'or, devanciers
Dans les beaux jours de la Colchide.
Lui, fut peu de la paix avide,
Mais son pays loin du sentier
De la gloire a fui la carrière.
Il jura haine au monde entier
Et lui fit une ardente guerre.
Ainsi qu'à chaque nation
S'étant armé contre une engeance,
Comme pour retirer vengeance
De cette dégradation.

Mais d'un beau climat l'influence
Lui souffla la molle élégance,
Et lui révéla son pouvoir,
Qu'il subissait sans le savoir ;
De sa maison la symétrie,
Le goût, l'amour de l'harmonie
Des scènes sublimes, du beau ;
Le plaisir à suivre un ruisseau
Pour lui coulant, cristal limpide,
Sa joie à voir la simple fleur
Baignant d'une rosée humide
Son âme aux heures de bonheur.

Mais sur cette tête aussi chère
Tout son amour se reposait.
Ce que contient le cœur d'un père
Pour elle s'épanouissait
Encore au sein d'actes sauvages,
D'exploits de sanglante fureur
Dont il fut témoin ou l'acteur;
Amour unique et sans partages.
Mais la perte d'un seul objet
Manquant, pour le sevrer du lait
D'un sentiment humain et tendre,
Pouvait, ne l'ayant plus, le rendre
Furieux, fou d'avoir perdu
Son seul trésor, son bien suprême
Comme l'antique Polyphème
Privé du seul œil qu'il ait eu.

La lionne dans sa tanière
Rugissant, et sans lionceaux
Fait trembler berger et troupeaux.
Et l'océan faisant la guerre
Sur l'écueil, en flots écumeux
Aux navires est désastreux.
Leur violence ralentie
Ne tarde pas à s'apaiser
Et cet excès de leur furie
Par son choc devra s'épuiser

Plutôt que la sombre colère
Muette dans le cœur humain,
Farouche et concentrée au sein
Surtout inflexible d'un père.

5° Il est fort dur et très-commun
De trouver nos enfants rebelles,
De nos beaux jours lorsque chacun
Peut refléter les traits fidèles
Et remettre en meilleur état,
Avec une meilleure argile,
Notre être même en son éclat.
Juste, quand sur ce corps fragile
Le temps cruel fait approcher
Glissant pas à pas le vieil âge,
De notre soleil au coucher,
Lorsque nos ans voient le nuage,
Notre obligeante parenté
Laisse un vieillard non solitaire
Mais en bonne société,
Avec la goutte, avec la pierre.

6° Mais c'est quelque chose de beau
Qu'une grande et belle famille,
Pourvu que le jeune troupeau
Tous les marmots, garçon et fille

N'entrent pas après le dîner.
C'est beau de voir une matrone
Guider ses enfants, les soigner,
Si par les soins qu'elle leur donne
Elle ne se laisse épuiser.
Vous les voyez tous se presser
Groupés sous l'aile de leur mère,
Comme à l'autel les séraphins
Et tous les joufflus chérubins
Près du foyer au sanctuaire.
C'est fait pour toucher un pécheur.
C'est un coup d'œil plein de fraîcheur,
Je vois, en la dame bien née
Ayant à l'entour ses essaims
De filles, nièces, la guinée
Avec sept pièces de shellings.

« Par une porte séparée,
Lambro sans être vu passa
Et s'arrêta vers la soirée
Dans la grand'salle, où se plaça
Au banquet la dame sa fille
Avec son amant. Chacun brille
De son orgueil et sa beauté.
En ivoire est tout incrustée
La table avec pompe apprêtée
Devant eux. De chaque côté

Servaient des esclaves d'office.
C'étaient l'or, la gemme et l'argent
Dont la matière et l'élément
Composaient surtout le service.
La simple nacre et le corail
Venaient compléter le travail.
Maint plat (près de cent) délectable
Avec recherche ornait la table.

Pistache, agneau, soupe au safran,
Tout genre de mets succulent
Et sucrerie et friandise,
Arsenal de la gourmandise;
De poissons rares les plus frais
Et frétillant dans les filets,
Apprêtés, étaient d'un mérite
A satisfaire un sybarite,
D'un goût exquis et superfin.
Puis en boisson délicieuse
Coulaient les sorbets de raisin,
Et de l'orange savoureuse,
Jus de grenade pressuré
Et sous l'écorce amélioré.

De cristal dans une aiguière
Les plats autour étaient rangés,

Pour disposition dernière
De fruits et de dattes chargés.
La fève moka d'Arabie
Ambrée et pure était servie
Dans des tasses de Chine; enfin,
Pour couronner tout le festin,
Des soucoupes d'or filigrane
D'une matière diaphane
De se brûler gardant la main
Au-dessous étaient à dessein.
Girofle, safran et cannelle
Etaient les ingrédients qu'on mêle
Au café, bouillis à la fois,
Ce qui le gâte, selon moi.

Le velours en tapisseries
Ornait de diverses couleurs
La salle, et par ses broderies
La soie y figurait des fleurs;
Autour de la riche tenture
Régnait une jaune bordure.
Celle d'en haut d'un fin travail
Tranchait en bleu sur cet émail,
Couleur lilas en caractères
Portant des sentences sévères
D'après les poëtes persans,
Et les vieux centons des savants

Qu'avaient dessinés les artistes,
Ainsi que des grands moralistes.....

Haidé, Juan sur un tapis
De satin rouge cramoisi
Bordé d'azur, avec mollesse,
Posent un pied qui le caresse.
Presque en entier l'appartement
Est occupé par leur divan
Qui paraît neuf. Dignes d'un trône,
Tous les coussins couleur de sang
Ont dans leur centre éblouissant
Un soleil d'or plein qui rayonne
Et se relève en bosse autour,
Et ses rayons sur le velours
Saillant de la riche matière,
Comme un méridien dans les airs,
De resplendissante lumière
Jetaient aux yeux de vifs éclairs.

Marbre et cristal, argenterie
Et porcelaine, avec splendeur
Étalaient l'œuvre du labeur,
Et tout l'art de l'orfévrerie.
Natte indienne et tapis persans
Dont une tache ou flétrissure
Eût offensé la beauté pure

Couvraient le parquet en tous sens,
Nains et nègres, chats et gazelles,
Tous commensaux, et choses telles,
Gagnant servilement leur pain,
Et le ministre mercenaire
Ou favori, vil baladin,
Faisaient ici la cour plénière.

On y trouvait maint beau miroir,
Les tables d'ébène incrustées
Avec nacre, ivoire, sculptées
Pour la plupart, s'y faisaient voir.
Sur d'autres d'une écaille fine
Ou de bois rare où se dessine
Un long filet d'or et d'argent,
Par un exprès commandement
Liqueurs et viandes glacées
Avaient été juste placées
Pour maint convive inopiné,
Tardif, qu'elles sembleraient attendre,
Trouvant à toute heure un dîné
Qui venait à point le surprendre.

De vingt costumes, je choisis
Celui d'Haidé que je décris :
Elle portait double jélique,
Une jaune. Sous sa tunique

Blanche, cramoisie et d'azur,
Comme une vague de lait pur
Sa gorge montait enfermée.
Une large agrafe formée
De boutons perles comme un pois,
Maintenaient une autre jélique,
Où la pourpre et l'or à la fois
Ruisselaient d'un éclat magique.
La gaze blanche baracan
Sur sa ceinture était flottante,
Comme flotte un nuage blanc
Autour de la lune mouvante.

En or un large bracelet
Autour des deux bras se roulait,
Charmante prison sans serrure,
Car la flexibilité de l'or
En rendait le jeu sans effort
Et dispensait de fermeture.
Une main savait la fixer
Ou bien l'ouvrir sans se blesser ;
Au moule adapté, pour son siége
Il avait pris ce bras de neige
Qu'il n'aurait point voulu quitter,
Sa forme pouvait enchanter
Par sa perfection la vue,
Et jamais peau plus blanche et nue

N'avait eu pour l'enclore mieux
De métal aussi précieux.
Des grands domaines de son père
Comme une princesse héritière,
Au col du pied Haidée encor
Porte en insigne un anneau d'or.
Douze bagues à ses doigts brillent,
De gemmes ses cheveux scintillent,
Un nœud de perles dont le prix
Inestimable se surpasse,
Au-dessous du sein avec grâce
De son voile fixe les plis.
De plus on voit, en soie orange,
A la turque, le pantalon
Descendre et flotter jusqu'au long
De la cheville de cet ange.

Ses beaux cheveux d'or vagabonds,
En flots descendaient aux talons;
Comme un torrent qu'un rayon dore
Aux Alpes des feux de l'aurore;
Et s'ils couraient, ce corps charmant
En serait inondé sans peine.
Ils ont pourtant le sentiment
Du mol filet qui les enchaîne,
Et l'on dirait qu'ils veulent fuir
Ce lien, lorsque le zéphir

Attrapé, s'y glisse et s'arrête
Où la tête semble inviter
Son souffle amoureux, et lui prête
Une aile pour les éventer.
Elle faisait une atmosphère
De vie autour et de lumière,
Où même l'air semblait nager
Plus élastique et plus léger,
Tant de son enfant la nature
Avait mis dans les chastes yeux
Toute sa beauté suave et pure,
Celle qu'on imagine aux cieux,
Les yeux de Psyché virginale,
Même trop purs pour les liens
Sur cette terre les plus saints.
De notre nymphe orientale
La présence faisait sentir
A l'âme enchantée et ravie
Qu'à ses pieds l'on pouvait fléchir
Le genou sans idolâtrie.

Ses cils avaient été noircis,
Suivant l'usage du pays,
Noirs comme la nuit, c'est à peine
Si l'on y voit leur teinte vaine,
Car cet œil vif est ombragé
D'une si longue et noire frange

Que le cil rebelle est vengé
D'un jais factice, impur mélange;
D'henné ses ongles étaient teints,
Ici l'art échouait encore.
Pouvaient-ils être en rose peints
Plus que les roses de l'aurore?

Il faudrait un plus fort pinceau
Pour faire ressortir la peau,
Mais Haidée aisément s'en passe.
Au haut des monts l'aube du jour
Vainement de sa teinte efface
L'albâtre pur de son contour.
L'œil douterait même s'il veille,
Ou si du sommeil il s'éveille
A la céleste vision,
Ce peut être une illusion,
Et je puis me tromper moi-même;
Mais comme Shakspeare je dis :
« C'est folie et sottise extrême
De dorer l'or ou peindre un lis! »

Un tissu d'or avec nuance,
En draperie un châle noir
Sous gaze blanche laisse voir
Dans sa légère transparence,

Sur les épaules de Juan
Où cette étoffe était jetée,
Mainte étoile de diamant
En forme d'étoile lactée ;
Son turban en plis gracieux,
De Haidée avec les cheveux,
Soutient une émeraude-aigrette
Qui hardiment droit se projette
Avec son fermoir en croissant
Dont le rayon tremble incessant.

Danseuses alors, pour la fête,
Nains, eunuques, plus un poëte,
Troupe et ministres de plaisir,
Vinrent tous pour les divertir
Et compléter la crémaillère.
De ces raretés la dernière,
En grand renom pour ses talents,
Aimait à les montrer aux gens.
Ses vers rarement de mesure
Et de leurs pieds justes manquaient ;
Observateur de la césure
Et pour le thème et le sujet
Ou la louange où la satire,
A son objet fort assorti,
Comme le psaume sait le dire,
Le poëte en tirait parti.....

Comme sa course s'est lancée
Vers un monde haut et choisi,
Comme en voyage il a cueilli,
Glané mainte libre pensée,
Il croit pouvoir, pour varier,
Au sein d'une île solitaire,
Au milieu d'amis, expier
Plus d'un mensonge volontaire,
Sans craindre une opposition
Ou quelque sédition.
Et chanter comme en sa jeunesse
Dans son ardeur il a chanté,
Et faire un moment sans bassesse
La paix avec la vérité.....

Par exemple pour les Français
Il eût fait la chanson en France;
Un conte en six chants pour l'Anglais;
Pour l'Espagnol une romance,
Une ballade; en Portugal,
Sur la guerre, sujet égal;
En Allemagne son Pégase
De Goethe aurait suivi l'essor
(Voyez comment de Staël en jase);
En Italie il eût encor,
Singe habile, en copie expresse
Imité les trecentisti.

Enfin il sut chanter en Grèce
Un hymne comme celui-ci :

LES ILES DE LA GRÈCE

« Les îles de la Grèce [11]
Où Sapho s'enflamma d'un délire amoureux.
Où vibra sous ses doigts le luth harmonieux,
Où fleurirent les arts bénis d'une déesse,
Où se leva Délos, où naquit Apollon,
Un éternel été dore de son rayon
      Les îles de la Grèce.
Mais la gloire, les arts et la déesse ont fui ;
Leur soleil excepté, tout s'est évanoui.

Et de Scio la lyre, et de Téos la muse,
Et le luth de l'amant, la harpe du héros,
Ont trouvé le renom que votre sol refuse,
Leur berceau seul muet n'entend plus les échos
De voix sonnant encor, fortes et généreuses,
Plus loin que l'horizon des îles bienheureuses.

Et les monts s'inclinant regardent Marathon ;
Et le fier Marathon au fond des eaux se mire,
A la Grèce montrant la gloire de son front,
Et moi, m'abandonnant une heure à mon délire,

J'ai songé que la Grèce ici peut se lever,
Libre encore une fois, et j'ai dû le rêver.
En foulant ce tombeau des Perses et du brave,
Je ne pouvais me croire en ces lieux un esclave.

Un monarque s'assit sur le roc sourcilleux
Qui commande la mer d'où naquit Salamine,
De milliers de vaisseaux les mâts majestueux
Faisaient gémir le flot qui docile s'incline.
De fières nations un essaim florissant
S'agitait sous la main de ce roi si puissant.
Au lever du soleil il compta son armée;
A son coucher qu'est-elle? Une vaine fumée.

Où sont-ils, où toi-même es-tu donc abaissé,
Mon pays? A la fois désertant ton rivage
Et le chant héroïque un jour s'est éclipsé,
Et le cœur du héros s'est glacé sur la plage.
Ah! ton luth si sonore et si longtemps divin
Doit-il dégénérer dans ma débile main?

C'est quelque chose au moins, dans l'absence de gloire,
A notre race esclave alors qu'on est rivé,
Des exploits du passé de nourrir la mémoire,
De frémir de regret, le front encor levé;
D'une ombre de grandeur seul vestige qui reste
Au poëte inspiré, qui gémit et proteste,

De sentir pour les Grecs une noble rougeur,
De payer à la Grèce un tribut de douleur.

Ne faut-il que pleurer sur cet âge prospère?
Ne faut-il que rougir? Nos pères ont saigné.
Ouvre ton large sein et donne nous, ô terre,
D'élément spartiate un débris émané;
Pour trois cents, fais-en trois de ta puissante argile!
Ils ressusciteront une autre Thermopyle.

Eh quoi? toujours muets, partout silencieux?
Oh! non, la voix des morts est vibrante et sonore
Comme un torrent qui tonne et mugit furieux,
Et répond à mon luth qui le répète encore :
Qu'un seul vivant se lève! Ah! nous venons, venons;
Les vivants seuls sont morts, leurs voix n'ont plus de sons.

Hélas! stérile appel! frappez donc d'autres cordes,
Emplissez jusqu'aux bords la coupe de Samos;
Et laissant les combats à ces Turcs, à ces hordes,
Des vignes de Scio versez les rouges flots.
Ah! comme à ce signal, qui si bas les ravale,
En chœur a répondu l'ignoble bacchanale!

Parmi vous la Pyrrique est encore en vigueur.
Mais où trouver aussi la pyrrique phalange?

De deux arts faut-il donc, faut-il que le meilleur,
Le plus noble, ait subi cet oubli trop étrange?
Vous possédez aussi les lettres de Cadmus,
A l'esclave a-t-il fait ces présents superflus?

Du vieux vin de Samos que la coupe s'emplisse,
Nous ne traiterons plus de semblables sujets.
Anacréon épris de ce jus, son délice,
Divinisa sa muse en chantant ses bienfaits;
Il servit, mais servit le tyran Polycrate,
Compatriote au moins d'hommes tels que Socrate.

La liberté trouva son plus ferme vengeur
Dans un autre tyran, prince de Chersonèse;
Miltiade est son nom, symbole de l'honneur.
Produise notre temps (ce qu'aux dieux ne déplaise)
Un despote pareil et de semblables fers,
Sûrs d'attacher les cœurs des liens les plus chers!

Du vieux vin de Samos emplissez le cratère.
Sur le roc de Suli, sur les bords de Parga,
Il reste des débris de cette souche fière
Qu'en ses âpres forêts la Doride porta.
Peut-être ont survécu quelques germes d'Alcides
D'où jaillirait encor le sang des Héraclides.

Pour être libres, Grecs, défiez-vous des Francs,
Craignez un roi vénal, un peuple mercenaire;
Qu'en vos glaives natifs, en vos bras, en vos rangs,
Le courage excité mette sa foi dernière;
Mais la force du Turc, la fraude du Latin,
Des plus forts boucliers peuvent briser l'airain.

Du vieux vin de Samos emplissez le cratère,
Nos vierges sous l'ombrage ici dansent en chœur,
Je vois leurs beaux yeux noirs darder sous la paupière;
Mais à ce doux aspect, je sens bondir mon cœur,
Et mes larmes de feu brûlent comme la lave,
Qu'une telle mamelle allaite un vil esclave!

Placez-moi sur le cap au faîte étincelant
Où la vague et moi seul gémirons au rivage,
Que du cygne en mourant j'entonne encor le chant.
Je ne veux pas languir au sol de l'esclavage;
Que mon âme s'exhale au bruit vengeur des flots.
Et vous jetez au loin la coupe de Samos! »

———

Ainsi chantait notre poëte
Pour le moins comme il le voulait
Ou s'il se peut, comme il devait.
Non tel que le chantre-prophète

Orphée, alors qu'il florissait.
Son vers, passable sur la lyre,
Pouvait de nos jours être pire.
Car de ses accords s'élançait
Un de ces sons par lesquels vibre
En nous la sensitive fibre,
A droit, à tort, en son accent.
L'âme du poëte qui sent
Touche un ressort comme électrique
A tous les autres sympathique.
Mais ce sont de si grands menteurs,
Coloristes aux cent couleurs !.....

A notre conte enfin. La fête
Était finie. Esclaves, nains,
Et des danseuses les essaims
S'étaient retirés Du poëte
L'hymne des Iles a cessé,
Le conte arabe était passé
Et le dernier son de la lyre
Avec ceux de l'orgie expire.
La jeune Grecque et son amant
Laissés tout seuls, au firmament
Lorsque décline la lumière,
Dans leur extase regardaient
Les flots rosés qui l'inondaient.
Ave Maria, sur la terre,

Sur la mer, c'est l'heure des cieux,
De ton étoile et de ton signe
La plus céleste et la plus digne
Dans le crépuscule douteux.

Ave Maria, sois bénie,
Cette heure hospitalière, amie,
Le climat, le site et le temps
Où j'ai goûté ces doux moments,
Où j'ai de cette heure suprême
Ressenti la sérénité,
La solennelle majesté,
Dans leur plénitude entière
Pénétrant doucement la terre,
Lorsque la cloche de la tour
Tintait profondément lointaine,
Qu'aux mourantes lueurs du jour
L'hymne mourait, que nulle haleine
Ne se glissait dans l'air rosé,
Ne se jouait dans le nuage,
Et que pourtant le vert feuillage
Par la prière était bercé.

Ave Maria ! notre mère,
Voici l'heure de la prière.
Ave Maria ! c'est d'amour
Une heure charmante à son tour.

Ave Maria! l'œil de l'âme
Ose là-haut te contempler,
Puisse en nos cœurs la pure flamme
Pour ton saint fils tous nous brûler.
Ave Maria! noble et belle
Aux chastes yeux, humbles, baissés,
Du Tout-Puissant voilés sous l'aile,
Bien qu'en peinture ils soient tracés;
Non, n'appelons pas cette image
Une idole. C'est ton visage!

Maint casuiste par trop bon,
De dire se fait peu scrupule
Dans maintes brochures sans nom
Que je suis un homme incrédule.
Mais ces gens de dévotion
Si vous les mettez en prière,
Vous verrez bien en action
Qui d'eux ou moi suit la manière,
Et qui s'y prend vraiment le mieux,
Pour gagner le plus tôt les cieux.
Moi, mes autels sont la montagne,
La terre, l'air et la campagne,
Les étoiles et l'océan,
Enfin ce qui prend son élan
Du grand Tout, foyer dont la flamme
Conçoit, produit et reçoit l'âme.

Heure douce du jour douteux,
Dans le bois de pins solitaire
De Ravenne où, silencieux,
Le flot discret aime à se taire,
Bois auguste, immémorial,
Où le flot de l'Adriatique
Baigne le fort impérial,
Dernière citadelle antique
Des Césars, et verte forêt
Où les beaux contes de Boccace
Ont su répandre tant d'attrait,
Où Dryden a laissé sa trace,
Séjour charmant et saint pour moi,
Qui fréquentai cette demeure.
Combien je chérissais cette heure
Du crépuscule, ainsi que toi !

La cigale à la voix perçante,
Fille d'été, peuple des pins,
Faisait les seuls échos lointains,
Chanson de sa vie incessante,
Sauf le pas de mon destrier,
Et le bruit de son cavalier,
Ou du soir la cloche battante,
A travers les branches tintante;
Au loin le fantôme chasseur
De cette race d'Onestie,

Sa meute infernale et le chœur.
De femmes troupe si jolie,
Que l'exemple fit écouter
Un tendre amant sans l'éviter;
Chaque ombre à l'entour qui voltige
Me caressait de son prestige.

Hespérus, des bonnes nouvelles
O toi, bienveillant messager,
Tu sais recueillir sous tes ailes
Le pèlerin, le soulager.
Tu sais aussi porter la joie
Et la force au pauvre sans pain;
Du père le nid et le sein
A l'oisillon, trop faible proie;
L'étable et halte du repos
Au bœuf accablé de travaux,
Tout ce qu'autour du sanctuaire
Tu soufflas de calme et de paix;
Ce qu'à la porte hospitalière
Nos dieux apportent de bienfaits;
Ton seul regard invite, appelle
L'innocence et l'amour fidèle.
Tu fais descendre encor du ciel
L'enfant sur le sein maternel.

Heure charmante où l'on désire [12],
Qui viens pour attendrir le cœur
Du plus hardi navigateur;
Au jour d'adieux qui le déchire,
En séparant des cœurs amis,
Et des restés et les partis.
Heure pénétrant de tendresse
Le solitaire pèlerin,
Qui le charme et qui le caresse
Pendant tout le cours du chemin;
Quand la cloche fait tressaillir
Le voyageur rempli d'alarmes,
Et sur le jour qui va mourir
Semble jeter même des larmes.
Est-il fantastique ce son
Dont se moque notre raison?
Il ne se peut pas que rien meure
Sans que quelque chose ne pleure!.....

Juan et son objet chéri
Tout seuls furent laissés ainsi,
De leurs deux cœurs en compagnie,
Deux âmes l'une à l'autre unie.
Même l'impitoyable temps,
A regret, de sa faux cruelle
Sépara ces tendres amants;
Et dans cette union si belle,

Il soupira de voir privés
De ces heures d'un tel délice
Deux êtres charmants, réservés
A succomber en sacrifice;
Et, bien qu'ennemi de l'amour,
Il gémit d'un délai si court.
Tous deux, sevrés de la vieillesse,
Tombèrent à la fleur des ans,
Avant que charme, espoir, jeunesse
Soient envolés de leur printemps.

Pour les rides leur beau visage,
Leurs traits si fins ne sont point faits;
Ni pour faillir tant de courage,
Ni pour dormir un sang si frais.
Non plus leur tête chevelue
Par les ans ne sera chenue,
Sous un cheveu gris argenté.
Comme aux climats sans grêle ou neige,
Du soleil immuable siége,
Ce jeune couple était l'été.
Faible, en butte aux chocs de la foudre,
Il pourrait bien tomber en poudre;
Mais comme un long serpent traîner
Sa lente et caduque existence,
Dieu n'y voulut point condamner
Cette peu terrestre substance;

10 Ils sont seuls encore; être ainsi
Pour ce couple est béatitude,
L'Éden! Ce n'est que désuni
Qu'il éprouve la lassitude.
L'arbre par la hache est frappé
Dans la forêt, à sa racine
Ancienne et profonde coupé;
Le fleuve à sa source argentine
Qu'une digue en a séparé;
Des genoux, du sein de sa mère
L'enfant d'un coup ravi, sevré,
Languiraient moins que cette paire
De cœurs frappés avec douleur.
Ah! qu'il est fort l'instinct du cœur!

11 Du cœur qui se brise fragile.
Heureux celui, trois fois heureux
Qui, vase frêle et précieux,
D'un moule fin d'humaine argile,
Au premier choc se brisera,
Car non, jamais il ne verra
La longue et l'éternelle année,
Aux mois, aux jours, lourde, enchaînée,
Et tout ce que l'on doit souffrir
Sans l'avouer et sans le dire;
Et l'on voit souvent se roidir,
De la vie étrange satire,

Un principe vital, profond,
En qui veut mourir le plus long.

L'élu des dieux meurt au jeune âge :
Parole antique et vieil adage.
A vingt morts l'on échappe ainsi,
D'abord à la mort d'un ami,
Et, ce qui plus encor nous tue,
Comme d'un seul coup de massue,
Même à la mort de l'amitié,
De l'amour et de la pitié,
De la jeunesse et toute chose,
Autre que le souffle vital.
Puisque la rive où l'on repose
Attend ceux que l'archer fatal
Manqua de sa flèche acérée,
Pour une mort prématurée,
Peut-être un précoce départ,
Un tombeau sur lequel on pleure
S'ils s'ouvrent pour nous de bonne heure,
Sont-ils un salut, un rempart?

Certes de mort, Juan, Haidée,
N'avaient alors aucune idée,
Car l'air seul, la terre et les cieux
Semblaient n'être faits que pour eux.
Ils ne trouvaient rien à redire
Au temps, si ce n'est qu'il volait,

Et tout en eux au mieux allait,
L'un miroir de l'autre pour lire,
La joie éclatant dans leurs yeux
Comme un diamant radieux.
Puis ils ne sentaient autre chose
Que ce vif éclat sans sa cause;
Il était la réflexion
De leurs regards d'affection.
14 De la main un serrement tendre
Dont leur être à la fois frémit,
Un coup d'œil qui se fait comprendre
Bien mieux que tout ce que l'on dit,
Et qui dit ce que l'on peut dire,
Mais sans jamais pourtant suffire;
Le pur langage des oiseaux
Connu d'eux seuls, qui semble l'être,
Aux vrais amants, qui doit paraître
Apporter un sens et des mots
Pleins d'enjouement, de badinage,
Mais vains, absurdes, superflus
A qui n'entend plus leur langage,
Ne les a jamais entendus.

15 Tout ceci c'était leur partage,
Car d'enfance ils étaient dans l'âge.
Ce couple enfant serait resté,
Dans le monde en réalité,

Pour jouer un rôle vulgaire
Pour une scène, terre à terre,
Ils étaient peu faits. D'un ruisseau
Haidée est la nymphe sortie,
Près d'un amant passant sa vie
Invisible sous un berceau,
Sur des fleurs auprès des fontaines,
Loin du poids des heures humaines.
Les lunes roulant et changeant,
Avaient vu leur disque d'argent
Jeter constamment la lumière
Sur un bonheur qu'il ne vit guère
Ou rarement dans tout son cours.
Non point ce bonheur qui toujours
S'amortit par la jouissance,
Suivi de la satiété,
Le leur était de pure essence
Et rempli d'élasticité.
Non pas borné par la matière
Ni dans les sens emprisonné,
Et ce qui fait le plus la guerre
A tout amour passionné,
La possession; leurs caresses
Ravivaient encor leurs tendresses.....

Au déclin de ce jour vermeil [13],
Au coucher brillant du soleil

Leur regard attaché demeure.
Cette heure à tous chère, cette heure
Surtout la plus chère à leurs yeux
Les fit ce qu'ils sont. La puissance
De l'amour descendu des cieux
Les avait de son influence
Touchés d'abord et pénétrés,
Quand le bonheur, le seul douaire
D'une existence solitaire,
Les avait soudain entourés;
Quand le crépuscule à l'aurore
Vit leur passion naître, éclore.
Ainsi l'un de l'autre charmés,
De toute impression passée,
Ces cœurs s'entr'aimant, entr'aimés
Berçaient leur présente pensée.

Mais alors je ne sais pourquoi
Vers le soir à cette heure même,
Quand ils regardaient, un effroi
Soudain de ce bonheur suprême
Vint troubler la sensation,
Jetant à travers leur délice
Un souffle de destruction,
Comme le vent subit qui glisse
A travers la harpe vibrant;
Ou la flamme, quand l'une rend

Un son abrupte, et l'autre éclate.
Un noir présage traversa
Leur double forme délicate.
Du sein de Juan s'élança
Un sourd et faible son d'alarme.
L'œil de Haidé verse une larme.

22 Ce prophétique et grand œil noir
Semblait se dilater ce soir,
Suivant la trace fugitive
Du soleil, une ombre plaintive,
C'est la lueur d'un dernier jour
Du bonheur partant à son tour
Avec son disque rouge, immense,
A s'effacer quand il commence.
L'interrogeant sur son destin
Don Juan regarde Haidée.
Il sent la douleur, incertain
Sur sa cause, et sans nulle idée,
Sans motif de peine et chagrin.
Son regard demandait au sien
Pardon d'un sentiment semblable
Qu'il lui causait, inexplicable.

23 Elle se tourne vers Juan,
A son compagnon souriant,

Mais d'un sourire mécanique
Et sans sa réponse électrique.
Puis se retourne de côté ;
Mais de quelque cause agité
Que soit son cœur, l'effet se passe
Ou par la raison qui le chasse
Ou bien par l'orgueil refoulé.
Et quand don Juan a parlé
(Ce n'est qu'en badinant peut-être)
De mutuelle émotion,
Elle répond : Si ce doit être,
C'est une supposition,
Avant de voir ce coup terrible
Je mourrais — mais c'est impossible !

Don Juan aurait bien voulu
L'interroger ; mais elle presse
Bouche sur sa bouche ; il s'est tu
Sous une aussi tendre caresse,
De son sein elle a su chasser
Cet augure avec un baiser.
Car c'est la meilleure méthode ;
Quelques-uns préfèrent le vin
Comme un moyen simple et commode,
Et ce n'est pas non plus en vain.
Moi de tous deux j'ai fait usage.
Ceux à qui plairait ce partage

Du mal de tête à leur plaisir
Au mal de cœur, peuvent choisir,

De l'une ou de l'autre recette
A votre gré faites l'essai,
De la femme ou de la buvette,
Vous en aurez quelque succès.
Subissons-les; ces maladies
Sont un impôt sur nos folies,
Mais s'il me fallait faire un choix,
Je ne saurais donner ma voix,
Des deux côtés j'aurais, je gage,
De bonnes raisons pour plaider.
En faveur des deux sans dommage
Pouvant ensuite décider
S'il n'est pas mieux d'avoir chacune
De deux recettes que pas une.

Les deux amants se regardaient,
Les yeux nageant dans leur tendresse
Et sans parler ils confondaient
Tout sentiment, toute caresse
D'ami, d'enfant, de frère, amant,
Ce qui le mieux s'exprime et mêle,
Lorsqu'un seul cœur, naïf, aimant,
S'épanche en un autre fidèle,

DON JUAN

Quand ils aiment trop tous les deux
Sans pouvoir moins être amoureux,
Quand chacun presque sanctifie
Ce doux excès par le désir
Immortel, de doubler sa vie
En légitimant le plaisir.

27 S'embrassant l'un l'autre, leur âme,
Cœur contre cœur soufflant la flamme,
Pourquoi ne pas alors mourir?
Si le temps les doit désunir,
Ils avaient vécu trop d'une heure
Si c'est pour respirer à part.
Le monde n'est point leur demeure,
Non plus du monde était fait l'art
Pour un couple qu'amour déchire
Sentant de Sapho le délire.
La passion qui l'envahit,
Son essence était un esprit.

28 Au fond d'un bois inaccessible
Ce couple eût dû vivre invisible,
Comme le chantre de la nuit
Chante au mystérieux réduit.
Ces deux âmes n'étaient point faites
Pour vivre aux épaisses retraites

Qui s'appellent société,
Séjour par le vice habité
Où demeure et couve la haine,
Que d'êtres pour la liberté
Nés dès l'abord sur cette scène,
Solitaires ont végété !
Les doux oiseaux vivent par paire,
L'aigle seul plane solitaire,
Les mouettes et les corbeaux,
Sur les charognes en troupeaux,
Fondent comme l'humaine espèce
Sur les vivants qu'elle dépèce.

Le couple aimant pour sommeiller
En sieste a posé sa joue
Contre la joue en oreiller,
Lorsque Morphée erre et se joue
Sur ses yeux amoureux, léger,
Et semble à l'entour voltiger.
De temps en temps la forme frêle
De Juan en sursaut frémit,
De Haidé la bouche décèle
Un doux murmure qui glapit
En musique inarticulée ;
Et sa belle figure ondulée
S'agite aussi légèrement,

Pendant qu'elle rêve et repose,
Comme s'émeut feuille de rose
Que l'air caresse mollement.
Ou comme un courant d'eau limpide
Des Alpes au fond d'un ravin,
Lorsque le vent glisse rapide.
30 Pour l'agiter un rêve vint,
De l'âme envahisseur mystique
Qui de sa puissance magique
Et nous enchaîne et nous retient,
Ce qu'il lui plaît nous force d'être,
Captif sans contrôle et sans frein
Quel étrange état de notre être :
(D'être encor s'il a le pouvoir)
Vivre sans sens, les yeux clos voir.

31 Elle rêve qu'elle est laissée [14]
Au rivage seule et fixée,
Elle ne savait pas comment,
Immobile contre la roche,
Entendant le mugissement
Du flot qui monte et qui s'approche.
De son assaut la menaçant.
L'onde à sa bouche allait croissant,
Jusqu'à lui faire perdre haleine
Et la vague plus haut montait,

Sur sa tête même éclatait
Ne pouvant respirer qu'à peine,
Toute prête à l'ensevelir.
Pourtant elle ne peut mourir.
Elle en est enfin délivrée.
Rampant sur le galet aigu
Avec son pied saignant et nu.
Faible, elle trébuche égarée
A chaque pas en chancelant,
Elle poursuit, malgré sa crainte,
Dans un linceul un corps roulant,
Échappant à l'œil, à l'étreinte,
Un objet blanc, mais indistinct,
Car aussitôt qu'il est atteint,
L'objet touché, mais impalpable,
Glisse, s'échappe, insaisissable.

Le rêve change, elle a passé
Au fond d'un antre tapissé
De durs glaçons de marbre, ouvrages
Dans ces murs à fresques, des âges,
Dont la vague lave le sein,
Où nage et vit le veau marin.
Sa chevelure d'eau ruisselle
Et de ses yeux noirs la prunelle
Même, paraît se fondre en pleurs

Dont chaque goutte pend et tombe
De cette source de douleurs
Sur la pointe des rocs, leur tombe,
Où pour les siècles s'est glacé
Le marbre dur cristallisé.

Froid à ses pieds gisait sans vie
Juan sortant de l'agonie,
De l'écume ayant la pâleur
Sur son front mat et sans couleur
Qu'une main tendre en vain essuie.
Jadis si doux, ces soins heureux
Sont devenus infructueux,
Lorsque la source en est tarie
Sans pouvoir réchauffer du cœur
Le pouls éteint et la chaleur.
Et de la mer la voix plaintive
En un glas sourd sonne à ses sens,
A son oreille si craintive,
C'est la sirène avec ses chants.
Ah! ce court rêve à sa souffrance
Parut un siècle d'existence.

Puis sur le mort les yeux fixés,
Elle voit sa forme flétrie
Et de sa face endolorie
Tous les traits métamorphosés.

Dans les traits presque de son père.
A la fin Lambro le corsaire
Montre les siens bien accusés,
Vivants, réels et prononcés,
Le profil grec avec sa trace,
Toute sa finesse et sa grâce.
Soudain éveillée, elle voit,
Grand Dieu; puissances du ciel! quoi?
Quel œil ardent, noir, l'a saisie,
La fascine et la pétrifie?
De son père c'est le regard
Sur le couple attaché, hagard!

Elle se lève et puis retombe
Tout en poussant un cri perçant
Empreint du ton et de l'accent
Des sentiments auxquels succombe,
Surpris et déchiré, son cœur,
Entre la joie et la douleur;
Entre la crainte et l'espérance
De revoir celui qu'elle pense
Au fond des mers enseveli,
Hors de la mort, des eaux sorti;
Mais qui, dans sa métamorphose,
Sera peut-être aussi la cause
De la perte de son amant,
Cher à son cœur comme est son père.

Ce fut un terrible moment.
J'en ai vu tels en ma carrière,
Mais je chasse de mon esprit
Ces tableaux que le ciel m'offrit.

Au cri de Haidée en sa transe,
Juan de sa couche s'élance,
Et dans sa chute il a reçu
La jeune fille défaillante,
Saisi son glaive suspendu
Au mur, dans son ardeur bouillante
De faire tomber sa fureur
Et sa vengeance sur l'auteur
De ce désordre inattendu.
Lambro, qui jusqu'ici s'est tu,
De mépris avec un sourire
Rompt le silence pour lui dire :
« Cent cimeterres à ma voix
N'attendent qu'un seul mot de moi.
Jeune homme, rengaîne ce glaive
D'enfant, lequel en vain se lève ! »

Haidée à ces mots enlaçant
Son amant : « Juan, c'est mon père,
Lambro ! » Puis, d'un ton caressant :
« A genoux ! A notre prière

Il daignera nous pardonner;
Viens avec moi te prosterner,
Il faut, oui, qu'il nous fasse grâce!
Père chéri, dans mon bonheur
Ou dans l'excès de ma douleur,
Au moment même que j'embrasse
Ici de ta robe le bord
Avec délice, avec transport,
Faut-il que le doute empoisonne
Ma joie en ce critique instant?
Punis ta fille, mais pardonne,
Épargne du moins cet enfant! »

Le vieillard fier, impénétrable,
Reste calme en sa voix, ses yeux,
Indice non irrécusable
Du calme au fond; silencieux,
Froid, il la regarde, impassible,
Et se tourne vers don Juan,
Dont le visage en trait sensible
Trahit le mouvement du sang,
Et qui se tient, en cas d'alarmes,
S'il survenait un ennemi,
De Lambro sur l'appel, en armes,
Prêt d'abord à fondre sur lui.

40 « Jeune homme encor, sans plus attendre,
Donne ton sabre et viens te rendre. » —
« Non, je ne me rendrai pas
Tant que j'aurai libre ce bras ! »
Et l'on vit pâlir le corsaire,
Mais non de peur. Dans sa colère,
En tirant de son ceinturon
Un pistolet, Lambro répond :
« Que ton sang soit donc sur ta tête ! »
Puis il voit si la pierre est prête ;
S'étant servi dernièrement
Du pistolet, il examine
Chaque pièce de la platine.
Il arme alors tranquillement.

41 Étrange son, celui d'entendre
Armer un pistolet, s'attendre
Que l'adversaire de son bras,
Dirigé sur votre personne,
Ira tirer à trente pas ;
Distance fort décente et bonne,
Non trop proche pour ennemi
Si vous avez un vieil ami.
Après un tir ou deux à l'aise
Moins délicate à pareil son
L'oreille se fait à ce ton
Elle devient plus irlandaise.

Lambro tend son arme. Un instant
De plus eût arrêté ce chant
Ainsi que de Juan la vie,
Quand Haidé se jette en avant,
Couvre de son corps son amant
Et d'un ton résolu s'écrie :
« Sur moi seule tombe la mort !
La faute est à moi. Sur ce bord
Il vint échappé du naufrage
Trouvant, sans chercher, ce rivage.
Je l'aime, et lui donnai ma foi,
Avec lui je veux mourir, moi :
Je connais votre caractère,
Sachez aussi le mien, mon père ! »

Un instant plus tôt, elle était
Toute pleurs, enfance, tendresse,
Maintenant elle défiait
De la peur l'humaine faiblesse.
Pâle statue, elle roidit ;
Devant le coup elle s'offrit
Grande au-dessus de la nature
De son sexe; elle avait monté
De la hauteur de sa stature
Plus que toute autre, et présenté
A la balle un sûr point de mire,
En fixant, dans ce fol délire,

Sur son père un œil résolu
Sans détourner sa main du but.

Leur mutuel regard s'échange,
La même expression étrange
Est dans leurs yeux, la fixité
Farouche avec sérénité.
Dans ses grands yeux noirs même flamme
En éclairs jaillit de son âme.
Elle était femme à se venger
Jeune lionne bondissante,
Quoique privée et caressante,
Si rien l'y venait obliger;
Le sang de son père à sa face
Bouillait en attestant sa race.

J'ai dit qu'ils étaient ressemblants
De taille et traits; la différence
Était pour le sexe et les ans,
Même ils avaient la ressemblance
De la finesse de la main
Où le vrai sang scelle son seing.
Et maintenant les voir en proie
A l'intestine hostilité,
Fixe dans sa férocité,
Quand de douces larmes de joie,

Des sentiments délicieux
Auraient pu les charmer tous deux,
Montrait assez la frénésie
Des passions dans leur furie.

Le père s'arrête un instant
Avec son arme qu'il suspend,
La remettant à sa ceinture.
Tranquille on le voit demeurer,
Dans son esprit pour pénétrer
Sa fille, des yeux qu'il mesure :
« Ce n'est pas moi qui voulus faire
Du mal à ce jeune étranger,
En apportant ruine et guerre,
Je ne vins pas pour l'outrager.
Peu souffriraient un tel outrage,
De le tuer en s'abstenant;
Mais mon devoir est mon partage,
Je dois le faire maintenant.
Comment tu l'as compris naguère,
Le présent est preuve trop claire.

« Qu'il se désarme en ce moment,
Ou, par la tête de mon père,
J'en fais devant toi le serment,
La sienne va rouler à terre! »

De son sifflet au son aigu
Un autre alors a répondu.
A ce signal subit d'alarmes,
Sans ordre se précipitant,
Conduite par un chef pourtant,
Des pieds jusqu'au turban en armes,
S'échelonnant en double rang,
Accourt sans règle une cohorte,
Vingtaine d'hommes en escorte :
« Qu'on tue ou qu'on prenne le Frank ! »

A dit Lambro; puis il arrache
Sa fille, et quand il la retient
D'un rude bras qui la détache,
Entre elle et Juan intervient
La cohorte qui les divise.
En vain d'un effort généreux
Elle lutte contre la prise
Et la dure étreinte des nœuds
De serpent, des bras de son père,
Lorsque des pirates l'essaim,
Se dressant comme une vipère,
Sur sa proie a porté la main.

Mais le premier d'un coup d'épée
Tombe l'épaule mi-coupée.

4° Et le second du fer aigu
A tout le visage fendu
Et la joue en plein qu'il entame.
Mais le troisième, vieille lame,
Rusé sabreur, plein de sang-froid,
Sur son bon coutelas reçoit
Et pare les coups qu'il esquive;
Enfin, dans cette lutte vive,
Il allonge à Juan le sien
Dans les règles, si juste et bien,
Qu'en un clin d'œil son homme à terre
Tombe et gît aux pieds du corsaire
Avec son sang si pur, si beau,
Coulant comme un petit ruisseau
De la tête au bras, d'une entaille
Profonde, d'estoc et de taille.

5° Alors Juan est attaché
Où le sabre l'avait couché,
Et puis des salles on l'emporte
Sur un signe du vieux Lambro.
Par son ordre exprès on le porte
Sur le rivage où maint vaisseau
A l'ancre en attendant demeure
Pour partir à la neuvième heure.
Dans une chaloupe on le met
Et force de rames l'on fait

Pour atteindre quelque galiote
Dont Juan va devenir l'hôte;
A bord de l'une déposé,
Sous les écoutilles placé,
Aux hommes de quart on confie
Le prisonnier à peine en vie.

Notre monde est plein de ces coups
D'une vicissitude étrange,
Il vint offrir, pendant qu'il change,
Ici le plus cruel de tous.
Si riche des biens de la terre
Un beau jeune homme jouissant,
De chaque don, chaque présent,
Par un sort extraordinaire
Quand il l'avait le moins pensé
Soudain est mis en mer, blessé,
Enchaîné, captif par surprise,
Le tout, pour une dame éprise!....

Mais je laisse ainsi garrotté
Juan en une place sûre,
A présent, non pas en santé
Avec une grave blessure.
Ah! cette physique douleur
De la moitié n'est pas égale
Au deuil de Haidé dont le cœur

Saigne d'une angoisse morale.
Elle n'est pas femme à pleurer,
Gémir et se désespérer,
Puis après tout ce fol délire,
Céder, se soumettre à l'empire
D'un nombreux essaim d'ennemis !
Sa mère était une Mauresque,
De Fez, où tout est paradis,
Ou bien un désert pittoresque.
55 L'olivier fait ici couler
L'ambre à flots aux vases de marbre,
Le grain, la fleur, le fruit de l'arbre
Qui sous leur poids semble trembler
Inondent au loin cette terre.
Mais aussi l'arbre du poison
Y naît et pousse délétère.
Du lion rugissant le son
Fait à minuit vibrer la plaine.
Des longs, des longs déserts l'arène
Déchire le pied du chameau,
Ou dans la solitude immense
Enfouit au mouvant tombeau
La caravane sans défense.
Tel est le sol et le pays ;
Tels il porte et produit ses fils.

56 L'Afrique entière est le domaine
    Du soleil, et l'argile humaine
    De sa terre a toute l'ardeur;
    Pour le bien ou mal sa puissance
    Conserve, active sa chaleur
    Jusqu'à la mort dès la naissance.
    Le sang mauresque a pris ses feux
    Des vifs rayons de sa planète
    Et du sol qui sous lui végète
    Portera les fruits vigoureux.
    L'amour, la beauté de la mère
    De Haidée étaient le douaire,
    Mais de son œil noir l'action
    Montrait au jour la passion
    Dormant, comme après une course
    Le lion au bord d'une source.
57 Un rayon plus doux reflété
    De Lambro luisait sur la fille,
    Comme le nuage d'été
    Où de l'argent la teinte brille,
    Jusqu'à ce que chargé d'éclair
    Et dans ses flots gros de tonnerre
    Il lance la tempête en l'air,
    La terreur au loin sur la terre.
    Inoffensif, paisible agneau,
    Aussi calme elle était restée
    Que le doux lait de son berceau.

Par la passion excitée
Ainsi que par le désespoir,
Elle fait éclater et voir
Le feu de l'africaine veine,
Comme le simoun dans la plaine.

Don Juan baigné dans son sang,
Terrassé, lui-même gisant,
Cette vue horrible et dernière
De Haidé vint frapper les yeux ;
Là coulait son sang où naguère
Il marchait, charmant, gracieux.
Ce bien dont elle était maîtresse,
Haidée un instant l'a revu,
Et cet objet de sa tendresse
Pour elle était déjà perdu.
Mais la lutte impuissante cesse:
Sur ses genoux elle s'affaisse
Avec un cri faible et plaintif,
Un gémissement convulsif,
Dans les bras mêmes de son père,
Son impitoyable adversaire,
Pouvant à peine supporter
Sa fille, à la fin qui succombe,
Cessant de se tordre et lutter,
Et comme un cèdre abattu tombe.

5. Une veine a, de l'incarnat
De douces lèvres où la rose
Si fraîche et pure était éclose,
En se rompant rougi l'éclat
Pourpré d'une teinte profonde.
La tête penche comme un lis
Que l'eau du ciel en masse inonde.
Au signal donné par cent cris,
Les suivantes en ces alarmes
Dans leur effroi, fondant en larmes,
Sur sa couche ont bientôt porté
Leur dame presque inanimée;
Toutes ensemble ont apporté
A leur maîtresse bien-aimée
Les secours de l'art et leurs soins :
Herbes, élixirs de la vie;
Mais ces remèdes, ces moyens
Son état fatal les défie,
La vie en vain veut retenir,
Ce que la mort ne peut finir

6. Longtemps elle reste glacée [14]
Sans avoir changé de couleur,
Et non livide en sa torpeur,
Mais sur ses lèvres est fixée
Une teinte de vermillon,
En rouge stigmate et sillon,

Elle avait un pouls insensible;
Mais pourtant absente la mort
Devant elle hésitait encor.
Aucun signe hideux, visible,
N'avait proclamé son trépas.
La corruption ne vint pas
Dans les esprits tuer le gage
D'espérance, et son doux visage
Faisait croire en le regardant
A l'étincelle de la flamme.
Car il portait sur lui tant d'âme,
Elle-même en possédait tant,
Que la mort sur cette poussière
Ne peut la réclamer entière.

La dominante passion,
Comme le marbre la révèle
De l'art sous l'inspiration
Sous le ciseau de Praxitèle,
Marquée ici dans chaque trait,
Avec sa force respirait
Comme Vénus splendide et belle
Dans sa beauté fixe, éternelle.
Le Laocoon endurant
Toujours son atroce torture,
Et le gladiateur mourant,
Dont l'agonie à jamais dure.

Sont des œuvres dont la vigueur
Forme toute la renommée
Avec leur vitale grandeur,
Et sans la vie est animée.
Du sommeil enfin elle sort,
Mais non comme celui qui dort,
Plutôt comme un mort qui s'éveille
Et qui se lève du tombeau.
C'est quelque chose de nouveau,
Une existence sans pareille
Avec une sensation
Violente, étrange, inconnue,
Puisque toute impression
De l'objet qui frappe sa vue
N'affecte pas son souvenir;
Tout en sentant s'appesantir
Sur son cœur demeuré fidèle
Une douleur vive et nouvelle.
Quand son plus récent battement
Ramène le deuil sans la cause,
La furie à quelque moment
Fait une trêve et se repose.

Sur les assistants son regard
Se promène vague et hagard,
Tout à l'entour sur toute chose
Sans le savoir, errent ses yeux,

Ni sans en demander la cause.
Elle s'offre à l'œil curieux,
Et nullement ne s'inquiète
De quiconque vient la veiller
Assis près de son oreiller.
Bien qu'elle ne soit point muette,
Elle se tait, sans adoucir
Sa pensée avec un soupir.
Le vif babil ou le silence
Sont en vain près d'elle essayés,
Tous les deux avec impuissance
Par ses femmes sont employés.
Sauf le souffle de son haleine,
Hors de la tombe elle est à peine.

Pour ses ordres que l'on attend,
A sa bouche l'on se suspend,
Mais sa réponse est l'apathie.
Et lorsque son père l'épie,
Sa fille détourne les yeux.
Elle ne reconnaît ni son père,
Ni les personnes, ni les lieux,
La chose autrefois la plus chère.
De chambres en chambres ainsi
Portée, elle a de tout l'oubli,
Toujours douce, mais sans mémoire,
La vie est chez elle illusoire.

Mais ces yeux qu'on veut attirer
Vers d'autres pensers en arrière,
D'une expression triste, amère,
Sinistre, semblent s'inspirer.

Une esclave, pour la distraire
A la harpe vient à penser,
Et le harpiste en vient pincer.
Au son de la note première,
Irrégulier, abrupte et clair.
Son œil sur lui lance un éclair.
Vers le mur elle s'est tournée
Comme pour chasser la douleur,
Pensée à sa proie acharnée.
Puis des anciens jours le joueur
Entonne un chant qu'il psalmodie,
Hymne insulaire, un de ces chants
Qui résonnaient avant le temps
Qui vit grandir la tyrannie.
Et ses doigts pâles, amaigris,
Sur le mur battaient la mesure.
De ces vieux lais du temps jadis
La harpe après, moins rude et dure,
Changea le thême en chant d'amour.
Ce nom redoutable et de flamme,
Électrique, émeut tour à tour
Toutes les fibres de son âme,

Les replis de son souvenir.
Puis un rêve vint resplendir
De ce qu'elle fut, est encore,
Dans son destin que l'on déplore,
Si c'est être, exister ainsi.
De pleurs enfin une rivière
Brise la digue et la barrière
De son cerveau lourd assombri.
Tel fond le brouillard des montagnes
En pluie inondant les campagnes.

Consolation superflue,
Sans fruit. La pensée est venue
Porter la folie au cerveau.
Elle se relève en sursaut
Comme un être sans maladie.
Sur ceux qui s'offrent à ses yeux,
Ennemis pour elle odieux,
Elle se jette en sa furie.
Mais aucun ne l'entend parler,
Crier, ni rien articuler,
Bien que du mal l'accès empire.
On croit qu'elle va divaguer;
Sa démence était un délire
Qui dédaignait d'extravaguer,
Même, hélas! lorsque l'on châtie
La folle pour sauver sa vie.

Pourtant elle a de temps en temps
Des lueurs de raison, de sens;
Son regard évite son père,
Quoique avec un vif intérêt
Il se porte à tout autre objet
Sans le retracer en arrière.
En refusant tout aliment,
A se vêtir elle s'oppose
Sans prétexter aucune cause;
Mais ni des lieux le changement,
Ni le temps, ni soins, ni remède,
Rien ne peut faire revenir
Le sommeil. A ses sens nulle aide
Ne rend le pouvoir de dormir.

Dans cet état l'infortunée
Jusques à la douzième nuit
A sa torture condamnée
Sans nul soulagement languit,
Sans qu'elle gémisse ou soupire,
Sans même exprimer en ses yeux
Son agonie et ses adieux.
Son esprit enfin se retire.
Et ceux qui l'observaient de près
Ne découvrirent aucuns signes
De ce passage sur ses traits
Dont les pures et suaves lignes

Ne trahirent le changement
Qu'au moment où ce doux visage
Vint à se voiler lentement
D'une ombre épaisse, d'un nuage;
Que lorsque ces noirs et beaux yeux
Devinrent à la fin vitreux.
Ah! d'un œil plein de feux et d'âme
S'éteindre en un instant la flamme!

Elle meurt non seule. Elle avait
En elle un principe de vie
Dont son existence devait
Fleurir, par une autre embellie,
L'enfant innocent du péché,
Ce petit être sans lumière
Sans naître, clos, resta caché
Dans le sein même de sa mère;
Tombe, où tige et boutons tranchés
Du même coup gisent séchés.
Du ciel vainement la rosée
Avec tous ses trésors descend
Sur la fleur saignante passée
Et sur le fruit d'amour, saignant!

Ainsi vécut et mourut celle
De qui douleur et honte n'ont

Jamais plus à courber le front.
Trop lourde aurait été pour elle
La chaîne des ans et des mois
Qu'endureront des cœurs plus froids,
Jusqu'à ce que le déclin de l'âge
Et que du temps le long ravage
En terre les portent glacés.
Ses jours et ses plaisirs passés
Furent courts, et dans leurs prémices
Pleines de charme et de délices,
Fugitives comme son sort.
Mais aujourd'hui sur le rivage
Des mers dont elle aima la plage
Haidée est assoupie et dort,
L'île à présent est désolée,
Un rocher nu sans habitant,
Sans toit, maison, ni mausolée,
Sans un seul indice existant
D'argile humaine, où gît le père,
Où gît la fille, leur tombeau,
Sans une épitaphe, une pierre,
Pour parler d'un être aussi beau
Qu'elle fut. Nul glas funéraire
Que le bruit des mers, ne vagit,
Sur la jeune et belle insulaire
Fleur des Cyclades, ne gémit.

73 Mais sur son nom et sa mémoire
   La vierge grecque en chant d'amour
   Soupire, et partout cette histoire
   Vient charmer la nuit jusqu'au jour.
   La valeur était à son père
   Et la fille avait la beauté.
   Si son amour fut téméraire,
   Par sa mort il fut racheté.
   Il faut que toute erreur s'expie
   Bien cher et même de la vie.
   Ne croyez point fuir le danger;
   L'amour toujours sait se venger !

FIN DE DON JUAN

NOTES

1. Lord Byron s'étant éloigné pour toujours de l'Angleterre qu'il avait dotée de ses chefs-d'œuvre, d'abord admirés, puis méconnus et dénigrés comme sa propre personne, s'était fixé en Italie, où il séjourna pendant six ans, et où il publia beaucoup de productions nouvelles. Mais la vivacité de ses ressentiments, son dédain des principes de morale dont il niait la sincérité, venant sans cesse à traverser les nobles élans de son génie, le portèrent à commencer, en 1819, sans plan arrêté et presque au jour le jour, l'épopée fantastique qu'il désigna sous le nom de don Juan, l'homme aux mille aventures, le contempteur de toute vertu. Toutefois la vertu y joue aussi son rôle; et, dans cette œuvre capricieuse et multiple, dans ce grand poëme héroï-comique, où tout ce qui est comique est amer et souvent repoussant, ce qui est héroïque ou sentimental est sublime. C'est un fleuve impétueux qui roule des paillettes d'or au milieu de scories informes. Parmi les beaux épisodes qui s'en détachent, nous avons choisi celui de Haidée, amante infortunée de don Juan; tout en omettant dans notre traduction les longueurs étrangères au sujet.

2. Au second chant du poëme, don Juan, encore jeune, embarqué en Espagne, est assailli en mer par une affreuse tempête qui fait périr tout l'équipage et le jette mourant sur le rivage d'une des Cyclades, comme Ulysse, dans Homère, sur l'île des Phéaciens.

3. Ekenhead, lieutenant anglais, accomplit à la nage avec Byron cette traversée aventureuse.

4. Cette première apparition de Haidée est pleine de grâce, et rappelle celle de Nausicaa apercevant Ulysse. Mais plus tard, les amours naïves des deux jeunes gens ressemblent à celles de Daphnis et Chloé. Du reste Byron avait déjà peint cette même simplicité de mœurs dans son poëme pittoresque et trop peu connu, intitulé l'*Ile*.

5. Le portrait de Lambro, le vieux pirate grec, déjà très-bien esquissé ici, se développe plus tard avec une grande vigueur.

6. Le poëte avait eu un triste père; mais son grand-père, le commodore Byron, était un brave marin qui a laissé de curieux mémoires sur ses voyages.

7. Byron s'est plu à multiplier à l'excès ces peintures voluptueuses, résumées par Lucrèce dans ces vers charmants sur le groupe de Vénus et de Mars :

> In gremium qui sæpe tuum se
> Rejicit, æterno devictus vulnere amoris,
> Atque ita suspiciens, tereti cervice repostâ,
> Pascit amore avidos, inhians in te, dea, visus!
>
> *Poëme de la Nature* I.

8. Lord Castlereagh, ministre anglais peu populaire, chef des tories, auxquels le poëte fait continuellement la guerre en politique comme en littérature.

9. Quelle richesse et quelle vérité dans le tableau de cette fête orientale, dans laquelle on reconnaît, à travers le cours des siècles, et le banquet d'Alcinoüs et des traits du bouclier d'Achille, qui sont encore en usage dans la Grèce et dans l'Albanie.

10. Après une digression oiseuse sur les déceptions de l'amour, Byron introduit, au chant III, Lambro, témoin caché du festin qui se célèbre à ses dépens, comme celui des prétendants chez Ulysse. La prudence, la dissimulation sont égales chez les deux; l'extérieur est avenant, le cœur est inflexible; ce qui, selon Byron, caractérise aussi les rois d'Angleterre de la maison guelfe de Brunswick.

11. Un chantre ne manque pas à la fête, tel qu'il apparaît partout dans l'antiquité et dans le moyen âge. Nous avons abrégé son portrait trop peu flatteur, pour mieux faire ressortir son hymne sublime sur la décadence de la Grèce.

12. Le soir inspire à Byron les souvenirs les plus touchants, Après avoir entonné l'hymne de l'Ave Maria, il se rappelle avec émotion ses promenades solitaires autour de Ravenne, et ne saurait mieux en peindre le charme qu'en traduisant ces vers du grand poëte qui y repose :

> Era già l'ora che volge il disio
> A' naviganti, e'ntenerisce il cuore,
> Lo dì ch'han detto a' dolci amici addio ;
> E che lo nuovo peregrin d'amore
> Punge, se ode squilla di lontano
> Che paia 'l giorno pianger che si muore.
>
> DANTE, *Purgatoire*, VIII.

13. Byron, sous l'empire de ces pensées sérieuses, reste fidèle à son sujet en décrivant admirablement le songe inquiet de Haidée, l'apparition subite de son père et la catastrophe des deux amants.

14. La peinture de la folie muette de Haidée est d'une vérité telle qu'elle arrache des larmes ; heureux le poëte s'il avait toujours ainsi écouté son cœur, en réprimant son esprit ironique !

POÉSIES DIVERSES

SOUVENIRS PERSONNELS[1]

L'ABBAYE DE NEWSTEAD[2]

Le vent siffle, ô Newstead, à travers tes créneaux.
Tu tombes en croulant, vieux manoir de mes pères ;
Où souriaient jadis tes jardins, tes berceaux,
La ronce étouffe au loin les roses printanières.

Des chefs bardés de fer, des orgueilleux barons,
Conduisant leurs vassaux aux champs de Palestine,
Rien ne reste, excepté boucliers, écussons,
Qu'agite l'ouragan sous tes murs en ruine.

Du vieux Robert non plus le luth au mâle son
N'excite le désir des lauriers de la guerre.
Jean de Moristan dort près des tours d'Ascalon,
Le trépas a glacé son chantre et l'a fait taire.

Paul et Hubert encor sommeillent à Crécy,
Tombés pour le salut d'Édouard, de l'Empire.
O mes pères, leurs pleurs vous consolent ici;
Vos combats, votre mort, l'histoire peut les dire.

Avec Rupert aussi combattant à Marston
Quatre frères baignaient ses champs d'un sang fidèle
En défendant le roi contre un traître félon,
Jusqu'à ce que la mort scellât leur foi, leur zèle.

Adieu, nobles héros, ombres de mes aïeux,
Un de vos fils vous quitte. Adieu, votre mémoire
Au dedans, au dehors, et vos faits glorieux
Rempliront ses pensers de vous et de la gloire.

Si son œil est mouillé de pleurs en vous quittant,
La peur ne les fait point couler, mais la nature;
Même émulation va le suivre en partant.
De loin oublierait-il une vie aussi pure?

Ces souvenirs, ces noms, lui seront précieux.
Il fait un vœu sacré de ne jamais forfaire;
Mais comme eux ou de vivre ou de périr comme eux,
Et mêler en mourant sa cendre à leur poussière.

1803

A LORD DORSET[3]

Dorset, toi dont les premiers pas
Unis aux miens, du mont Ida
Franchirent toutes les vallées
Dans leurs sentiers au loin foulées,
Toi dont l'affection m'apprit
A te protéger et défendre,
Et dans mon pouvoir me rendit
Moins un tyran qu'un ami tendre;
Bien qu'un vieil usage exigeant
Te prescrivît l'obéissance,
A moi le haut commandement.
Toi sur qui bientôt l'opulence
Versera son riche trésor,
L'orgueil de la puissance et la moisson de l'or;
Déjà même le nom dont l'éclat t'environne,
Un grand nom est le tien, un rang non loin du trône.
Mais, Dorset, que cette grandeur
N'aille pas fasciner ton cœur
Ni te faire fuir la science,
Te soustraire à l'obéissance.
Car maint précepteur timoré,
Pusillanime, osant à peine
Contrarier l'enfant titré,

Qui peut l'élever d'une haleine,
Courtisan souple, voit faillir
Un duc, objet de complaisance,
Et regarde avec indulgence
Des torts qu'il tremble de punir.
Lorsque maint jeune parasite
Que la fortune allèche, invite,
Devant son idole tourné,
Et non devant toi prosterné,
Du rayon d'or qui vient d'éclore
Esclave, va saluer l'aurore,
Lorsqu'il te dit, pour te flatter,
Que la pompe doit escorter
Ceux que le sort de la naissance
Prédestinait à la puissance;
Que les livres sont seulement
Pour la classe sotte et vulgaire,
Mais qu'un esprit fort, éminent,
Méprise la règle ordinaire.
Non, ne crois pas ces flatteurs, non!
C'est le sentier de l'infamie,
Le seul lot de l'ignominie
Dont ils veulent flétrir ton nom.
Tourne-toi vers le chœur d'élite,
Quelques élus du mont Ida,
Le jeune essaim de vrai mérite,
Dont l'âme ne dédaigne pas

De condamner une faiblesse.
Ou, des amis de ta jeunesse
Si nul n'ose d'autorité
Ouvrir la bouche avec courage
En faveur de la vérité,
Prends hardiment ce sûr langage.
C'est ton cœur qui le dictera,
Te disant de sa voix sévère :
« Jeune homme, ne va pas le faire ! »
La vertu, je le sais, est là !....

1805

LES COLLINES D'ANNESLEY [4]

Collines d'Annesley, coteaux âpres et nus
Où courait mon enfance insouciante et folle.
Quelle guerre se font, rudes filles d'Éole,
Les tempêtes du nord sur vos abris touffus !

En trompant du loisir les fugitives heures,
Je ne vois plus, hélas ! vos charmantes demeures.
Marie, hélas ! non plus, souriant à mes yeux,
Ne me révèle en vous un doux reflet des cieux.

1805

A MARIE CHAWORTH

MARIÉE A M. MUSTERS [5]

Eh bien ! tu goûtes le bonheur,
Puissé-je le goûter moi-même !
Je veux le tien au fond du cœur,
Ce fut toujours mon vœu suprême.

Le bonheur d'un époux béni
Me causera bien de la peine.
Mais qu'elle passe ! Ah, que pour lui,
S'il t'aimait moins, j'aurais de haine !

Je sentis ce cœur se briser,
Voyant l'enfant qui t'est si chère ;
Elle sourit, eut un baiser
Que je lui donnai pour sa mère.

Avec un soupir douloureux
Je retrouvais son père en elle ;
Mais de sa mère elle a les yeux,
D'amour pour moi miroir fidèle.

Mais, Marie, il faut te quitter ;
Ton bonheur m'absout de tout blâme.

Près de toi je ne puis rester
Sans rallumer ma vieille flamme.

Par le temps et par ma fierté
Je crus qu'elle était amortie,
Amour d'enfant! A son côté
Sauf l'espoir, j'aime encor Marie.

Mais je suis calme. Au temps jadis
Mon cœur tressaillait à sa vue
Ce serait un crime aujourd'hui.
Nulle fibre en moi n'est émue.

Tes regards en moi n'ont pu voir
Une agitation fébrile,
Mais bien du sombre désespoir
La fixité morne et tranquille.

Rêve de mon enfance, adieu!
Jamais pour moi ne te réveille,
Retourne au Lethé fabuleux,
Que mon cœur se brise ou sommeille!

1808

CHANT DE GUERRE DES GRECS [6]

Δεῦτε παῖδες τῶν Ἑλλήνων.

Levez-vous, enfants de la Grèce !
L'heure de la gloire a sonné.
Que chacun songe en sa prouesse
A la race dont il est né.

Marchons armés, fils de la Grèce !
Et, combattant sous nos drapeaux,
Du sang du Turc qui nous oppresse
Foulons sous nos pieds les ruisseaux.

Puis, en hommes, dans notre haine,
Bravons le joug de nos tyrans.
Le pays brisera sa chaîne,
Voyant se lever ses enfants.
Vous, ombres des chefs et des sages,
Regardez la lutte venir.
Fiers Hellènes des anciens âges,
Du tombeau puissiez-vous sortir !

Au son bruyant de ma trompette,
Rompez, rompez votre sommeil ;
A moi, sans que rien vous arrête,
Joignez-vous à votre réveil.
Des sept collines vers la ville,
Courons, attaquant la cité,
Triompher d'une race vile
Et conquérir la liberté !

Ah ! dans ta longue léthargie,
Sparte, Sparte, pourquoi dormir ?
Éveille-toi donc, viens t'unir
Avec Athène, vieille amie.
Le chef des antiques chansons,
Léonidas ici t'appelle,
Votre sauveur, et le modèle
Fort et terrible en ses leçons :

Lorsqu'opposant aux Thermopyles
Une barrière aux ennemis,
Avec trois cents contre cent mille,
Pour garder libre le pays,
Il leur disputa le passage,
Debout, en héros combattant ;
Et, comme un lion plein de rage,
Expira dans des flots de sang.

1811

CHANSON ATHÉNIENNE[7]

Ζώη μοῦ, σας ἀγαπῶ

En nous quittant, fille d'Athène,
Rends-moi le cœur que tu m'as pris
Et tout ce que tu me ravis.
Non ! Je reprends plutôt ma chaîne
Entends mes vœux et leur écho :
    Zoé mou sas agapo.

Ah ! par ces vagabondes tresses
Qui de la mer ont les caresses,
Par ces cils aux franges de jais
Baisant ta joue, et ses reflets,
Par tes regards de feu, ma belle,
Tes yeux de sauvage gazelle :
    Zoé mou sas agapo.

Par ta bouche où je veux poser,
O mon âme, un brûlant baiser,
Par ta ceinture qui dessine
Ta taille si svelte et si fine,

Par ces fleurs, gages éloquents,
Plus que les plus tendres accents,
Par l'amour, sa joie et sa peine,
Je t'adore, ô fille d'Athène :
  Zoé mou sas agapo.

Fille d'Athène, pense à moi.
Je suis déjà bien loin de toi,
Dans Stamboul, objet de ma flamme !
Athène aura mon cœur, mon âme,
Je t'aimerai jusqu'au tombeau :
  Zoé mou sas agapo.

1811

MÉLODIES HÉBRAÏQUES[8]

LA FILLE DE JEPHTÉ

Si Dieu, si mon pays veulent un sacrifice
Et demandent, mon père, ici que je périsse.
A ton vœu solennel si ton triomphe est dû,
Frappe de ton enfant, sans pitié, le sein nu.

Et la voix de mon deuil est aujourd'hui passée,
Et les filles des monts ne verront plus leur sœur ;
Si cette main chérie, et qui m'a caressée,
Me frappe, le coup même aura moins de rigueur.

Et de ceci, crois-le, sois certain, ô mon père,
Qu'il est bien pur le sang de ta fille si chère,
Comme elle est pure aussi la bénédiction
Que ta fille humblement à tes genoux implore;
Baume doux et puissant de consolation
Pour calmer ma pensée à ma dernière aurore.

Les vierges de Salem ont beau se lamenter :
Sois un homme, un héros, sois le juge sévère.
Le triomphe pour toi, je l'ai su remporter,
Car libres sont par moi mon pays et mon père.

Quand jaillira mon sang, le tien, pour toi versé,
Quand ma voix à ton cœur si douce aura cessé,
Que de moi, ton orgueil, la mémoire respire,
Souviens-toi qu'en mourant tu reçus mon sourire.

1815

LA TOMBE VIRGINALE

Toi qui nous fus ravie en ta fleur de beauté,
Tu ne sentiras pas sur toi la lourde pierre,
Mais le léger gazon sur ton ombre jeté
Recevra le premier la rose printanière
Naissante chaque année, et le sombre cyprès
Tremblera mollement, emblème de regrets.

Le ruisseau qui glapit, sur son onde azurée
Verra languissamment la plaintive douleur
Pencher sa tête. Ici la pensée égarée,
Profonde, nourrira sa fantastique erreur.
Pauvre cœur! quand ton pied ici fait une pause,
Crois-tu troubler la paix de la mort qui repose?

Arrière! nous savons que tous nos pleurs sont vains,
Que la mort s'en détourne et ne veut rien entendre.
Eh quoi! nous plaindrons-nous et pleurerons-nous moins?
De se plaindre et pleurer qui pourrait se défendre?
Bien plus, toi qui me dis toi-même d'oublier,
Moi, je te vois pâlir et tes yeux se mouiller!

1815

DÉFAITE DE SENNACHÉRIB

Comme un loup au bercail s'élance dévorant,
L'Assyrien accourt, de pourpre étincelant;
Les lances scintillaient aux champs de Galilée,
Comme des astres d'or sur la mer azurée.

En ses feuilles d'été, verdoyante forêt,
Au coucher du soleil resplendissait l'armée;
Mais, dès le lendemain, elle fond, disparaît
Comme la feuille au vent d'automne consumée.

Sur ces flots de dormeurs, impuissants ennemis,
L'ange noir de la mort plane en soufflant, et passe,
Et leurs yeux assoupis sont devenus de glace,
Après un seul effort pour jamais endormis.

Là gisait le coursier la narine béante,
Mais sans faire ronfler ses fiers hennissements.
Son écume à ses pieds, glacée et blanchissante,
Était celle du flot qui du roc bat les flancs.

Son cavalier gisait pâle, informe sur terre,
Le front humide et froid et la rouille au harnais.
Sous la tente en silence inerte est la bannière,
La lance non levée, et les clairons muets.

Et des veuves d'Assur le cri plaintif s'élève.
Baal a vu briser l'idole à son autel,
Et l'orgueil des gentils non touchés par le glaive,
Comme la neige fond sous l'œil de l'Éternel.

1815

FESTIN DE BALTHAZAR

Balthazar était sur son trône,
De ses satrapes entouré.
De cent lampes le feu couronne
En gerbes le palais doré.
Sur le festin et sur l'orgie
Ruisselle mainte coupe d'or ;
Sacrée en Juda jusqu'alors,
Du vin païen elle est remplie.

Et dans la salle du festin,
Précisément à la même heure,
Paraissent les doigts d'une main
Qui sur le mur fixe demeure.
Comme sur un sable mouvant,
Elle a tracé des caractères,
Sous un magique talisman
Plein de terreur et de mystères.

Et le monarque a tressailli,
Pâle, tremblant à cette vue;
Tout éclat de joie est banni.
Puis il dit d'une voix émue :
« Que tous les hommes de savoir
Et les plus sages de la terre
Expliquent selon leur pouvoir
De ces mots l'étrange mystère
Qui vient assombrir la gaîté
De notre haute majesté! »

Le Chaldéen, d'ailleurs habile,
Ici semble savoir fort peu.
Toute sa science est stérile;
Et les mots en lettres de feu
Restent une énigme terrible
Aux hommes d'âge inaccessible.
Ce sont des sages, rien de plus;
Ils ont vu des mots inconnus.

Un prisonnier sur cette terre
Étranger, jeune, apprend du roi
Le commandement et la loi;
Des mots il perce le mystère.
Les lampes brillent à l'entour;
Pour les yeux du sage en son jour
Vient d'éclater la prophétie.

L'élu de Jéhovah la lit
A haute voix dans cette nuit ;
Et demain la voit accomplie.

Le tombeau du roi fut creusé,
Son empire tombe en poussière ;
Dans la balance il est pesé,
Comme argile vile et légère.
Le blanc linceul est son manteau,
Le marbre en dôme le couronne ;
Le Mède a préparé l'assaut,
Le Perse monte sur son trône.

1815

PROMÉTHÉE [9]

Titan, dont les yeux immortels
Des hommes voyaient les misères
Et tous les maux vrais et réels,
Non les scènes imaginaires,
Dont se rit la pitié des dieux ;
La tienne, hélas ! objet de haine,
Eut pour prix un supplice affreux :

Le roc, le vautour et la chaîne,
Tout ce qu'un cœur pourrait souffrir
Sans dévoiler son agonie,
Et sa douleur sans la trahir,
Poignante, intime, ensevelie,
Au désert seul pour éclater,
Tremblante même en sa souffrance
D'avoir le ciel pour l'écouter,
Ne soupirant dans le silence
Que si, dans l'excès de ses maux,
Sa voix ne trouve plus d'échos.

C'est bien à toi que fut donnée,
O Titan, par la destinée
La lutte entre ta volonté
Et la souffrance qui torture,
Sans triompher de la nature,
Et d'un caractère indompté,
Bravant du sort la tyrannie;
Affrontant l'implacable ciel
Rebelle à la haine ennemie,
Qui se fait un jeu trop cruel,
Une loi d'être créatrice,
Pour être ensuite destructrice.
Fatalité, ne point mourir,
Éternité, don misérable,
Triste lot, tu sais le subir

Avec une force admirable.
Et tout ce que le dieu tonnant
T'arracha, fut le seul blasphème.
La menace qui sur lui-même
Fit rejaillir le châtiment.
Le sort que tu prédis d'avance,
Sans rien dire pour l'apaiser,
Devint, même par ton silence,
L'arrêt qu'on vit sur lui peser.
Et, pour savoir ainsi te taire,
Dans son âme un vain repentir,
D'un trouble tel le fit frémir
Qu'en ses mains trembla le tonnerre.

Ton crime d'être bienfaiteur,
Et qui te fit aux dieux semblable,
Fut de rendre moins misérable
L'homme en fortifiant son cœur.
Ton énergie et ta constance,
Ta force au milieu des rebuts,
Ta patience et tes refus,
Ton inflexible résistance,
Ont fait que nous, nous héritons,
Par ton génie impénétrable
Au ciel, sur terre inébranlable,
De grandes, puissantes leçons,
Pour les mortels, signe et symbole

De leur force et de leur destin.
Comme toi l'homme joue un rôle,
Est comme toi moitié divin,
Ruisseau troublé de quelque source
D'eau pure, égaré dans sa course.
L'homme en partie en soi pressent
Sa funéraire destinée
Que son instinct a devinée ;
Sa misère, mal incessant,
Son orgueilleuse résistance,
Une lamentable existence
Sans pareille. Il peut seul oser
Faire face, et même s'opposer
A tous les maux de sa nature,
Digne par son ferme vouloir,
Son sens profond et son pouvoir,
De reconnaître en sa torture
Qu'il en concentre en soi le prix,
Et qu'il en accepte la gloire,
Quand, triomphant en ses défis,
Il fait de la mort sa victoire.

1816

LE SONGE

VISION DOULOUREUSE [10]

I

La vie a deux côtés : le sommeil, monde entre eux,
Confine à deux objets aux noms malencontreux :
L'existence et la mort. Le sommeil est un monde,
De ces extrémités la limite profonde,
Vaste, étrange royaume en sa réalité.
Les rêves ont leur âme et leur vitalité,
Qui respire, se meut, s'étend et se déploie,
Leurs tortures, leurs pleurs, leur douleur et leur joie.
Laissant à l'âme un poids au sortir du sommeil,
Ils allègent le poids des travaux du réveil;
Ils divisent notre être, en font une partie
Qui s'incorpore au temps, à nous s'identifie;
De l'éternité même ils sont les messagers,
Les hérauts du passé, les esprits passagers,
Et devant l'avenir ils parlent en sibylles,
Leur empire s'étend sur tous nos sens dociles;
Ils dominent en nous la peine et le plaisir,
Ce que nous n'étions point ils nous font devenir,
Et ce qu'eux-mêmes sont. Le rêve nous agite

Par la vision même évanouie, en fuite;
Et de l'ombre passée excite la terreur.
En est-il donc ainsi? Ce n'est point une erreur.
Le passé quel est-il? Rien qu'une ombre, et le rêve,
C'est la création du cœur qui le relève.
L'âme peut enfanter la substance, et peupler
Des planètes à soi qu'elle fait plus briller,
D'êtres, ses propres fils. L'âme donne la vie
Aux formes qu'elle crée avec sa fantaisie,
Leur donnant un visage, une figure, un corps,
Qui même à toute chair peuvent survivre encor.

Je veux vous raconter ma vision. Peut-être
Dans un rêve vint-elle à mes sens apparaître,
Une pensée en soi qui sommeille et qui dort
Évoque beaucoup d'ans sous son rapide essor,
Et sa vertu magique, abrégeant la distance,
Concentre dans une heure un siècle d'existence.

II

Deux êtres, du jeune âge en la fleur et l'éclat,
Ensemble se tenaient, couple au frais incarnat,
Sur le penchant moelleux d'une verte colline,
Promontoire dernier des monts qu'elle dessine,
Sauf les flots d'une mer pour en baigner le pied;
Paysage animé, richement émaillé,

De bois et d'épis d'or une plaine onduleuse.
De cet émail mouvant de terre plantureuse
Sortaient des toits humains rares et dispersés
Et des jets de fumée en festons élancés.
La colline portait à son sommet un trône
D'arbres droits et rangés, symétrique couronne
Que n'avait point tressée, avec ses mille jeux,
La nature, mais l'art de l'homme ingénieux.
Les deux adolescents, jeune homme et jeune fille,
Sont ici contemplant une scène qui brille.
Elle en avait l'éclat, et l'enfant enchanté,
Dans son ravissement et sa naïveté,
D'un regard fasciné, lui, ne regardait qu'elle,
Car le couple était jeune et la vierge si belle !
Oui, jeunes ils étaient ; mais dans cette saison
Ne se ressemblaient point. Ainsi qu'à l'horizon
La charmante Phébé donne sa douce flamme,
La vierge allait entrer dans l'âge de la femme.
L'adolescent comptait moins d'étés ; mais son cœur
D'un âge plus fougueux a devancé l'ardeur.
Pour ses yeux il n'était qu'une vierge sur terre
Dont le rayonnement lui dardait sa lumière.
Sans le laisser passer, son regard s'y gravait ;
Sans haleine, sans voix, tout en elle il vivait ;
Seule elle était sa voix ; muet, son âme émue
Tremblait en l'entendant. C'était aussi sa vue.
Son œil suivait le sien. Il voyait de ses yeux :

Elle prêtait à tout son prisme radieux.
En lui son existence est bornée et finie,
C'est l'océan où droit ses pensers vont courir,
C'est la fin et le but où tout vient aboutir.
Enfin, elle s'est faite elle entière sa vie;
Un toucher de sa main, un seul ton, un accent,
Précipitent et font refluer tout son sang.
Son visage a changé de couleur; il endure,
Mais sans savoir pourquoi, dans son cœur la torture.

Cet amour, ce n'est pas elle qui le sentait;
Ce n'était pas pour lui que son cœur palpitait.
Pour elle il n'était pas même un peu plus qu'un frère,
Encor c'était beaucoup qu'amitié familière,
Car sans frère elle était, et ce nom enfantin,
Elle le lui donna de leurs jours au matin.
Unique rejeton d'une ancienne famille
Honorée en son temps, la noble jeune fille
A son ami d'enfance avait donné ce nom
Qui lui plut, et pourtant lui déplut. Pourquoi non?
Pourquoi tout à la fois lui plaire et lui déplaire?
Ah! le temps s'est chargé d'une réponse austère :
C'est que la jeune fille en ce moment aimait,
Qu'elle en aimait un autre. Et puis sur le sommet
De la colline, au loin, devançant la distance,
La voilà regardant en son impatience
Si le prompt destrier d'un amant égalait
De son pas ses désirs et vers elle volait.

III

Un changement s'est fait dans l'esprit de mon rêve.
Un gothique castel, un vieux manoir s'élève ;
Sous ses murs un cheval est caparaçonné.
Là dans un oratoire antique, abandonné,
Est notre adolescent, en amoureuse peine,
Isolé, pâle, en long, en large il se promène ;
Il s'assied, il saisit sa plume, il a tracé
D'énigmatiques mots d'un sens embarrassé,
Et puis sur ses deux mains il a penché la tête.
Convulsif, il l'agite, en proie à la tempête
D'une crise nerveuse, et puis se relevant,
Déchire de sa main fiévreuse et de sa dent
Ce qu'il avait écrit ; sans pleurer il soupire,
Se calme, se remet de ce choc et respire,
S'absorbant sur un point, son sourcil s'est fixé
Dans un repos profond quand il est affaissé,
La dame, ses amours, là-dessus est rentrée,
L'air serein, souriant, se sentant adorée
De ce cœur si brûlant. Pourtant elle sait bien,
Car cette connaissance à tous promptement vient,
Que sur ce pauvre cœur elle répand une ombre ;
Elle voit sa misère et sa passion sombre ;
Elle voyait cela, mais ne voyait pas tout.
Le jeune homme se lève, et s'approchant, debout,

Prend sa main d'une froide et d'une douce étreinte;
Un moment sur ses traits une indicible empreinte
S'est gravée. Effacée, elle passe et n'est rien.
Il laisse alors tomber cette main de sa main,
Se retire à pas lents, sans toutefois lui dire
Un adieu; car ils ont échangé leur sourire.
Lui sur son destrier, hors des vieux murs chenus,
Franchit le seuil massif qu'il ne franchira plus.

IV

Un changement s'est fait dans l'esprit de mon rêve [11].
L'enfant s'est élancé, dans sa robuste séve
A la virilité. Sous des climats de feux,
Aux sauvages déserts, il s'est fait d'autres cieux,
Pèlerin solitaire et farouche, et son âme
Alla boire à gorgée aux rayons de leur flamme.
Il y voit maint aspect d'étrange nouveauté;
Lui-même n'était plus ce qu'il avait été :
Il était voyageur sur ces lointains rivages.
Une masse d'objets, de mobiles images
Vint ici l'assaillir en flot amoncelé.
Comme une part du tout, à tout il s'est mêlé.
A la fin, du midi sous les feux il repose.
Accablé, languissant, nonchalante est sa pose;
Couché négligemment entre mille débris

De colonnes, de blocs et de temples détruits.
A l'ombre de leurs murs en ruine, en poussière,
Survivant au vain nom de qui posa leur pierre.
Là, pendant son sommeil, des troupes de chameaux
Passent à ses côtés, et de nobles chevaux
Piaffent attachés au bord d'une fontaine,
Veillés par un gardien à la robe qui traîne ;
Et la tribu dormait sous ce dôme d'azur,
Ne voyant que Dieu seul sous un ciel aussi pur.

V

Un changement s'est fait dans l'esprit de mon rêve.
La vierge qu'il aima jusqu'à la fin, sans trêve,
S'est unie à l'époux qui ne l'aimait pas mieux.
Dans son pays natal, bien loin, bien loin des lieux
Où naquit celui-ci, d'une moisson dorée,
D'un riche essaim d'enfants elle vit entourée,
Filles, fils de beauté. Pourtant le noir chagrin
En sa teinte lugubre est sur ses traits empreint.
D'un trouble intérieur voyez l'ombre fixée,
Sur un œil anxieux sa paupière affaissée
Et chargée, on dirait, d'un poids pesant de pleurs
Qu'elle n'a pu verser. D'où naissent ses douleurs ?
De tout ce qu'elle aimait elle a la jouissance,
Et celui qui l'aima ne peut en son absence

Troubler ses pensers purs de ses vœux indiscrets,
D'un espoir inutile et d'importuns regrets
Que sait mal réprimer une affliction vaine.
De cette femme alors qui peut causer la peine?
Elle ne l'avait pas payé d'un doux retour,
Il n'eut jamais sujet de croire à son amour;
Il n'a donc point de part à sa douleur secrète
Qui se trahit encore alors qu'elle est muette.
Ce n'est point lui qui fait à son regard froissé
Apparaître et planer le spectre du passé.

VI

Un changement s'est fait dans l'esprit de mon rêve[12].
Du rôdeur vagabond la course ici s'achève.
De retour en ces lieux j'ai revu ce mortel
Lui-même se tenant droit devant un autel
Avec sa fiancée aimable, intéressante,
Belle aussi, mais non pas l'étoile éblouissante
Qui sur ses jeunes ans brillait, astre du ciel.
Tandis qu'il se tenait juste aux pieds de l'autel,
La même vision qui d'un choc électrique
Le frappa solitaire en l'oratoire antique,
Revient sur son visage ici dans cet instant
De son âme graver le miroir palpitant.
D'ineffables pensers l'empreinte ici tracée,

Comme elle était venue, alors s'est effacée.
Il restait toujours calme, impassible à l'autel
Et semblait prononcer le vœu sacramentel.
Mais il n'écoutait point ce qu'il venait de dire,
Pendant que les objets tournaient, en ce délire,
Il pouvait distinguer, non la réalité,
Ni même tout ce qui devait avoir été,
Mais l'antique manoir, la salle si connue,
La chambre en sa mémoire à l'instant revenue;
Le jour, l'heure et le lieu, le rayon du soleil,
L'ombre dont s'obscurcit l'astre pur et vermeil,
Et chaque impression palpitante, émanée
De celle qui formait toute sa destinée,
Et dans un tel moment! Fatale vision;
Entre le jour et moi quelle apparition!

VII

Un changement s'est fait dans l'esprit de mon rêve[13].
L'objet de son amour, la jeune fille d'Ève,
Par les peines de cœur, ah! qu'il est altéré,
De la raison le siége est chez elle égaré.
Ses yeux n'ont plus déjà leur lustre et leur lumière,
Ce n'est plus un regard qui s'attache à la terre.
Reine de la chimère et des illusions,
D'objets disjoints, épars, confuses visions,

Elle combine en elle une forme impalpable,
Pour d'autres insensible, énigme indéchiffrable,
Le monde dit que c'est de la folie. Au fond,
Celle du sage a bien un type plus profond;
Non point de l'insensé la vulgaire folie.
Ah! ce fixe regard de la mélancolie,
Qu'est-il autre qu'un don prophétique et fatal,
De toute vérité télescope et signal,
Qui, de sa fantaisie élaguant la distance,
A notre unique point ramène l'existence,
La dépouille, et l'expose en toute nudité,
Donnant le réalisme à la réalité.

VIII

Un changement s'est fait dans l'esprit de mon rêve.
C'est un autre horizon dont le rideau se lève.
Le voyageur errant seul est redevenu;
Tout ce qui l'entourait au loin a disparu,
Ou bien lui fait la guerre. Il est un point de mire,
La désolation et le mal, tout conspire,
La haine associée à la contention.
Dans tout ce qu'on lui sert règne l'affliction.
Jusqu'à ce qu'imitant les jours de l'âge antique,
Et le célèbre chef du royaume pontique,
Il ait pris le poison, demeuré sans vertu,

Comme son aliment; que seul il ait vécu
De ce qui fait mourir ceux de la race humaine.
Devenu familier des monts et de leur scène,
Avec l'Esprit vivant, l'âme de l'univers,
Il tient un dialogue aux célestes déserts;
Et c'est là qu'il apprend leurs magiques mystères;
Le livre de la nuit lui montre ses lumières,
De l'abîme les voix révèlent leur secret,
Leurs prodiges cachés; ainsi donc qu'il soit fait!

IX

Mon rêve était passé, sans de nouvelle phase.
Certe, il était d'un ordre étrange en son extase.
Fidèle il avait peint en de vives couleurs
De deux êtres réels le sort et les douleurs,
Images d'un destin où l'un dans la folie,
Tous deux dans le malheur, devaient finir leur vie.

1816

ADIEUX A LADY BYRON

Adieu! fût-ce un adieu suprême[14]!
Je te bénis jusqu'au trépas.
Quoique tu ne pardonnes pas,
Adieu! mon cœur sera le même.

Puisse mon sein pour toi s'ouvrir
Qui soutint mainte fois ta tête,
Où ne pourra plus revenir
Le calme en ton âme inquiète!

Si ce cœur nu pouvait offrir
A toi mon intime pensée,
Tu pourrais enfin découvrir
Qu'à tort tu l'avais repoussée.

Le monde en vain veut t'encenser;
Quand de ce coup sourit le monde,
Son éloge doit t'offenser,
Sur les maux d'autrui s'il se fonde.

J'ai pu commettre mainte erreur;
Une autre main n'y pouvait-elle

Que celle qui pressa mon cœur
Faire une blessure mortelle?

Ne t'abuse pas cependant,
Le cœur lentement se détache;
Non, ne crois pas que sur l'instant
D'un seul effort l'amour s'arrache.

Le tien vivace dure encor;
Le mien doit battre en sa souffrance.
Ma pensée en bravant la mort
Du retour n'a plus l'espérance.

Ces derniers mots ont plus de deuil
Que le désespoir funéraire.
Nous vivons, chacun loin du seuil,
Dans un veuvage solitaire.

Quand notre enfant balbutiera
Le premier mot de sa prière,
Est-ce à ta voix qu'elle dira,
Étrangère à mes soins, mon père?

Quand sa petite main s'unit,
Sa bouche collée à la tienne,
Pense à celui qui te bénit,
De son amour qu'il te souvienne!

Si ses traits allaient te montrer
Les miens en l'absence éternelle,
Ton cœur peut-être ira vibrer
D'un pouls encore à moi fidèle.

Mes fautes, tu les peux savoir;
Nul ne sait toute ma folie.
Mais où tu vas, de mon espoir
Partout les vœux t'auront suivie.

Tout sentiment se brise en moi,
Et mon orgueil, que rien n'étonne,
Se courbe abandonné par toi;
Mon âme même m'abandonne.

Vains mots! Les miens plus vains encor.
Oui, mais malgré nous nos pensées,
Sans nul frein prenant leur essor,
Libres, s'envolent élancées.

Adieu! dans mon isolement,
Sans un lien qui me retienne,
Saignant de ce déchirement,
En mes malheurs c'est vivre à peine!

1816

A Mʀˢ AUGUSTA LEIGH

SA SŒUR

Quand tout prit à l'entour un aspect triste et sombre[15],
Quand la raison retint à peine sa lueur,
Que d'espoir l'étincelle en mourant comme une ombre,
Ne faisait qu'égarer mes pas de voyageur;

De l'esprit ténébreux dans la nuit solitaire,
Dans la lutte intestine au sein d'un cœur fiévreux ;
Redoutant de passer pour faible et débonnaire,
Quand le craintif, le froid, refusent leurs adieux;

Quand la fortune change et que l'amour s'envole,
Lorsque sifflent partout de la haine les traits :
Tu restes mon idole et ma seule auréole
Qui se leva pour moi sans se coucher jamais.

Béni soit le rayon de ta vive lumière
Qui veillait sur mes jours de l'œil d'un séraphin,
Entre la nuit et moi, doux astre tutélaire,
Toujours étincelant, charitable et serein !

Lorsque sur notre tête un jour fondit la nue,
Sur ta pure clarté cherchant à s'épaissir,
Ta flamme plus limpide alors s'est étendue
Forçant par sa splendeur les ténèbres de fuir.

Que sur le mien encor ton esprit se repose,
Lui montrant ce qu'il doit ou braver ou souffrir.
Plus puissante en ta bouche est la parole éclose
Que les rebuts du monde ardent à m'assaillir.

Droite, ferme et debout sur ta tige charmante,
Tu fus l'arbre, sans rompre, incliné mollement,
Qui, vacillant, fidèle en sa feuille ondulante,
De rameaux protecteurs ombrage un monument.

Les vents ont beau hurler, les cieux fondre, ta tête,
Comme elle se tenait, résisterait encor,
Dévouée à verser, au fort de la tempête,
De tes rameaux vivants sur moi les gouttes d'or.

Non, toi ni tous les tiens n'auront aucun dommage,
Quoique s'appesantisse implacable le sort;
Le ciel accueillera sous son brillant mirage
Les tiens, mais toi surtout, cher, précieux trésor !

Qu'amour déçu se brise et s'éteigne en sa flamme,
Le tien, jamais : il peut, sans changer, tout sentir.

Elle est tendre, mais rien n'ébranlerait cette âme;
Ton amour ne saurait varier ni fléchir.

Quand l'amour et le cœur crouleraient en ruine,
Ils resteraient fixés comme toujours en toi;
Et lorsqu'à tant de chocs résiste ta poitrine,
La terre ne saurait être un désert pour moi.
1816

. . . .

LE 36me ANNIVERSAIRE

Éveille-toi, non plus la Grèce[16],
Ils se sont éveillés, ses fils;
Mais toi, mon cœur, qu'un lourd sommeil oppresse
En mes sens engourdis !

Songe de qui jaillit la source
En toi de ce sang noble et pur,
Et, t'efforçant de reprendre ta course,
Frappe un coup ferme et sûr.

Sur tes passions qui renaissent,
Marche dans ta virilité;
Que le dédain, le sourire te laissent
Froid devant la beauté.

Si de tes jeunes ans tu gémis, pourquoi vivre?
C'est ici qu'est le lieu d'une honorable mort.
Cours au champ des héros, hâte-toi de les suivre,
Viens expirer au port.

Regarde autour de toi, tu trouveras sans peine
La tombe des guerriers où finiront tes maux;
Prends pied, fixe ton choix au sein de cette plaine
Pour trouver le repos!

1824

FIN

NOTES

1. Après avoir reproduit, dans ces deux volumes, les œuvres les plus éminentes de lord Byron, nous présentons ici, pour terminer, quelques-unes de ses Poésies diverses, feuilles volantes disséminées par lui pendant l'espace de vingt années, et qui marquent les phases principales de cette vie si accidentée.

2. Le jeune Byron, appelé à l'âge de quinze ans à des études supérieures, adressa ces adieux à l'antique manoir de ses pères, dont il rappelle les glorieux souvenirs.

3. En quittant le collége de Harrow, surnommé le mont Ida, Byron laissa ces sages conseils au duc de Dorset, son condisciple.

4. Souvenir de Marie Chaworth, sa première inclination sérieuse, quoiqu'elle eût deux ans de plus que lui, ce qui empêcha leur mariage.

5. Le poëte exprime dans ces beaux vers son attachement respectueux mais profond pour Marie Chaworth, devenue l'épouse de M. Musters.

6. Byron, parti pour la Grèce en 1810, traduisit, dans son enthousiasme, cet hymne guerrier composé par Riga, noble patriote de Thessalie qui tenta vainement, en 1792, d'affranchir la Grèce du joug des Turcs.

7. Au moment de quitter Athènes pour Constantinople, la ville aux sept collines, il improvisa ces strophes en l'honneur d'une jeune Grecque.

8. Ces mélodies, imitées mais non traduites des psaumes hébreux, furent composées par Byron après son retour à Londres en 1815. Destinées à être mises en musique, quelques-unes rappellent par l'éclat du style les mélodies irlandaises de Thomas Moore.

9. Prométhée, fils de Japet, dont le poëte esquisse le caractère qui devait naturellement lui être sympathique, fut chez les Grecs le type de l'indépendance, le puissant civilisateur des hommes, comme Manus ou Minos le fut chez les Indiens.

10. Ce songe, vision intime et mystérieuse, publié à Genève en 1816, au moment où Byron voyait s'évanouir toutes ses illusions les plus chères, retrace d'abord son naïf amour pour miss Chaworth, qu'il n'oublia jamais, et dont, malgré dix ans d'absence, il subissait encore le charme.

11. Le poëte peint ici son premier exil volontaire et ses voyages aventureux dans l'Orient.

12. Il rappelle vivement la scène de son malheureux mariage avec miss Milbanke.

13. Enfin, pour comble de douleurs, il nous peint miss Chaworth atteinte d'une funeste folie, et la rupture des derniers liens qui l'attachaient à l'existence.

14. Après une vaine tentative de réconciliation avec l'inflexible lady Byron, le poëte lui adressa de Genève, en 1816, ces derniers et touchants adieux, dont on ne saurait suspecter l'entière sincérité.

15. Il exprima, à la même époque, toute sa reconnaissance à sa sœur, M˙ᵉ Augusta Leigh, dont la fidèle affection ne lui avait jamais fait défaut; affection pure et constante, qu'une sotte et basse calomnie a eu l'audace de vouloir flétrir.

16. Successivement en butte aux adulations de l'engoument et aux déchirements de la haine, provoquée, il faut le dire, en partie par ses fautes, ce fier esprit eut le tort de vouloir se cuirasser, en renonçant à sa patrie par le séjour comme par le cœur. La vie molle et insouciante de l'Italie parut avoir, pendant quelques années, assoupi tous ses bons instincts. Mais tout à coup le réveil de la Grèce, dont il n'avait jamais cessé de saluer le prochain affranchissement, le rappela à une activité généreuse, au sacrifice de son repos et de sa vie, ainsi qu'il en exprima la ferme intention au jour de son dernier anniversaire; sacrifice qui a racheté bien des fautes, et affermi sur sa tête la couronne d'immortalité.

L'auteur des notes dans les deux volumes,
F. G. EICHHOFF.

TABLE

	Pages
Le Corsaire	1
Lara	95
Mazeppa	163
Le Prisonnier de Chillon	215
Parisina	243
Beppo	279
Juan et Haidée	325
Poésies diverses	471

www.ingramcontent.com/pod-product-compliance
Lightning Source LLC
Chambersburg PA
CBHW051130230426
43670CB00007B/750